教育部高校示范马克思主义学院和优秀教学科研团队建设项目（全国高校优秀中青年思想政治理论课教师择优资助计划）（项目批准号：18JDSZK129）成果。

江西省高等学校人文社会科学重点研究基地九江学院社会系统学研究中心招标项目（项目批准号：SHXTX1603）成果。

优良社会风气培育研究

YOULIANG SHEHUI FENGQI PEIYU YANJIU

赵 文◎著

安徽师范大学出版社
·芜湖·

图书在版编目(CIP)数据

优良社会风气培育研究 / 赵文著 .— 芜湖：安徽师范大学出版社，2018.12
ISBN 978-7-5676-3875-4

Ⅰ.①优… Ⅱ.①赵… Ⅲ.①社会公德教育－研究－中国－现代 Ⅳ.①D648.3

中国版本图书馆CIP数据核字(2018)第290590号

优良社会风气培育研究　　　　赵　文◎著

责任编辑：谢晓博　丁　翔　　责任校对：吴毛顺
装帧设计：张　玲　　　　　　责任印制：桑国磊
出版发行：安徽师范大学出版社
芜湖市九华南路189号安徽师范大学花津校区
网　　址：http://www.ahnupress.com/
发 行 部：0553-3883578　5910327　5910310(传真)
印　　刷：虎彩印艺股份有限公司
版　　次：2018年12月第1版
印　　次：2018年12月第1次印刷
规　　格：700 mm×1000 mm　1/16
印　　张：15.75
字　　数：242千字
书　　号：ISBN 978-7-5676-3875-4
定　　价：48.00元

序

九江学院社会系统学研究中心于2012年9月启动社会风气研究项目。坦率地说，这对我们而言颇有些不自量力！这并非妄自菲薄，我们确实是迎难而上，因为在整个团队无任何人从事过前期相关研究的条件下，本人带头展开了这项具有较大挑战性、具有事业风险的科研工作。事实上，在2012年和2013年，我相继拿到了历史哲学学科的教育部人文社科规划项目与国家社会科学规划项目。这两个项目都已分别于2015年12月和2016年8月顺利结题。现在回想起来，可谓甘苦寸心知啊！

然而，就是在这种十分困难的状况下，我们也取得了一些或许还算过得去的成绩：2015年11月21日至23日，由九江学院和清华大学公共管理学院共同举办的“百年中国社会风习变迁”学术研讨会在九江学院举行，在学界引起了较好的反响；《中国社会风习的百年变迁——百年中国社会风习变迁学术研讨会论文集》于2016年11月由清华大学出版社出版；以“导向·示范·约束·惩戒”的社会风习匡正模型为逻辑框架的《百年中国社会风习寻脉》获江西省哲学社会科学成果出版资助，2016年4月由社会科学文献出版社出版发行，并获2017年江西省第17次社会科学优秀成果二等奖；此外，“当代中国社会风气的守与变”获批2016年教育部人文社会科学研究规划基金项目；等等。

赵文博士是社会风气研究团队的重要成员。他是2015年应聘到九江学院后才开始加入我们这个团队的。他勤奋努力，勇于探索，颇有潜力。他的《优良社会风气培育研究》是《百年中国社会风习寻脉》这项集体成果完成后，团队成员开展独立、自主的深化研究后的新成果，可喜可贺。

《优良社会风气培育研究》这个选题的理论意义与实践意义都很突出。期望这一成果能为新时代构建有效的文明社会风气培育体系、为弘扬和践行社会主义核心价值观、为促进社会主义精神文明健康发展、为实现中华民族伟大复兴的“中国梦”添砖加瓦。

毋庸置疑，培育优良社会风气是新时代中国特色社会主义精神文明建设的重要任务。为此，赵文博士在书中对如何培育优良社会风气进行了深入探讨，主要成果集中在两个方面。

一方面，构建了优良社会风气培育的“宏观—中观—微观”体系，具有一定的理论创新性。首先，赵文博士从宏观角度阐明了优良社会风气培育的基本价值和基本方法，认为培育优良社会风气是坚持中国特色社会主义政治道路的需要，是发展中国特色社会主义精神文明的需要，是促进社会主义和谐社会建设的需要，是促进人的自由和全面发展的需要；认为必须遵循坚持人民群众是历史创造者的人民史观、坚持重点突出和全面推进的有机结合、坚持正确把握事物发展内因与外因关系等马克思主义思想方法来推进优良社会风气培育。其次，赵文博士从中观角度阐明了优良社会风气培育的基本原则与主要策略，认为培育优良社会风气必须要坚持目的性与规律性、传承性与发展性、党的领导与群众参与有机统一等基本原则，认为要适当选取“梳”“堵”并用、“新”“旧”相济、“上”“下”并举、“高”“远”兼顾、“虚”“实”并重等基本策略来培育优良社会风气。最后，赵文博士从微观角度阐明了优良社会风气培育的基本路径与主要机制，认为培育优良社会风气要从经济路径、文化路径、精神路径、教育路径与法治路径等五个方面深入推进，认为要积极回应社会风气“治标”与“治本”的双重诉求，构建起包含社会风气生成、发展、变化全过程的培育机制。

另一方面，该书在社会风气研究团队集体提出的社会风气培育模型——“导向·示范·约束·惩戒”的基础上进行了更为深入的研究，较为系统地阐述了社会风气导向机制、示范机制、约束机制、惩戒机制的运行原理、运作方法和实践路径，增强了优良社会风气培育机制研究的理论性和实践性。

毋庸赘言，五年多的时间是非常短暂的，无论是《百年中国社会风习寻脉》还是《优良社会风气培育研究》，都难免存在种种不足甚至错谬之处。但也许是机缘巧合，优良社会风气培育研究迄今尚未成为相对独立的研究领域，命运将我们推向了社会风气研究的前列。天道酬勤，我们在社会风气的基础理论研究中已经有所收获。尽管学界关于社会风气的研究并不缺乏，如郑仓元、陈立旭的《社会风气论》关于社会风气理论的开拓性研究，以及古代士人群体风气研究、阶段性社会风气研究、区域性社会风气研究和社会风气史研究等，均富有启发性。然而，有关研究史学视角下的成果较多，实证性的成果较少。因此，有青年学者强调，诸多社会风气理论问题的研究不够深入，学科理论与方法还不成熟，应借鉴众多学科的研究成果，致力于构建社会风气研究的理论框架。

诚哉斯言。社会风气理论有待提升，社会风气的学科体系亟待构建。唯有如此，才能较好地解读社会转型期社会风气的诸多现象。社会风气是一种流行性群体行为。通常，我们习惯将社会风气理解为社会历史态势的晴雨表，认为社会风气是社会的表层结构，对社会风气与价值观念、价值规范的矛盾重视不够，缺乏对社会风气深层结构的揭示，对于体现价值诉求的流行性群体行为的社会化与价值规范的深层矛盾重视不够，因而也就未能通过对社会风气的解读进一步深入把握社会发展的内在规律。我个人认为，社会风气本质是群体关系的表现，反映群体间生存方式、生活方式、利益诉求、价值取向与行为方式的矛盾，体现社会价值规范形成与发展的客观规律性。群体结构态势、价值诉求导向、行为示范效应与社会价值规范的相互作用构成流行性群体行为形成与演变的逻辑结构。社会风气的形成、发展与演变是社会发展宏观规律的进一步展开。

怀着一份责任，社会风气的基础理论研究正是我们今后着重探索的学科方向。幸运的是，这种愿望得到了中国社会科学院社会史研究著名学者李长莉老师的认同、支持与鼓励。所以，这个序，既是为《优良社会风气培育研究》而作，积极肯定赵文博士两年的阶段性研究成果，同时也是借此机会，给关心、重视和参与社会风气研究的学界老师或同仁们一份乐观的自信与严肃的承诺！

冷树青

2018年11月1日

前　言

社会风气是一个时代精神面貌与精神气质的集中体现。社会风气既是思想意识形态的表层反映，也是社会主体行为的具体体现，是体现一定社会价值观的流行性群体行为[①]。社会风气通过社会主体行为实践的发展与变化展现社会主体价值观念、道德观念及其嬗变过程。一般而言，当社会主体所承载的是正确的价值观念和道德意识，并基于这种价值观念和道德意识开展社会活动时，社会主体所形成的便是良善的社会风气。反之，社会主体承载的是错误的价值观念和道德意识，并基于这种错误的价值观与道德观开展社会活动所形成的便是不良的社会风气。在当今文化价值日益多元化的时代，社会主体的价值观与道德观呈现出整体上统一、局部上多样化的特征，因此社会主体行为也相应地呈现出总体上合道德、合价值规范，部分主体行为违背社会道德与价值规范要求的样态。因此，加强对违背正确社会价值与道德规范行为的治理就成了党和国家在推进社会主义国家治理体系和治理能力现代化进程中的重要一环，治理不良社会风气、培育优良社会风气也成为当前社会主义精神文明建设的重要任务之一。

当前学界对社会风气失范问题有一定的研究和基础。但总体上缺乏系

① 学术界对社会风气及其相关概念的研究由来已久且成果较多，不同学者在各自领域从不同角度对社会风气的概念进行了深入细致且具有创新性的研究。2016年，由社会科学文献出版社出版的《百年中国社会风习寻脉》一书的导论中，冷树青教授将学界关于社会风气及其相关概念的研究成果进行了系统性梳理，对社会风气理论的研究现状、基本问题、研究出路、研究方法做出了纲要性的研究和阐释，这无疑是我们今天研究社会风气理论的重要基础。并且，该书在前人研究的基础上提出，社会风气是流行性的群体行为，是社会意识的外化。参见冷树青等《百年中国社会风习寻脉》，社会科学文献出版社2016年版。

统性的成果，并且对优良社会风气培育的“治标”与“治本”诉求回应不够，治理对策的合力不强、操作不畅，以致治标不力，治本不足。因此，探索优良社会风气建设路径等基础理论问题的研究亟待进一步深入。

本书主要由三个部分组成。

第一部分主要阐释马克思主义关于优良社会风气培育的重要论述与实践，包括第一章、第二章和第三章。

第一章是对马克思恩格斯关于社会风气治理重要论述方面的研究。主要阐述马克思恩格斯在对资本主义社会不良风气尤其是对贪污腐败之风、拜金主义之风和奢侈浪费之风的批判过程中，形成了关于社会风气治理的重要论述。马克思恩格斯不仅指出了资本主义社会存在的各种不良社会风气，还揭露了资本主义社会不良风气产生的原因——资本主义生产资料私有制。马克思恩格斯对消除资本主义社会不良风气的基本规律进行科学研判，提出了废除生产资料私有制以消除不良社会风气之根基和建立自由人联合体以形成共产主义社会风气等两大路径，为人类社会优良风气培育指明了根本方向。

第二章是对列宁关于社会风气治理的重要论述与实践的研究。列宁继承、实践和发展了马克思恩格斯的相关理论，形成了具有俄国实践特色的社会风气治理的重要论述。本章集中阐释了列宁关于社会风气治理的重要论述的主要目标，包括清除党内不良风气、扫除政府机关中的官僚习气、消解传统社会遗留的小农习气和残留的资产阶级丑陋习气等；阐述了列宁治理俄国社会风气的主要经验，包括以民主为导向加强政党风习建设、以法制为抓手革新国家机构工作作风、实施新经济政策以消恶风旧俗之基础、强化文化与道德教育以提高劳动者思想觉悟、以社会事业建设为基础发展社会新风气等五个方面。

第三章是对毛泽东关于社会风气治理的重要论述及实践的研究。中华人民共和国成立初期，毛泽东就带领全国人民进行社会风气治理与培育。毛泽东治理社会风气的主要策略包括：打击社会歪风邪气，防止不良风气扩散；直面错误价值观念，占领意识形态制高点；坚持移风易俗，改造旧世界，创造新世界。主要经验包括：推进政风建设，竭力遏制官僚主义习气，加强文化道德建设，积极培育淳朴民风，强化社会管理，废除规陋习，除歪风邪气，推动了社会风气的积极嬗变。毛泽东治理社会风气的论述与实践有着重要的现实意义，主要是在社会风气培育过程中要树立正确的政治导向、激发人民的道德追求、发挥榜样的示范作用和强化法律的震慑功能等。

第二部分是当代中国优良社会风气培育体系构建研究，包括第四章、第五章和第六章。

第四章主要研究当代中国优良社会风气培育的宏观体系，即阐述当代中国优良社会风气培育的主要价值、根本目的和思想方法。从主要价值上看，培育优良社会风气是坚持中国特色社会主义政治道路的需要，发展中国特色社会主义精神文明的需要，促进社会主义和谐社会建设的需要。从根本目的上看，我们必须清醒地认识到，培育优良社会风气本身并不是最终的目的。马克思主义认为，人的解放是一切社会工作的目的。所以一切工作都应当坚持以人为本、以人为目的的基本原则，优良社会风气培育也是如此。社会风气的治理主要目的是要通过风气的改善来培育现代化的社会主体，促进人的自由全面发展。从思想方法上看，要达到有效培育优良社会风气的目的，首先必须遵循马克思主义思想方法来推进优良社会风气培育，包括坚持人民群众是历史创造者的人民史观，坚持重点突出和全面推进的有机结合，要正确把握事物发展内因与外因的关系等马克思主义思想方法。

第五章主要研究当代中国优良社会风气培育的中观体系，即阐述当代中国优良社会风气培育应当遵循的基本原则和基本策略。从基本原则上看，培育优良社会风气必须要坚持目的性与规律性的有机统一，坚持传承性与发展性的有机统一，实现虚拟社会风气与现实社会风气的有机统一，坚持党的领导与群众参与的有机统一等基本原则。从基本策略上看，开展优良社会风气培育工作可以适当选取“梳”“堵”并用、“新”“旧”相济、“上”“下”并举、“高”“远”兼顾、“虚”“实”并重等五大基本策略。

第六章集中阐释当代中国优良社会风气培育的微观体系，即阐述当代中国优良社会风气培育遵循的主要路径和主要机制。本章认为，社会风气的改善既需要科学的理论指导，形成关于研究社会风气内在本质、社会风气变迁规律、社会风气发展动力等方面的系统性社会风气专门理论，同时更需要将社会风气理论落到实际生活中，以达到真正改善社会风气之目的。因此，研究社会风气培育体系必然要研究从微观层面培育社会风气的主要路径，包括经济路径、文化路径、精神路径、教育路径与法治路径等五大方面。本章还认为社会风气失范根源于社会存在，其治理与社会结构、社会心理、社会环境、主体禀赋等密切相关。优良社会风气培育是一个融“治标”与“治本”双重诉求于一体的系统工程，要通过构建一个包含社会风气生成、发展、变化全过程的“导向·示范·约束·惩戒”“四位一体化”的培育机制来实现优良社会风气的有效培育。

第三部分是当代中国优良社会风气培育机制构建研究，主要包括第七章、第八章、第九章和第十章。

第七章提出要健全社会风气导向机制。通过正确的价值引导，规范社会主体行为合价值、合道德，催生优良的社会风气。社会风气导向机制是实现社会发展终极目标、正确发挥社会风气对社会发展反作用的必然要求，是维护主流意识形态和实现个人自由全面发展的内在需要。社会风气导向主要包括理论导向、价值观导向、政策导向和舆论导向等方式。培育优良社会风气必须要积极完善和落实社会风气导向机制。

第八章提出要健全社会风气示范机制。社会风气示范机制的价值在于能满足主体物质方面或精神方面的需求，这是示范机制的内在驱动因素，其实践过程包括接触、感染、模仿和散播等基本环节。社会风气示范机制有群体性与个体性、正向性与反向性、内生性与外生性等不同的分类与特性。在健全和落实社会风气示范机制的过程中，需要科学地选择先进的典型示范主体、辩证地对典型主体进行宣传报道、创新典型示范行为的宣传方式方法、保护先进典型以保障社会良善意志。

第九章提出要健全社会风气约束机制。社会风气约束机制包括法律约束、制度约束、舆论约束和道德约束等。本章重点探讨如何发挥社会舆论约束、一般制度约束和公民道德约束在改善社会风气过程中的重要作用。

第十章提出要健全社会风气惩戒机制。本章认为在新的历史时期，我们要继续全面推进从严治党，完善党内法律法规体系，健全党内法律纪律执行机制与制度，有效改善党内风气，以带动社会风气健康发展。要继续坚持全面依法治国，健全中国特色社会主义法律体系，提高社会主义法律执行能力，全面普及法治理念，促进全体社会主体守法、用法、护法意识的生成与发展，形成依法培育优良社会风气的客观环境，为社会风气改善提供良好的法治保障。

当代中国优良社会风气培育问题是一个长期性、系统性工程，具有重要的社会实践意义和理论价值。

本书在立足马克思主义社会风气培育思想与实践的基础上，研究尝试构建当代中国优良社会风气培育体系，并就社会风气治理的"导向·示范·约束·惩戒"机制进行深入细化研究，为优良社会风气培育工作奠定了一定的基础。对马克思主义经典理论关于社会风气培育思想的梳理挖掘和对社会风气基础性理论的深入研究，有利于我们进一步认识社会风气的性质与特点，把握社会风气变迁动力与发展规律，揭示马克思主义世界观引领社会风气发展的内在机理，深化对社会主义社会和谐风气建设的规律性认识，拓展马克思主义社会风气思想的研究视域。同时也有益于缓和信息化时代多媒体境遇中产生的社会焦虑不安、急躁功利、失衡失信等不良心态，有助于推动社会主义思想道德文化建设，促进我国社会主义和谐社会的建设实践。

目　录

第一章 马克思恩格斯关于社会风气治理的重要论述

社会风气是基于一定社会价值观的流行性群体行为，是社会意识的外化①。社会风气是时代精神的风向标，是社会面貌的晴雨表，体现着社会价值观，具有一定的群众性、时代性，是反映一定时期的思想道德、价值观念的风尚、习气等。

优良的社会风气是社会系统良性运转、国家机制有序运行的重要保障。因此，改善社会风气是社会事业发展的重要组成部分，自然也是马克思恩格斯在从事人类解放事业和无产阶级革命实践中所不可回避的现实问题。马克思恩格斯虽然没有直接就社会风气问题进行专门的论述，但是他们在对资本主义社会不良风气尤其是对资产阶级上层盛行的贪污腐败之风、拜金主义之风和奢侈浪费之风的批判过程中，形成了有关社会风气治理的重要论述。马克思恩格斯不仅指出了资本主义社会存在的各种不良社会风气，还揭露了资本主义社会不良风气产生的原因，并对症下药指出了消除资本主义社会不良风气的基本路径。马克思恩格斯有关社会风气治理的重要论述，对于今天我们在中国的基本国情下继续探索优良社会风气培育工作有着重要的指导意义。

---

① 冷树青，等：《百年中国社会风习寻脉》，社会科学文献出版社2016年版，第18页。

第一节　马克思恩格斯对资本主义不良社会风气状况的深刻批判

马克思恩格斯在研究资本主义社会现状，深入批判资本主义制度的过程中，对资本主义社会中存在的不良风气进行了深刻的揭露与严厉的批判。令马克思恩格斯最为痛恨的资本主义社会不良风气主要是资本主义社会上层出现的贪污腐败之风、拜金主义之风和奢侈浪费之风。

一、深刻揭露和批判资本主义社会的贪污腐败之风

恩格斯曾在《一八七七年的欧洲工人》中揭露了当时俄国官场盛行的贪污腐败之风。恩格斯认为，这种贪污腐败之风是阻碍俄国社会改善的主要障碍，因为“贪污之风渗透到官场各方面，并使任何可以设想的善良意图都失去作用，这种传统的贪污风气像往常一样可恶地保存了下来”[①]。这种渗透贪污腐败之气的政府机构“用昔日的破旧面具掩盖今天贪污腐化之盛行，掩盖最腐朽的寄生集团——金融骗子们的得逞；它放纵过去的一切反动势力，形成一个万恶之渊薮”[②]。这种对社会变本加厉的盘剥，必然会削弱社会民众的财富，使国家处于“愈来愈悲惨的境地”[③]，整个社会中“一切腐败成分的大泛滥”[④]，给生活在底层的劳动者带来了无穷无尽的伤害。马克思在《法兰西内战》一文中，以美国为例来说明资本主义国家贪污腐败之风盛行于世的社会景象，“在美国，‘政治家们’都构成国民中一个更为特殊的更加富有权势的部分……这些人把政治变成一种生意，拿联

①《马克思恩格斯全集》第19卷，人民出版社1963年版，第156页。

②《马克思恩格斯选集》第3卷，人民出版社1995年版，第93页。

③《马克思恩格斯全集》第19卷，人民出版社1963年版，第156页。

④《马克思恩格斯选集》第3卷，人民出版社1995年版，第93页。

邦国会和各州议会的议席来投机牟利，或是以替本党鼓动为生，在本党胜利后取得职位作为报酬。大家知道，美国人在最近30年来千方百计地想要摆脱这种已难忍受的桎梏，可是却在这个腐败的泥沼中越陷越深”①。资本主义社会的“政治家们”没有将人民群众的利益作为其从事政治活动的目的和依据，相反，他们利用职权为其自身和所在利益集团谋取私利，甚至不惜损害人民群众的公共利益，这是贪污腐败之风的本质特征与表现。

二、深刻揭露和批判资本主义社会的拜金主义之风

马克思恩格斯认为，在资本主义社会中，普遍流行着的一种观点是：金钱是万能的，金钱能解决一切问题。金钱在资本主义社会生活中有着极其重要的价值与功能。马克思指出，“货币是一切权力的权力”②。恩格斯也强调，在资本主义社会里，金钱被认为是“人间的上帝”。所以资本主义社会才会出现资本家对金钱极度狂热追逐的现象，甚至不惜超越法律、践踏法律。这是资本的逐利本性对资本家的人性浸染后的必然结果。“作为资本家，他只是人格化的资本。他的灵魂就是资本的灵魂。而资本只有一种生活本能，这就是增殖自身，创造剩余价值。”③资本赋予资本家的使命就是使资本不断地增值，资本家就是为金钱而活。在资本家的世界里，他们以金钱为衡量世间一切生活关系的唯一标尺，他们绝对不做无利可图的事情，他们无视工人阶级的基本权利，忽视工人阶级极其困苦的生活窘境，工人阶级只是资产阶级获取财富的工具而已。资产阶级对金钱的追崇甚至达到了令人发指的地步，为了获得金钱财富，资产阶级不仅可以不顾道德规范的约束，甚至连资产阶级国家自己制定的法律条文也可以肆意地践踏——当这些法律条文阻挡其追逐金钱时。并且，资本主义社会盛行的这种拜金主义思潮对资本主义社会生活的方方面面都产生了深刻的不良影响。马克思揭示道，拜金主义“抹去了一切向来受人尊崇和令人敬畏的职

①《马克思恩格斯选集》第3卷，人民出版社1995年版，第12页。

②《马克思恩格斯全集》第23卷，人民出版社1972年版，第786页。

③《马克思恩格斯文集》第5卷，人民出版社2009年版，第269页。

业的神圣光环。它把医生、律师、教士、诗人和学者变成了它出钱招雇的雇佣劳动者”[①]。在这种拜金主义思想的主导下，资本主义社会中人与人之间的一切关系都变成了金钱关系，社会交往中应有的温情乃至在家庭交往关系中的血脉深情也被金钱交易的冰冷意志与唯利情绪所侵染、替代。这正如恩格斯一针见血的批判：“除现钱交易外，他不承认人和人之间还有其他任何联系。甚至他和自己的老婆之间的联系百分之九十九也是表现在同样的‘现钱交易’上。”[②]资产阶级金钱至上的价值观已经把人从自己和社会的主人身份降格为物质财富的附庸了，以金钱为代表的物质财富遮蔽了人自身的价值，反过来又进一步加剧了人脱离自身原有的自由的纯真本性，堕落到拜金主义的不良风气中去了。

三、深刻揭露和批判资本主义社会的奢侈浪费之风

马克思认为，人类的劳动行为是为了生产有价值的劳动产品以满足人类的物质生活和精神生活的需要。而在一切剥削社会中，尤其是资本主义社会中，人类劳动发生了异化。一方面，人类劳动异化表现为生产劳动产品并非是满足人类自身的基本需求，而是为了满足部分人无穷无尽的贪欲。另一方面，工人劳动产品异化为资本家私人的财富，为资本家过着奢侈浪费的生活攫取了物质基础。对于工人阶级而言，“工人生产得越多，他能够消费的越少”[③]，工人生产出来的产品并不是被用来满足人们的生活所需，大部分的物质财富被居于统治阶级地位的资产阶级无偿占据，资产阶级过着挥霍社会财富的奢侈浪费的生活。马克思认为，从这种奢侈浪费中可以看出资本主义社会制度的罪恶性，资产阶级对工人阶级劳动产品的无度挥霍浪费既是对社会资源的浪费，也是对无产阶级人性的践踏。然而，资产阶级却认为这是理所当然的，因为他们是社会生产资料的所有者。他们认为自己有权享受由工人生产出来的物质产品，这种对物质的占

①《马克思恩格斯选集》第1卷，人民出版社1995年版，第275页。

②《马克思恩格斯全集》第2卷，人民出版社1957年版，第565页。

③《马克思恩格斯选集》第1卷，人民出版社2012年版，第52页。

有感和享受感与其幸福感是成正比的。而且只要他们愿意，资源的浪费与挥霍并不是一件可耻的事情，反而是一件可以竞相攀比的令人自豪的事情。马克思认为，这实质上是资产阶级的“一种卑鄙的幻觉，即仿佛他的无节制的挥霍浪费和放纵无度的非生产性消费决定着别人的劳动，从而决定着别人的生存”①。这种病态的幻觉与变态的消费欲望，导致了无节制的物质生产和无限制的物质资源消耗。这种物质生产超过了作为自然属性和社会属性的人的正常需求，必然会过度攫取自然资源，加剧对生态环境的破坏程度。马克思指出，“奢侈是自然必要性的对立面”②，因为无节制的生产与消费“破坏着人和土地之间的物质变换，也就是使人以衣食形式消费掉的土地的组成部分不能回到土地，从而破坏土地持久肥力的永恒的自然条件”③。因此，马克思恩格斯反对过度的生产和无度的消费，更反对浪费社会资源。

第二节　马克思恩格斯对资本主义不良社会风气根源的深刻揭露

马克思恩格斯认为，从人类社会发展的内在规律与矛盾来看，社会存在决定社会意识，经济基础决定上层建筑。人类的一切行为产生的根本动因都应从其所处的社会关系中去寻找。所以马克思强调，“物质生活的生产方式制约着整个社会生活、政治生活和精神生活的过程。不是人们的意识决定人们的存在，相反，是人们的社会存在决定人们的意识。社会的物质生产力发展到一定阶段，便同它们一直在其中运动的现存生产关系或财产关系（这只是生产关系的法律用语）发生矛盾。于是这些关系便由生产力的发展形式变成生产力的桎梏。那时社会革命的时代就到来了。随着经

①《马克思恩格斯全集》第3卷，人民出版社2002年版，第349页。

②《马克思恩格斯全集》第30卷，人民出版社1995年版，第525页。

③《马克思恩格斯全集》第23卷，人民出版社1972年版，第552页。

济基础的变更，全部庞大的上层建筑也或慢或快地发生变革”[①]。社会风气实质是人们的思维方式、道德观念外化行为的集中表现。因此，各种不良的社会风气在本质上属于社会意识形态层次的问题，其表现与特性必然受制于社会存在，必然受制于一定时代的经济基础。对不良社会风气的治理，应当先观察其社会的经济基础，从社会生产方式中去寻找社会风气变化的物质根源。

一、贪污腐败之风的生成根源

在没有私有制的早期人类社会中，因为不存在剩余物品，所以也不存在贪污腐败现象。当社会剩余产品出现时，一些民族的首领利用手中的权力占有公共产品，被占有的公共产品转变成为个人的私有物品，这就促使了私有制的产生与发展。私有制形成后，也反过来进一步扩大了当权者以权谋私的可能性，助推了贪污腐败现象的产生。正如恩格斯所说，“最卑下的利益——无耻的贪欲、狂暴的享受、卑劣的名利欲、对公共财产的自私自利的掠夺——揭开了新的、文明的阶级社会”[②]。在这个所谓“新的文明的阶级社会”中，凌驾于社会之上的日益完善的国家机器成了统治阶级肆无忌惮地攫取社会财富、榨取人民血汗的合法工具，也成为剥削社会贪污腐败的集中营。为此，马克思指出，私有制社会的国家机器“不但变成了巨额国债和苛捐重税的温床，不但由于拥有令人倾心的官职、金钱和权势而变成了统治阶级中各不相让的党派和冒险家们彼此争夺的对象，而且，它的政治性质也随着社会的经济变化而同时改变”[③]，“在它的统治下……工商业扩展到极大的规模；金融诈骗风行全世界；民众的贫困同无耻的骄奢淫逸形成鲜明对比。表面上高高凌驾于社会之上的国家政权，实际上正是这个社会最丑恶的东西，正是这个社会一切腐败事物的温床”[④]。马克思

①《马克思恩格斯选集》第2卷，人民出版社1995年版，第32—33页。

②《马克思恩格斯选集》第4卷，人民出版社1995年版，第97页。

③《马克思恩格斯选集》第3卷，人民出版社1995年版，第53页。

④《马克思恩格斯选集》第3卷，人民出版社1995年版，第54页。

还指出，“由于国家资财被滥用浪费，富有的资本家借以自肥”，连资本主义社会中的资产阶级都“在精神上则被帝国的奢靡腐败之风所激怒”[①]。

二、拜金主义之风的生成根源

拜金主义表面上看拜的是“金”，实质上拜的是“物”，这是由私有制社会中“物”的支配下的社会生产关系所决定的。在资本主义社会中，“物”就是商品。资本主义社会的商品作为资本主义私有制下的必然产物，把人与人之间一切关系都变成物与物之间的虚幻关系，即商品作为人类的劳动产品异化成为奴役人类的命运主宰。由此，人们对物质或金钱的追求也就变得执迷不悟且愈加疯狂。马克思指出，“自从有可能把商品当作交换价值来保持，或把交换价值当作商品来保持以来，求金欲就产生了”[②]。所以，“拜金主义实质上是资本主义社会的商品拜物教和货币拜物教的具体表现，而商品拜物教和货币拜物教，对金钱的狂热追逐和盲目崇拜则是同商品生产联系在一起的”[③]。而资产阶级对“物”的疯狂崇拜，从根本上说，是根源于生产资料私有制。生产资料私有制必将导致社会关系的物化，人与人之间一切交往关系都异化为物与物之间的交换关系，物质交换能力的大小实际决定着人类社会交往能力的大小，决定着在这种社会情境下人的“价值”实现状况，因而促使人们极尽所能地去追求物质财富，进而形成了拜金主义的不良风气。

三、奢侈浪费之风的生成根源

在资本主义社会中，资产阶级占有生产资料，进而占有了劳动产品。这些劳动产品已经远远超过了资产阶级实现自身生产与发展的需求，因此

① 《马克思恩格斯选集》第3卷，人民出版社1995年版，第103页。

② 《马克思恩格斯全集》第23卷，人民出版社1972年版，第151页。

③ 曲春郊：《马克思恩格斯论资本主义社会的拜金主义》，《中国青年政治学院学报》，1993年第4期，第4页。

必然会导致资产阶级在物质享受方面极尽奢华乃至浪费。奢侈浪费甚至成为资产阶级社会交往中的通行证。马克思恩格斯指出，对于资本家而言，“在一定的发展阶段上，已经习以为常的挥霍，作为炫耀富有从而取得信贷的手段，甚至成了‘不幸的’资本家营业上的一种必要。奢侈被列入资本的交际费用……但是资本家的挥霍仍然和积累一同增加，一方决不会妨害另一方”[①]。尽管资本家不用从事繁重的生产劳动，不创造物质与精神财富，他们却因占有生产资料而攫取了产品的所有权，使得他们心安理得地挥霍社会财富。另外，生产资料私有制所形成的资本主义社会周期性的经济危机，也会加剧资产阶级对社会财富的浪费。生产资料私有制赋予资产阶级为其自身利益奋斗的合法性与合理性，即使在经济危机发生时，资产阶级他们考虑的是何时才能恢复生产，赚取利润，而不是去关心工人阶级是否能够维持家庭温饱。资本家宁愿倾倒过剩的牛奶也不愿意赠送给工人就是最好的例证。在资本家看来，浪费并不可耻，没有利润可图才会让他们心忧不已。这种浪费和破坏是资本主义社会“生产的无法摆脱的伴侣，并且在危机时期达到顶点”[②]。

第三节　马克思恩格斯对资本主义不良社会风气的科学研判

马克思恩格斯认为，真正的、彻底的优良社会风气是与自由人的联合体，即共产主义社会的根本属性是完全一致的。所以社会风气建设的终极目标与共产主义革命的最终目标是内在一致的，彻底的优良社会风气的培育过程与共产主义社会的建立、建设过程也是完全耦合的。因此，马克思恩格斯认为，培育社会风气主要应当采取“破旧立新”的基本策略。主要包括两个方面：一是“破”，即废除资本主义生产资料私有制，从根本上

①《马克思恩格斯选集》第2卷，人民出版社1995年版，第240页。

②《马克思恩格斯选集》第3卷，人民出版社1995年版，第633页。

清除资本主义社会不良风气滋生的土壤；二是“立”，即确立共产主义社会的优良风气建设目标，从抽象的、宏观的角度预设为之实现的努力方向——建立和实现共产主义社会，建立没有剥削、没有压迫的自由人的联合体，实现社会风气的本质好转。

一、废除生产资料私有制，消除不良风气之根基

生产资料私有制是资本主义社会的根基，也是资本主义社会自身存在的不可克服的弊端和危机的源头。资本主义社会的不良风气是资产阶级世界观在社会中的直接表现，是资产阶级意识形态的表象化，而资产阶级世界观与意识形态直接决定于资本主义生产资料私有制。恩格斯认为，在阶级社会中，“某一特殊的社会阶级对生产资料和产品的占有，从而对政治统治、教育垄断和精神领导的占有，不仅成为多余的，而且成为经济、政治和精神发展障碍。这个阶段现在已经达到了。资产阶级的政治和精神的破产甚至对他们自己也未必是一种秘密了”①。恩格斯在这里所指出的精神破产或精神发展障碍的一种表现就是资本主义社会不良风气的盛行与蔓延。因此资本主义社会不良风气的治理，必须回归到资本主义制度的根基——私有制的问题上去。要彻底消除资本主义社会盛行的贪污腐败之风、拜金主义之风和奢侈浪费之风，就必须要消灭资本主义社会的总根基——生产资料私有制，进而建立以公有制为根基的共产主义社会。这是实现人类优良社会风气的必然选择和根本出路。

马克思认为，废除生产资料私有制，实现生产资料由社会占有，将会从根本上改善社会的不良风气。

首先，废除生产资料私有制，实现生产资料由社会占有，有助于消除贪污腐败之风。私有制是产生贪污腐败之风的根本原因。官员贪污腐败就是利用公共权力将社会公有物品据为私人所有。在资本主义社会中，由于社会物质资源的稀缺性，被官员据为己有已经成为其私有财产的财富才能

①《马克思恩格斯选集》第3卷，人民出版社1995年版，第632页。

满足贪腐者的需求。而一旦到了共产主义社会，社会物质生产力高度发达，社会物质产品十分丰盛，能够满足全社会成员生存与发展的需求，也就意味着物质财富的稀缺性消失了，那么，官员贪污腐败的行为不会为其带来需求上的满足，贪污腐败行为必将逐步减少直至消失。

其次，废除生产资料私有制，实现生产资料由社会占有，有助于消除拜金主义之风。马克思恩格斯认为，在生产力高度发达的共产主义社会，私有制已被废除，人们对物质的需求已经转变为满足自身基本需求和实现自身发展的需求，而且由于共产主义社会的高度发达性，人们的合理需求皆能得到有效的满足，物质财富对人们来说只是具有满足自身需求的工具性价值，而非在资本主义社会中所呈现出来的那种极度夸张的目的性价值。恩格斯强调，“一旦社会占有了生产资料，商品生产就将被消除，而产品对生产者的统治也将随之消除。社会生产内部的无政府状态将为有计划的自觉的组织所代替”[①]。这种状态下，人们将摆脱劳动异化的困境，将资本主义社会中物质对人类自身的控制与制约扭转为人类对物质的控制与支配。只有在这时，那些“至今一直统治着历史的客观的异己的力量，现在处于人们自己的控制之下了。只是从这时起，人们才完全自觉地自己创造自己的历史”[②]，才“成为自然界的自觉的和真正的主人”[③]。在没有私有制的共产主义社会中，人们追求的是实现人的全部价值，而非追求物质享有，代表物质财富的金钱在这里也就失去了以往社会中不可阻挡的诱人光彩，拜金主义的风气失去其赖以生存的物质土壤和精神温床，必将会逐步消失。

最后，废除生产资料私有制，实现生产资料由社会占有，有助于消除奢侈浪费之风。恩格斯对此给予了详细论证，他指出，“生产资料由社会占有，不仅会消除生产的现存的人为障碍，而且还会消除生产力和产品的有形的浪费和破坏，这种浪费和破坏在目前是生产的无法摆脱的伴侣，并且在危机时期达到顶点。此外，这种占有还由于消除了现在的统治阶级及

①《马克思恩格斯选集》第3卷，人民出版社1995年版，第633页。
②《马克思恩格斯选集》第3卷，人民出版社1995年版，第634页。
③《马克思恩格斯选集》第3卷，人民出版社1995年版，第634页。

其政治代表的穷奢极欲的挥霍而为全社会节省出大量的生产资料和产品”[1]。由此可见，奢侈浪费之风的根源在于生产资料的私有制，只有消灭资本主义社会的生产资料私有制，才能“消除资本主义生产方式所造成的障碍和破坏、产品和生产资料的浪费”[2]。

二、建立自由人联合体，培育共产主义社会风气

马克思恩格斯认为，优良社会风气培育任务不仅仅在于要消除腐朽落后的风气，更在于要为社会风气确立起科学理性的发展目标，探寻到为之实现的理论方向与实践路径。所以马克思恩格斯提出，全世界无产者联合起来共同建立共产主义社会，并要求在批判借鉴资本主义文明的基础上发展社会生产力，同时也要求建设共产主义精神文明以提升民众思想道德与文化素质，为社会风气培育提供坚实的物质基础和精神支撑。

（一）全世界无产者联合起来以无产阶级专政取代资产阶级专政

马克思恩格斯通过科学的理论研究和实践考察，发现了人类社会发展的基本规律，认为资本主义社会必将灭亡，共产主义社会必将成为人类社会发展的最终阶段。而推动这一伟大规律实现的社会主体是在资本主义社会中备受统治者欺凌、压迫和剥削的无产阶级，他们是资本主义制度的掘墓人。马克思恩格斯认为，全世界无产阶级必须联合起来，通过暴力革命的方式推翻资产阶级的专政统治，建立致力于实现全体人民利益的无产阶级专政。恩格斯指出，“总有一天无产阶级的力量会强大起来，觉悟会提高起来，他们再也不愿载负着一直压在他们肩上的整个社会大厦的重担，他们会要求更公平地分配社会的负担和权利。那时，如果人的本性还不改变的话，社会革命就不可避免了”[3]。到那时，“资产阶级的灭亡和无产阶

①《马克思恩格斯选集》第3卷，人民出版社1995年版，第633页。

②《马克思恩格斯选集》第3卷，人民出版社1995年版，第644页。

③《马克思恩格斯全集》第2卷，人民出版社1957年版，第618—619页。

级的胜利是同样不可避免的”[①]，“代替那存在着阶级和阶级对立的资产阶级旧社会的，将是这样一个联合体，在那里，每个人的自由发展是一切人的自由发展的条件”[②]。只有无产阶级革命取得胜利，实现无产阶级专政，建立共产主义社会，实现人的自由而全面的发展，社会风气才有全面彻底的优良化主体条件、客体条件和中介条件；同时只有建立无产阶级专政，才能实现彻底废除私有制的目标，我们才能真正摆脱资本主义社会盛行的贪污腐败之风、拜金主义之风和奢侈浪费之风，才能实现社会风气的最优状态。

（二）在继承资本主义文明的基础上进一步发展社会生产力

要建立共产主义社会，必须要有高度发达的生产力作为社会物质力量基础。因为共产主义社会本身就是高度发展生产力的一种体现。高度发展的生产力能带来丰富的社会产品，社会产品的极大丰富能持续地从根本上满足人民群众的需求，物品私有化就失去了其社会效应，人们无须再为物质利益而争得你死我活，人与人之间的社会关系将转向更高层次的互利互助互信的和谐关系，社会风气则会处于最佳状态。当然，发展生产力并不是要排斥资本主义社会生产力，相反，是要在充分吸收资本主义文明的基础上继续发展生产力。马克思曾设想，共产主义社会是建立在资本主义高度发展的生产力基础之上的。即使是在共产主义未建立之前，也要不遗余力地推进生产力的发展，因为“无论哪一个社会形态，在它所能容纳的全部生产力发挥出来以前，是决不会灭亡的；而新的更高的生产关系，在它的物质存在条件在旧社会的胎胞里成熟以前，是决不会出现的”[③]。因此，不论是在无产阶级革命的任何阶段，发展生产力都是主要的社会任务之一，是社会发展的基本前提。“生产力的这种发展之所以是绝对必需的实际前提，还因为如果没有这种发展，那就只会有贫穷、极端贫困的普遍化；而在极端贫困的情况下，必须重新开始争取必需品的斗争，全部陈腐

①《马克思恩格斯选集》第1卷，人民出版社1995年版，第284页。
②《马克思恩格斯选集》第1卷，人民出版社1995年版，第294页。
③《马克思恩格斯选集》第2卷，人民出版社1995年版，第33页。

污浊的东西又要死灰复燃。”[1]所以，作为人民群众价值观念集中反映和现实表征的社会风气的培育与完善，必须建立在充分发展的生产力的基础之上，因为“人们的观念、观点和概念，一句话，人们的意识，随着人们的生活条件、人们的社会关系、人们的社会存在的改变而改变”[2]。只有通过发展生产力，才能促进共产主义因素的生成、成长与成熟；只有通过发展促进生产力，并且到达一定的高度，才能建立建成共产主义社会，才能消除人们因争夺利益而带来的社会关系的恶化、腐化，进而构建稳定健康、风清气正的社会秩序。

（三）建设精神文明以提升民众思想道德素质与文化素质

马克思恩格斯认为，发展精神文明是无产阶级一项极为重要的任务，也是共产主义社会的本质需求。马克思曾指出，尤其刚刚从资本主义社会脱胎而出的共产主义社会，在各方面都保留着一定程度的资本主义社会的“那个旧社会的痕迹”[3]。而“共产主义革命就是同传统的所有制关系实行最彻底的决裂；毫不奇怪，它在自己的发展进程中要同传统的观念实行最彻底的决裂”[4]。因此，共产主义革命过程中必须积极发展精神文明，摆脱落后的旧有价值观念的束缚与影响，促进新的社会价值观和精神文明的生成与发展，才能改造旧风气，创造新风气。所以，马克思恩格斯强调，要加强人民群众的思想道德教育和文化教育，以提高精神文明水平，如此，既能直接促进社会风气文明化、优良化，也能对社会文明行为的主体进行培育，为社会风气建设提供全面发展的主体支撑。马克思指出，教育“它不仅是提高社会生产的一种方法，而且是造就全面发展的人的唯一方法”[5]。通过教育促进人类社会精神文明的发展，进而提升人民群众的思想道德素质和科学文化素质，让人们认识到共产主义社会中人的独立性与互

①《马克思恩格斯选集》第1卷，人民出版社1995年版，第86页。

②《马克思恩格斯选集》第1卷，人民出版社1995年版，第291页。

③《列宁全集》第25卷，人民出版社1958年版，第451页。

④《马克思恩格斯选集》第1卷，人民出版社1995年版，第293页。

⑤《马克思恩格斯选集》第2卷，人民出版社1995年版，第212页。

相依赖性特征，这些特征决定着人们在社会交往中应该要更加理性地认识利益关系和科学地处理利益冲突，应当果断放弃渗透在资本主义社会各个毛孔中的逐利本性，果断地丢弃那些“把丑恶的物质享受提到了至高无上的地位，毁掉了一切精神内容”[①]的腐朽风气，如此才能促进社会和谐、文明进步，形成优良的社会风气。

第四节 马克思恩格斯关于社会风气治理重要论述的当代启示

由于历史环境和时代条件的限制，马克思恩格斯关于社会风气治理的重要论述没有在社会实践中正式应用，但是其光辉的精神内核却为人类优良社会风气培育实践提供了思想启示，对今天和未来的优良社会风气培育工作都有着重要的指导意义。主要体现在以下几个方面。

一、社会风气治理必须立足社会现实

马克思恩格斯的社会风气治理实践告诉我们，必须立足现实社会，坚持一切从实际出发，从实际的社会风气问题着手开展不良社会风气治理、优良社会风气培育工作。马克思恩格斯在批判资本主义社会制度不合理性的过程中，必然会对那些盛行不良行为及风气的资本主义社会上层给予尖锐的批判，因为这种不良风气正是资本主义制度的不合理性在现实风气中的集中反映。这就说明，马克思对资本主义社会问题的认识不是停留于书本知识、书斋知识，而是真正走进社会实践，把握社会现状，深谙社会病症及其病因的。因此，马克思恩格斯在批判资本主义社会风气时，集中精力对资本主义社会上层盛行的贪污腐败之风、拜金主义之风和奢侈浪费之

①《马克思恩格斯全集》第1卷，人民出版社1956年版，第636页。

风进行了深刻的批判与揭露。今天我们在培育优良社会风气时，也同样要深入社会实践，了解当今社会风气状况，针对现实的社会风气问题提出批判意见和改善措施，才能使社会风气治理有的放矢，使优良社会风气培育工作事半功倍。

二、社会风气治理必须抓住本质根源

马克思恩格斯的社会风气治理实践告诉我们，必须坚持透过现象看本质的马克思主义认识论，才能抓住矛盾核心问题的本质根源。马克思恩格斯指出，资本主义社会风气不正的根本原因在于资本主义生产资料私有制。资本主义生产资料私有制是资本主义社会一切剥削与不公正的根本原因，是集中体现这种不公正、不文明的社会风气的终极根源。中华人民共和国成立后，经过社会主义革命，我们基本消除了生产资料私有制，消除了产生资本主义社会不良风气的制度基础，促进了中国社会风气的良性发展。但改革开放以来，随着国门打开，西方的一些不良思想与不良风气乘机而来，对我国社会风气的发展产生了巨大的冲击。因此，培育优良社会风气依然要反对和遏制由资本主义社会渗透而来的贪污腐败之风、拜金主义之风和奢侈浪费之风。因而要坚定地拥护和坚持生产资料公有制，完善以生产资料公有制为主体，多种所有制经济并存的中国特色社会主义基本经济制度，才能从本质上确保社会风气健康发展。

三、社会风气治理必须确立正确目标

马克思恩格斯的社会风气治理实践告诉我们，必须坚持历史唯物主义的发展规律，确定社会风气发展的终极目标，并以此为导向指引当今的优良社会风气培育工作。人类社会遵循着从低级到高级的发展规律，资本主义社会必将被社会主义社会所取代，最终进入人的自由全面发展的共产主义社会。共产主义社会一直是我们共产党人所努力奋斗的崇高理想与目标。从历史唯物主义的角度看，社会存在决定社会意识，社会意识反映社会存在。作为社会意识形态的一部分，社会风气也必然受到社会存在的决定和制约，在不同社会制度下体现出不同的社会风气。为了与社会发展规律相适应，社会风气发展也必须符合社会制度的本质要求。因此，对优良社会风气的培育应建立在对资本主义社会不良风气批判的基础上，确立起与当下中国基本国情相契合的社会主义社会新风尚，并最终向共产主义新风气不断迈进。

改革开放以来，中国的社会、经济、政治、文化等各领域都发生了翻天覆地的变化，中国的国际地位和竞争力也显著增强，摆脱了极度贫穷的落后局面，走上了全面建设小康社会的道路。但是，另一方面，中国社会的道德风气问题的警钟也在不断敲响。尤其是在经济、政治、伦理、审美等方面，关涉社会风气的不良言行常见报端，且在部分群体中甚至有愈演愈烈之势。这是我们必须高度重视的问题。因此，认真研究马克思恩格斯关于社会风气治理的重要论述，对我们今天的优良社会风气培育工作大有裨益。

第二章　列宁关于社会风气治理的重要论述及实践

列宁继承和发展了马克思恩格斯关于社会风气治理的重要论述，并在社会主义建设过程中积极开展优良社会风气培育工作，形成了具有实践特色的社会风气治理的重要论述。从历史唯物主义角度看，社会存在决定社会意识，社会意识根源于社会存在。社会风气是社会意识的外在表现，社会风气根源于一定的经济关系和政治制度。1917年，十月革命掀开了世界历史的新篇章，建立了世界上第一个社会主义国家，俄国社会结构、社会关系发生根本性转变，社会风气也随之变迁。但社会风气又具有相对的独立性，从俄国现实看，社会风气变化之速度、变革之深度与俄国政治、经济制度的变革在一定程度上表现出非一致性。随着社会历史的发展，一些陈规陋习并未被及时扫进历史的垃圾堆，还有一些在旧社会盛行的不良风气也并未消失，而是在新社会中沉渣泛起，严重制约了俄国社会主义精神文明建设。内战结束后，列宁立即实施新经济政策，转变国家工作思路，着手推动优良社会风气培育，明确优良社会风气培育的途径与方法，着力根除陋风旧习，塑造出了社会主义社会的新风气。加强对列宁关于社会风气治理的重要论述的研究，对探索社会主义社会的风气治理规律、探寻优良社会风气的培育路径而言有着重要的学术价值和现实意义。

第一节 列宁治理社会风气的主要目标

列宁是一个虔诚的马克思主义理论家，更是一个务实的马克思主义实践家。他在领导革命和社会建设的过程中，切实地感受到了不良社会风气给社会发展和文明进步带来的负面影响，深刻地认识到了培育优良社会风气必须立足本国实践，牢牢抓住和有效治理国家的主要风气问题，才能使国家社会风气根本好转。

一、有效清除苏共党内的不正之风，培育无产阶级政党新风尚

在列宁关于社会风气治理的重要论述中，列宁首要关注的是优良的政党作风建设，并提出了一系列建设优良党风的基本措施，值得我们深入探究和学习。

（一）坚持集体决策原则：弘扬无产阶级政党的民主之风

列宁认为，党的重大方针、政策、决议都须经过党的领导机关集体商议决定，即党的"一切重大决定都应当由领导集体作出"①。早在1903年，列宁在《俄国社会民主工党章程草案》中就指出，党的中央委员会"统一和指导党的全部实践活动，管理党的中央会计处以及全党的一切技术性机构"②，而未经过党的领导集体做出的决定则是非法的、无效的。1904年7月，俄国社会民主工党中央委员会中调和派分子克拉辛、诺斯科夫和加尔佩林背着列宁和其他中央委员召开"中央委员会全体会议"，并以中央全会的名义非法通过所谓的《七月宣言》。列宁对此极为愤慨，他认为，"中央委员会有权根据多数的意见作出决定，但是，不让全体委员都有机会参

①《列宁全集》第10卷，人民出版社1987年版，第301页。

②《列宁全集》第7卷，人民出版社1986年版，第238页。

加会议并在必要时提出自己的意见，是不能通过合法的决定的”[①]，《七月宣言》是在违背党的集体决策原则的基础上产生的，是不合法的。

1919年3月18日至23日，俄共（布）第八次代表大会决定：中央委员会由19名委员（8名候补委员）组成，每月至少召开两次全体会议，集体讨论一切非急需解决的最重要的政治和组织问题，并决定在中央委员会下设政治局、组织局和书记处。政治局设立后，党的决策集体从19人减至5人，但依然实行集体领导制，另外14名中央委员都可参加政治局的所有会议，均有发言权；且政治局、组织局和书记处都要每两周向中央委员会全体会议报告工作[②]。从列宁关于中央领导机构的设想来看，党的领导工作主要是通过中央委员会来负责。但由于实际工作的繁杂性与紧急性，中央委员会全体会议难以完全满足工作需要。列宁曾指出，“中央委员会的工作远不是十全十美的。可是应该注意到，我们必须在我们工作过的那种条件下进行工作，每天必须就一系列问题发出政治指示，只有在例外的甚至少有的场合才通过政治局或中央全会来做”[③]。

虽然政治局和组织局在后来党内政治生活中的作用越来越大，但列宁处处以身作则，坚持集体决策，把党内的重要问题都提交政治局或中央委员会讨论决定。即使在“国内战争时期，往往由于有些政治局委员不在首都，政治局无法召集会议，在这种困难的条件下，列宁坚持‘用电话商谈代替开会’，而且要通过电话进行表决。在这一时期，列宁收到的许多电报、信件和报告中，有数不清的列宁写上的要同一些政治局委员商量之后再作决定的批语”[④]。例如，1920年加涅茨基提出想调离中央消费合作总社到对外贸易人民委员部去工作，列宁也表示这件事应当提交政治局并征求各方面的意见。同年11月，斯大林向列宁报告了苏维埃阿塞拜疆日益恶化的政治局势，请求加快调动必要的增援部队。列宁回复道，“不召开政

①《列宁全集》第9卷，人民出版社1987年版，第19页。

②《苏联共产党代表大会、代表会议和中央全会决议汇编》第1分册，人民出版社1964年版，第565—567页。

③《列宁全集》第36卷，人民出版社1985年版，第135—136页。

④ 蔡新春，刘达临：《民主·集中·纪律》，福建人民出版社1984年版，第20页。

治局会议，我无法作任何答复。建议您或者立即提出具体建议并马上提交政治局”①。1921年11月一名老党员想创办一种刊物，请求列宁帮他向国家出版局推荐，列宁表示不能写推荐信，因为这是一个政治问题，需要经过政治局集体讨论之后才能决定。这种事例不胜枚举，但都说明了列宁在理论上和实践中都完全坚持党的集体决策原则，从不将其个人的立场、观点强加给党和任何人，从不以个人的决定来代替党的决策，堪称践行集体决策原则的楷模。

（二）坚持少数服从多数原则：倡导无产阶级政党的大局之风

民主集中制是党的根本组织原则，贯穿于党的政治生活的方方面面。党的集体领导制是民主集中制的一个重要组成部分，这就要求党内在决策时既要民主，也要集中。“民主”是“集中”的基础，但“民主”并非无限制无原则，“民主”需要能有效地服务党的事业，因此“民主”又要与“集中”结合起来。因此党内决策不仅要在民主讨论的基础上进行，同时必须坚持少数服从多数的原则。少数服从多数是党内民主生活的重要原则，是民主集中制的基本要求，集体领导制必须以少数服从多数这一原则为基础和前提。因为对待同一个问题，领导人因其个人的知识背景、理论基础、工作经验的差异而意见不同，如果持不同意见的人固守己见而争论不休，则可能会延误党的工作进程。因此，为了便于党内决策机制的有效实施，必须坚持少数服从多数的民主集中制原则。

在俄共建党初期，党内小组风气盛行，许多党员抵制民主集中制，尤其反对少数服从多数原则，他们把“部分服从整体和少数服从多数”理解为强制性的压制党员的自由意志，把“少数服从多数”原则看作“农奴制”，把党内合理分工制下的党员称为“小轮子和小螺丝钉”，把党的组织章程看作可有可无的形式主义的东西。列宁极力反对这种观点，他强调，“为了保证党内团结，为了保证党的工作集中化，还需要有组织上的统一，而这种统一在一个已经多少超出了家庭式小组范围的党里面，如果没有正

①《列宁全集》第50卷，人民出版社1988年版，第26—27页。

式规定的党章，没有少数服从多数，没有部分服从整体，那是不可想象的”①。列宁进一步强调，“没有少数服从多数，就不可能有稍微称得上工人党的党”②。1903年，在列宁的努力下，这一原则被写入俄国社会民主工党的党章。他提交俄国社会民主工党第二次代表大会的党纲草案中就明确提出，“一切党组织和党员的一切委员制机构，只要以多数通过就可以决定问题”③。从此，少数服从多数原则就正式成为俄国社会民主工党集体领导制必须遵循的基本原则之一。

1917年十月革命前夕，党中央关于武装起义夺取政权的决议有不同的声音，10月10日党中央举行全体会议通过了武装起义的决议，只有季诺维也夫和加米涅夫反对，并将党关于武装起义的消息在报刊上公开出去。列宁对党内少数人不服从多数的做法极为愤怒，谴责他们是破坏革命的工贼，是严重的叛变，要求将他们开除出党。11月2日中央委员会开会宣布季诺维也夫和加米涅夫是革命的工贼，但是否定了列宁关于把他们开除出党的提议。列宁作为少数服从了中央多数的这一决议。列宁虽然坚持少数服从多数原则，但是他并没有忽略少数人表达意见的权利，相反列宁非常尊重少数人的权利。因为真理作为一种客观存在是公平公正的，真理并不偏爱多数或少数。所以列宁曾经多次强调，“保障任何少数和任何忠实的反对派的权利”④，“对党内任何少数人的权利同样应在党章中作出明确的规定”⑤。因此，要在坚持少数服从多数原则的基础上，既维护多数人的意志，也要保护少数人的合法权利。

（三）分工负责制原则：明确无产阶级政党的责任之风

对于任何组织活动来说，决策的目的是必须通过执行来达到。决策再科学、再民主，如果执行不力、执行不当，决策目标也难以完成，党内政

①《列宁全集》第8卷，人民出版社1986年版，第387页。

②《列宁全集》第9卷，人民出版社1987年版，第5页。

③《列宁全集》第9卷，人民出版社1987年版，第5页。

④《列宁全集》第10卷，人民出版社1958年版，第284页。

⑤《列宁全集》第11卷，人民出版社1987年版，第155页。

治活动也是如此。从管理学的角度看，有效执行与分工制和责任制密切相关，只有分工合理的、与个人责任相联系的执行机制才是最有效的。对于党内决策而言，坚持集体领导制的同时必然还要求坚持分工负责制。通过合理的分工使党的工作都有人负责，不会因为是“集体的”而对工作漫不经心或互相推诿；负责制还会促使党的工作因责任明确而富有效率。因此，列宁认为没有分工负责的集体领导制不是真正的集体领导制，领导集体中的个人分工负责原则是集体领导制的内含性原则。为此，他强调，“任何夸大和歪曲集体管理制因而造成办事拖拉和无人负责的现象，任何把实行集体管理的机关变为清谈馆的现象，都是极大的祸害，应不顾一切尽快根除这一祸害”[①]。

列宁认为，在集体领导制下，党的中央和地方组织都必须做到分工负责，具体要求为：

合理分工。分工是做好集体工作的必要条件。把党的各项任务根据工作的不同性质交由不同的部门或个人去负责，是政党工作专业化和效能化的必经之路。列宁曾把集体工作比作是组织一场音乐会，“我们需要取得经验，好恰当地分配角色，让一个人去奏抒情的小提琴，让另一个人去拉狂暴的大提琴，让第三个人去挥动指挥棒”，只有这样“才能使我们的领导者形成一个真正合唱得很好的集体；只有这样，工人才不会不再理解我们，只有那时，我们的‘司令部’才能真正以既跟着司令部前进、同时又引导自己的司令部前进的这支军队的善良的、自觉的愿望作为自己的依靠”[②]。因此，党的领导集体要想能成为广大党员所信任的领导集体，就必须形成一个善于“合唱”，善于发挥集体智慧和力量的领导集体。可见，合理分工对集体领导工作而言是必不可少的。

明确权责。合理分工之后必须明确各领导者的权力与责任，这是保障工作效能的重要阀门。列宁指出，“任何时候，在任何情况下，实行集体管理都必须极严格地一并规定每个人对明确划定的工作所负的个人责任。

①《列宁全集》第37卷，人民出版社1986年版，第41页。

②《列宁全集》第8卷，人民出版社1986年版，第89—90页。

借口集体管理而无人负责，是最危险的祸害”[①]。确实，当时俄共许多集体管理机构中存在着许多“说空话、写决议、做计划、闹本位主义”[②]等集体领导的异变内容，集体决定的任务在执行中受阻，对俄共造成了不可估量的损失，列宁不得不承认由于不善于实行集体领导制与个人分工负责结合的原则，“我们每走一步都吃到苦头”[③]。所以列宁要求建立个人负责制，“从集体执行过渡到个人负责，这就是当前的任务”[④]，必须无条件地贯彻执行这一原则。列宁认为这种个人负责制“应当极其明确地规定每个担任公职的人对执行一定的具体任务和实际工作所担负的责任”[⑤]，即要做到任务到人、责任到人、人人有任务、人人有责任。

团结协作。列宁认为在决议的执行中，哪怕不是在自己所提出或赞同意见的基础上形成的决议，都要积极配合，每个领导都要做其他领导的“补台队友”，而绝不能成为“拆台专家”。如十月革命以后，俄共中央委员会通过关于尽量拖延与德国和平谈判的决议，1918年2月23日后，党中央通过了立即签订合约的决议，但仍然遭到以布哈林为首的“左派共产主义者”的极力反对。3月3日合约签订以后，他们还叫嚣要撕毁布列斯特和约。列宁对“左派共产主义者”进行了深刻批判，揭穿其非马克思主义的立场。实际上作为中央领导人，按照集体领导制的要求，不管布哈林等人对战争、革命与布列斯特和约的看法有多大的不同，都必须服从党中央的统一安排。布哈林等人的做法不仅没有做到补台，相反在极大程度上阻碍了中央委员会工作的正常开展。列宁早在1902年就指出，没有“彼此配合得很好的领袖，无论哪个阶级都无法进行坚持不懈的斗争”[⑥]。因此，领导者必须从全局出发，做到相互配合、相互支持，形成合力，共同完成党和国家的重要任务。

严究责任。列宁要求建立严格的责任追究制度，对失责的委员进行严

① 《列宁全集》第37卷，人民出版社1986年版，第41—42页。
② 《列宁全集》第28卷，人民出版社1956年版，第358页。
③ 《列宁全集》第42卷，人民出版社1987年版，第191页。
④ 《列宁全集》第35卷，人民出版社1985年版，第392页。
⑤ 《列宁全集》第35卷，人民出版社2017年版，第359页。
⑥ 《列宁全集》第6卷，人民出版社1986年版，第116页。

厉的处置。列宁曾要求要找出集体管理机构中办事拖拉的委员，要将其逮捕起来送交军事法庭去承担军事责任。可见，列宁主张集体领导与个人分工负责的有机结合。只强调集体领导而不谈个人负责制，必然会出现多头领导、工作推诿、责任推卸的情况，而没有集体领导就难以保证党的科学决策，所以科学决策与有效的执行要求党的集体领导制必须与个人负责制结合起来。

（四）坚持反对党内专权原则：确立无产阶级政党的科学运权之风

俄共政治局设立以后，形成了一个更小的党内领导集体，参与党中央决策的人数远远少于中央委员会的人数。当时在俄共八大上，就有人反对成立政治局，他们担心成立中央政治局会导致党内的权力向政治局集中，甚至在决策职能上大有取代中央委员会的可能。如奥新斯基就在会上反对成立政治局，他说道："政治局……有权决定一切紧急问题。中央委员会全体会议每月才开两次会，而且……是为了讨论一般政策问题……换句话说，中央委员会全体会议只不过是讨论讨论而已。这一切的实质是，由五个人组成的政治局决定所有重要的问题，而全会则进行一般性的谈话，讨论。"[①]但是列宁认为，在战时共产主义政策时期，国内政治军事局势复杂，党和国家面临着保家卫国和国家建设的多重任务，许多问题来不及等待每月才开两次的中央委员会全体会议，必须立即做出及时的决定。而政治局的设立就能在处理紧急问题上发挥重要作用。列宁指出，"实行集体管理，无论在委员会人数方面或处理的工作范围方面，都不应超过绝对必需的最低限度，禁止'长篇大论'，要最迅速地交换意见，通过交换意见互通情况并提出切实可行的建议。只要有一点可能，集体管理就应限于在最小范围的委员会内仅就最重要的问题进行最简短的讨论"[②]。并且在政治局这个领导核心中，列宁依然坚持集体领导制。由于当时政治活动的需要，列宁对政治局的设立表示肯定，然而列宁本身并没有建立一个高度集权的领导核心的思想。但是，局势的发展并不是人的主观意志所能控制

① 列·托洛茨基：《斯大林评传》，东方出版社2005年版，第522页。

②《列宁全集》第37卷，人民出版社1986年版，第41页。

的。后来列宁也承认，在这种体制下，政治局和组织局确实造成了权力的高度集中。1920年，列宁在《共产主义运动中的“左派”幼稚病》一书中指出，“我们党每年召开一次代表大会（最近一次代表大会，每1000个党员选代表1人参加），由大会选出19人组成中央委员会领导全党，而且在莫斯科主持日常工作的则是更小的集体，即由中央全会选出的所谓‘组织局’和‘政治局’，各由5名中央委员组成。这样一来，就成为最地道的‘寡头政治’了。我们共和国的任何一个国家机关没有党中央的指示，都不得决定任何一个重大的政治问题或组织问题”①。但是在列宁时期，这种高度集权只是中央政治局、组织局领导集体权力的加强和集中，并非个人的权力集中，不存在党内个人专权的情况。而且在这段时间内，政治局的会议基本上都是由列宁主持的，列宁若是不在则由加米涅夫主持，他们当时都未曾担任党内任何职务，没有任何官衔。政治局处理重大问题都是通过召开政治局会议来解决，这一时期在列宁的领导下，俄共实行的是地地道道的集体领导制。

列宁极力防止党内出现个人专权。如当时规定中央书记同时进入政治局与组织局，兼管这两个局的工作②，这就很容易出现个人专权的危险。对于这一点，列宁的态度是十分明确的，他坚决主张：不管任何事情都不是任何一个党内领导人说了算，必须由党的领导集体来决定。1920年，俄共（布）第九次代表大会就强调中央书记参加政治局和组织局的会议，是为了协调中央委员会内部这两个机构工作，“并且中央书记执行的完全是党中央的意志。为避免发生某种误会起见，从一开始就必须着重指出，党中央书记只执行中央委员会集体作出的决议，即由组织局或政治局或中央全会作出的决议。否则，中央委员会的工作是不能正确进行的”③。由此可见，在列宁设计的党的中央领导制度中，中央书记个人并不具有决策权，决策权依然归于中央委员会或其下设的政治局、组织局等中央领导集体。从中央书记也是这些中央领导集体成员之一的角度看，他只是拥有参与党

①《列宁全集》第39卷，人民出版社1986年版，第27页。
②《列宁选集》第4卷，人民出版社1972年版，第156页。
③《列宁全集》第38卷，人民出版社1986年版，第267页。

内集体决策的权利，其个人并没有独自决定党内事务的权力。从中央书记与中央领导集体的工作关系来看，中央领导集体有决策权，中央书记在中央领导集体的授予下拥有执行权。不仅仅中央书记不能代替党的中央领导集体，任何党内领导人都不能拥有超越党的中央领导集体的权力。在这一方面，列宁的一个例子可以充分地说明他对待党内领导人与党内领导机构关系的态度。1921年3月15日，担任同波兰进行谈判的苏俄和平代表团团长越飞致信列宁，信中越飞对党中央不考虑他政治工作经验而经常调换工作岗位表示不满[①]。越飞还认为这件事是由列宁决定的，错误地将中央委员会与列宁等同起来。这让一直坚持集体领导制原则的列宁感到十分难受。列宁在给越飞的回信中表示理解越飞的不满情绪，并坚决地指出列宁自身并不是中央，中央也不是列宁，列宁只是众多中央委员中的一员。列宁还表示，他自己在中央委员中大多数情况下都处于“少数”，还举了1920年12月7日中央全会上讨论水运员工同运输工会中央委员会的冲突问题的例子来予以说明。在那次讨论决策中，列宁就处于少数，布哈林和托洛茨基就处于多数，最终通过的并非是列宁主张的决议。因此，将中央等同于列宁个人，是一个明显的错误。莫洛托夫也曾戏言说：“政治局的五人之中有三人每次都反列宁，而列宁必须同他们共事。”[②]列宁对党中央领导制度的设计，目的是为了防止党内出现个人专权，危害党的事业。列宁自身更是践行这一原则的光辉典范。

二、扫除政府机构中官僚主义习气，培育社会主义公仆新风尚

十月革命之前，列宁认为革命的力量能够扫除一切旧风陋习。他乐观地预示，“轰轰烈烈的俄国革命运动，也许会成为一种最强有力的手段，足以铲除在我们队伍中开始蔓延的萎靡不振的庸俗习气和鼠目寸光的政客作风”[③]。但革命胜利后，社会风气并没有像列宁所预想的那般迅速好转，

①《列宁全集俄文注释选编》第5版，人民出版社1985年版，第676页。

② 沈云锁，潘强恩：《共产党通史》第2卷上册，人民出版社2011年版，第93页。

③《列宁全集》第39卷，人民出版社1986年版，第3页。

相反，人们看到的是，不管是在党的机构内，还是在国家机构里，沙皇时代盛行的令人厌恶至极的官僚主义作风又死灰复燃了。令人更为忧愤的是，这种情况在党和国家高层领导中也非常严重，对整个社会风气产生了恶劣的影响。对此，列宁做了深刻的分析，他认为，“在社会关系、经济关系和政治关系的所有领域中，我们是‘极端’革命的。但在尊敬上司，遵守办文的形式和礼节上，我们的‘革命性’往往被最腐败的因循守旧的习气取而代之了。在这里常常可以看到一种极其有趣的现象：在社会生活中，最大的跃进和对极小的变革令人吃惊的畏怯两者兼而有之”[①]。列宁进一步指出，在党和国家机构中存在形形色色的封建官僚习气，如机构臃肿、文山会海但却办事拖拉的风气、因循守旧与懒散无为的奥勃洛摩夫风气、脱离实际空谈理论的经院哲学风气、贪污腐败堕落风气、铺张浪费的奢侈风气，并指明“这种行为却处处可见”[②]。所以列宁认为官僚主义是苏维埃政权的“三大敌人”[③]之一。

官僚主义习气的本质是国家公职人员角色定位的严重不当，从根本上脱离群众，从而走向了人民群众的对立面。列宁明确指出，官僚主义者“就是使事业的利益服从于向上爬的需要，就是一味追求地位而忽视工作”[④]，逐渐成了“脱离群众、站在群众之上、享有特权的人物”[⑤]。如果这一状况不及时得到纠正，党和国家的工作机构将会在这些“恶劣风气（自以为是‘真正的共产主义’）下不可避免地会蜕化成官僚主义的愚蠢机构”[⑥]。按照社会主义政治文明的本质要求，国家公职人员必须是忠诚于国家、服务于群众的“人民公仆”，必须时刻把实现和维护人民与国家的利益作为第一行为准则。为此，列宁要求广大公职人员必须积极摆正位置，认清角色要求，履行公职人员的基本责任，共同建设承载和展现社会主义政治新风貌的“人民公仆队伍”，弘扬社会主义人民公仆新风尚。

①《列宁全集》第43卷，人民出版社1987年版，第387页。
②《列宁全集》第42卷，人民出版社1987年版，第198页。
③《列宁全集》第42卷，人民出版社1987年版，第199页。
④《列宁全集》第8卷，人民出版社1986年版，第363页。
⑤《列宁全集》第31卷，人民出版社1985年版，第111页。
⑥《列宁全集》第52卷，人民出版社1988年版，第279页。

在具体做法上，除了要通过教育方式去改造个体主观层面认识，提高公职人员的思想水平和政治觉悟，列宁还要求从客观角度去强化制度建设。一要健全工作责任制。列宁指出，正是因为在苏维埃政府各机构中存在着责任制的模糊和责任追究制的缺乏，“我们的上层机关即各人民委员部及其各部门实际上都存在着根本无人负责的现象，怠工分子很会钻这个空子，结果养成了危害事业的奥勃洛摩夫习气”①。二要强化检查监督制度。由于公职人员也是自然人，有着理性的趋利思想，在缺少监督的时候很有可能会将其个人利益置于人民利益之上，因此监督就成为防止工作人员不作为或作为不当的必要方式。列宁要求部门负责人必须“亲自检查”，看“条例是否遵守了，目的是否达到了，即文牍主义和拖拉作风是否有所减少，人民委员们考虑问题是否较前周密，责任心有所加强，是否不再乱发匆匆炮制的指示”②，并对其做出积极的应对措施。因此必须严格执行监督和监察的职能，“使任何人都不能成为‘官僚’”③。三要强化惩处制度。列宁还提出要“对犯有官僚主义、拖拉作风、玩忽职守、粗心大意等过错的人给以行政处分”④。列宁曾批评办公厅负责人扎克斯和哥尔布诺夫被“发空洞公文的习气所支配”，如果不改正，“今后如再这样草率从事”，列宁就要将其撤职⑤。对于那些“情节严重者必须撤职，送交法庭”⑥。

三、消解传统社会遗留的小农习气，培育社会主义公民新风尚

十月革命胜利后的一段时期，农村建设停滞、倒退，农民的思想意识并未与社会制度的变革同步成长，落后农业大国盛行的小农意识在战时共产主义政策时期发挥得淋漓尽致，进一步阻碍着社会主义社会风气的健康发展。这种小农习气典型的特征就是：（1）守旧、落后。满足小利，安于

①《列宁全集》第42卷，人民出版社1987年版，第389页。

②《列宁全集》第42卷，人民出版社1987年版，第388—389页。

③《列宁全集》第3卷，人民出版社1995年版，第210页。

④《列宁全集》第43卷，人民出版社1987年版，第153页。

⑤《列宁全集》第52卷，人民出版社1988年版，第310—311页。

⑥《列宁全集》第43卷，人民出版社1987年版，第153页。

现状，不思进取，不愿变革，缺乏现代化精神和能力。如农民不愿意改进农耕技术，建国后依旧采取传统落后的耕种技术和陈旧的劳动工具。(2)自私自利。只满足于自身利益的实现，“只关心自己而不顾别人”①，不关心国家建设与社会发展，缺乏政治参与的动力与能力，始终游离在政治之外。列宁指出，农民不关心国家整体利益的实现，只顾个人利益的得失，在内战时期对党和国家新政策抵触情绪非常严重。在闹饥荒的年代，即使农民有余粮，也不愿意拿出来救济灾民，而是投机倒把，哄抬物价，高价出售。列宁认为，在农民的意识中，“剩余的粮食愈多，获利就愈大，至于别人，就让他们挨饿去吧，他们愈饿，我的粮食就卖得愈贵”②，“我赚我的钱，其他一切都与我无关”③成为农民自私心理的真实写照。(3)封闭、目光短浅、缺乏社会交往能力。农民更满足村社的封闭生活，缺少对外交流的意愿，很难从外界获取文明进步因素。所以列宁指出，在很多农村，依旧是“宗法制度、半野蛮状态和十足的野蛮状态”，“到处都是宗法制度、奥勃洛摩夫精神和半野蛮状态占优势”④。(4)愚昧、不开化、迷信。受沙皇专制制度的影响，农民的愚昧不开化和封建迷信思想极其严重，即使是在新经济政策时期，农民依旧未能摆脱封建迷信思想的束缚。广大农村流行的价值观念和风俗习惯都带有明显的迷信色彩。如农民认为，“不庆祝村子的节日也是不道德的行为，是对村社的侮辱……节日期间，醉酒也成为人民的一项宗教义务”⑤。小农习气严重影响社会风气的建设，也制约了政治文明和经济现代化的进程。

对于如何消解农民身上根深蒂固的小农习气，列宁认为必须要把农民真正转变为社会主义公民才行。其一，应当加强农民的文化教育和思想政治教育，提升农民共产主义觉悟水平，帮助农民克服自身存在的小农习气，转变成为社会主义公民，成为社会主义事业的建设者。列宁指出，

①《列宁全集》第39卷，人民出版社1986年版，第306页。

②《列宁全集》第39卷，人民出版社1986年版，第304页。

③《列宁全集》第39卷，人民出版社1986年版，第306页。

④《列宁专题文集——论社会主义》，人民出版社2009年版，第224页。

⑤ 米罗诺夫：《俄国社会史：个性、民主家庭、公民社会及法制国家的形成：帝俄时期：18世纪至20世纪初》下，张广翔，等译，山东大学出版社2006年版，第329页。

“那些因循、守旧、自私和庸俗习气”，“需要通过真正的教育加以克服和自觉抛弃”[①]。列宁还强调，“教育工作者和共产党这个斗争的先锋队的基本任务，就是帮助培养和教育劳动群众，使他们克服旧制度遗留下来的旧习惯、旧风气，那些在群众中根深蒂固的私有者的习惯和风气。在考虑党中央和人民委员会十分注意的那些局部问题的时候，决不能忽视这个整个社会主义革命的主要任务”[②]。其二，要通过社会实践来改造农民。列宁指出，农民应该自觉地改造自己，确立新的价值观念，培养新的劳动态度，实行新的纪律，在党的领导下积极参与共产主义建设实践，在社会实践中锻造出新一代农民。农民严格遵守“劳动纪律，提高劳动生产率，组织劳动，增加产量，同怠惰习气和官僚主义进行无情的斗争”[③]，发挥农民作为社会主义公民的主人翁作用。列宁要求，农民应该和工人一道积极参加体现共产主义道德要求和精神风貌的“星期六义务劳动”，鼓励农民“投入生气勃勃的、创造性的、伟大的工作，独立地着手建设社会主义社会”[④]，认为这是提升农民共产主义觉悟，培养农民成为社会主义公民的一条必经之路。其三，推行共耕社、合作社，改造农村社会体制，培育农民赖以生存发展的新的客观环境。内战时期列宁就曾探索改造小农经济，建立农村公有制经济。1918年11月，列宁提出包含建立农村公社，实施劳动组合耕种制度和临时性劳动协作方式在内的农村共耕制，认为这是改变农村生产私有制的必然出路。列宁指出，这是真正“使农民群众能过文化生活，真正使他们同其他公民处于平等的地位”[⑤]，这是“千百万人生活中一场触及生活方式最深处的大变革”[⑥]。

①《列宁全集》第38卷，人民出版社1986年版，第142页。
②《列宁全集》第39卷，人民出版社1986年版，第401页。
③《列宁全集》第41卷，人民出版社1986年版，第291页。
④《列宁全集》第33卷，人民出版社1985年版，第205页。
⑤《列宁全集》第28卷，人民出版社1956年版，第327页。
⑥《列宁全集》第35卷，人民出版社1985年版，第353页。

四、抵制残留的资产阶级丑陋习气，弘扬无产阶级社会新风尚

十月革命推翻了资产阶级临时政府，建立起了无产阶级专政的国家政权，但却没能肃清资产阶级习气的影响。造成这种情况的原因主要有：一是资产阶级习气所赖以生存的环境与土壤并未完全消除。“这种环境，就是在推翻了资产阶级以后，也消逝得很慢。”[①]资本主义制度虽然被推翻，但是资产阶级环境仍然发挥着一定的影响，其主要来源是：（1）国内资产阶级残余势力的反扑和西方资产阶级环境的客观存在及其渗透作用。（2）为发展俄国经济而推行的租让制，一定程度上为资本主义风气的活跃提供空间（尽管加强了监督）。列宁承认，“租让企业在经济上对我们有很大好处。当然，它们在建设一些工人村时，将带来资本主义习气，腐蚀农民”[②]。（3）小农在未被有效改造前，一定程度上会复活资产阶级。这些环境“毫无例外地在工作和生活的一切领域，都产生着形式上稍有差别而本质上完全相同的资产阶级钻营勾当、民族沙文主义和市侩庸俗习气等等”[③]。二是从旧社会中接收大批浸染资产阶级习气的各行各业的职业人员。这些人身上的资产阶级习气与社会主义社会劳动者的气质要求截然不同，追求等级特权的思想、贪图享受的风气等极其严重。这些资产阶级习气在俄国社会中不断蔓延，并不断腐蚀着党员、工人和农民，不少人“滑进资本家习气令人陷入的深渊”[④]，甚至党报、党刊都在一定程度上“染上了知识分子习气，堕入了自由主义”[⑤]。沾染这种资产阶级习气的人，自私自利、因循守旧、无所事事、喜好空谈、误国误民[⑥]。

面对资产阶级歪风邪气的侵扰，列宁主张在利用资本主义力量建设社会主义的过程中，要不断地提升广大人民的思想觉悟和抵御能力，坚决抵

① 《列宁全集》第39卷，人民出版社1986年版，第92页。
② 《列宁全集》第40卷，人民出版社1986年版，第77页。
③ 《列宁全集》第39卷，人民出版社1986年版，第92页。
④ 《列宁全集》第34卷，人民出版社1985年版，第477页。
⑤ 《列宁全集》第43卷，人民出版社1987年版，第83页。
⑥ 《列宁全集》第36卷，人民出版社1985年版，第376页。

制、务必战胜国内外资产阶级习气的恶劣影响。列宁认为，必须树立无产阶级新风尚，不断有效地抵制和消除资产阶级习气及其影响，在实践中培育符合现代文明要求和社会主义价值诉求的社会新风气。具体要做到：一是勇于承认新生苏维埃政权中资产阶级习气弥漫的客观事实，敢于直面资产阶级习气的挑战。列宁指出，对于党和国家工作人员被资产阶级习气侵袭和传染的情况，“我们从不掩饰，而总是予以揭露，加以谴责。的确，这种情况到处都有”[①]。我们“应当学习并且学会毫无例外地掌握一切工作领域和一切活动领域，在一切场合，在每个地方，战胜所有的困难和所有的资产阶级风气、传统和习惯。除此以外，问题的其他提法都是很不严肃、很幼稚的”[②]。二是在斗争方式上要以共产主义风气来抵制资产阶级习气的侵蚀。共产主义风气是“与资产阶级的习气相反，与资产阶级企业主的即商人的报刊相反，与资产阶级写作上的名位主义和个人主义、‘老爷式的无政府主义’和唯利是图相反”[③]。列宁明确指出，“应该处处用自己的共产主义影响加以抵制。这也是一场战争，是共产主义和资本主义这两种方式、两种形态、两种经济的军事较量”[④]。三是要健全社会主义基本经济制度，彻底根除资产阶级习气产生的经济基础。“只是推翻了沙皇、地主和资本家，才第一次清理出一块基地来进行真正的社会主义建设，来建立新的社会联系、新的共同劳动的纪律和具有世界历史意义的整个国民经济（进而是国际经济）的新制度。这是改变多少年来被败坏的风俗的事情，而败坏风俗的，正是万恶的生产资料私有制以及由小个体经济即私有者经济在‘自由’交换条件下必然产生（并且经常重新复活）的那种勾心斗角、互不信任、互相敌视、各行其是、尔虞我诈等等恶劣风气。”[⑤]因此铲除一切私有制，包括资本主义私有制和小农私有制，建立起完善的公有制经济，是彻底根除资产阶级习气的必经之路。

①《列宁全集》第34卷，人民出版社1985年版，第477页。

②《列宁全集》第39卷，人民出版社1986年版，第94页。

③《列宁全集》第12卷，人民出版社1987年版，第93页。

④《列宁全集》第40卷，人民出版社1986年版，第77页。

⑤《列宁全集》第39卷，人民出版社1986年版，第99—100页。

第二节　列宁治理社会风气的主要经验

列宁在其政治生涯中，一直都在孜孜不倦地探索消除社会弊端、推进社会文明的途径与方法。为根除社会中存在的陋风旧俗，列宁从多个方面进行了深入的思考，积累了较为丰富的优良社会风气培育经验。

一、以民主为导向，加强执政党的风气建设

苏联共产党是苏联工人阶级的先进代表，其党风之文明程度、优良深度直接影响和制约着整个社会的风气状况。因此，列宁首先强调要加强党风建设，重点要求消除党内存在的官僚习气。由于历史文化糟粕的影响、战争年代社会环境的制约、沙皇时代旧官僚主义的渗透、人民文化素质不高和新社会制度不健全等原因，在实际生活中各种贪污腐败现象层出不穷，列宁对此深恶痛绝。尤其在"战时共产主义"后期，官僚主义作风开始在苏共各机构中"部分地复活起来"①，再加上沙皇时代留下来了几十万骨子里残留着官僚主义思想的官吏职员，这些"混到共产党里来的旧官吏、地主、资产者以及其他败类滥用职权，他们有时做出违法乱纪、欺压农民等恶劣行为"②，严重腐蚀了苏联共产党的纯洁性和人民性。列宁针对性地提出了党内监督机构建设、党内民主机制建设和党员廉洁教育等措施，克服党内骄傲自满、贪图享受、脱离人民群众的官僚主义、命令主义和违法违纪的现象，在一定程度上遏制了当时苏共党内严重的官僚主义习气。

①《列宁全集》第36卷，人民出版社1985年版，第408页。

②《列宁全集》第41卷，人民出版社1986年版，第222页。

二、以法制为抓手，革新国家机构工作作风

优良社会风气培育必须符合人民的意志。在社会主义制度下，法律代表的是全体人民的意志。在列宁看来，与以往专制社会中的法律不同，它们不再是“给地主和官吏提供方便的东西”[①]，而是给包括大多数农民在内的全体劳动者提供方便的东西。因此，必须以代表人民意志的社会主义法律为准绳来推动社会风气的治理。列宁更是强调，“假使我们拒绝用法令指明道路，那我们就会是社会主义的叛徒”[②]。这就告诉我们，以法律为准绳推进社会治理必须是贯穿社会主义事业建设过程始终的一条红线，这是社会主义本质属性的根本要求。在优良社会风气培育的过程中，列宁同样坚持这一基本原则。为了消除国家机构中存在的官僚主义风气，列宁要求按照法制的精神来改革国家机构及其运行机制，增强国家机构的法制化程度，提高国家机构的廉洁度和透明度，革新国家机构的工作作风，形成优良的政治风气。列宁还要求，对违反社会主义法律的官僚主义分子和腐败分子予以严厉的惩罚。列宁曾指出，在党和苏维埃政权的队伍中确实混进了一些坏分子和心术不正的人，他们无视苏维埃政权法律，对他们“必须进行无情的斗争，立即解除他们的职务，给予最严厉的法律制裁……苏维埃政权已经枪毙了不少这类被揭发有贪污劣迹的公职人员，同这类坏蛋的斗争必须进行到底”[③]。如果违反法律的公职人员是党员，列宁还要求对其从重处罚，“惩办应比对非党人员加倍严厉”[④]。这也成为列宁预防和打击官僚主义风气的一个有效手段，唯有如此，才能培养出文明的政治风气，防止党和国家工作人员滋生贪污腐败的不良作风，才能保证政府机关的公职人员始终是为民行政、为民执法，有效地保障人民的根本利益。

---

①《列宁全集》第30卷，人民出版社1985年版，第143页。

②《列宁全集》第36卷，人民出版社1985年版，第188页。

③《列宁全集》第35卷，人民出版社1985年版，第471页。

④《列宁全集》第42卷，人民出版社1987年版，第426页。

三、实施新经济政策，消除恶风旧俗之基础

首先，将工作重心转向经济建设。随着和平时期的到来，经济发展成为国家工作中心，列宁称之为这是“最幸福的时代的开始”[①]。列宁提出，工作重心转向经济建设，不单是党和政府的一项工作，而应该形成一种风气，形成一种在全社会发展经济的社会风气。列宁强调，“为了真正转向经济建设事业，必须由全俄苏维埃代表大会首先树立这种风气，并且自上而下地在所有的苏维埃和团体中，在一切报纸上，在一切宣传鼓动机关内，在一切机构内都来树立这种风气”[②]。其次，完善经济制度。社会风气作为意识形态的范畴，是对社会存在的现实反应，并由其决定。为此优良社会风气建设必须从制度革新着手。列宁强调，消除资本主义腐朽风气的根本在于巩固社会主义经济制度，因为“帝国主义是寄生的或腐朽的资本主义，这首先表现在腐朽的趋势上，这种趋势是生产资料私有制下的一切垄断所特有的现象”[③]。列宁指出，“推翻了沙皇、地主和资本家，才第一次清理出一块基地来进行真正的社会主义建设，来建立新的社会联系、新的共同劳动的纪律和具有世界历史意义的整个国民经济（进而是国际经济）的新制度。这是改变多少年来被败坏的风俗的事情，而败坏风俗的，正是万恶的生产资料私有制以及由小个体经济即私有者经济在‘自由’交换条件下必然产生（并且经常重新复活）的那种勾心斗角、互不信任、互相敌视、各行其是、尔虞我诈等等恶劣风气”[④]。因此，要通过经济改革，逐步消除分散的小农经济，消除小生产者的分散性和散漫性，铲除官僚主义思想产生的土壤，同时帮助农民走出贫困、不开化、闭塞、文盲的困境，引导农民走互助合作道路，开始新的社会生活方式。再次，学习资本主义的经营方式，提高党政干部的经济发展能力。列宁指出，“我们苏维

①《列宁全集》第40卷，人民出版社1986年版，第154页。

②《列宁全集》第40卷，人民出版社1986年版，第154页。

③《列宁全集》第28卷，人民出版社1990年版，第70页。

④《列宁全集》第39卷，人民出版社1986年版，第99—100页。

埃有一股风气，做经济工作往往不是一干到底，一连几年都不夸成绩，不怕向那些能获得100%甚至更高的利润的商人学习，而是去写有关原料的漂亮决议，说什么我们是共产党、工会和无产阶级的代表”[①]。所以他认为改善国家落后的经济状况必须要向发达的资本主义社会学习，让共产党人学会经商，并“要彻底抛弃共产党人的，或者确切些说，俄国人的奥勃洛摩夫习气和其他许多习气”[②]。最后，审慎对待新经济政策带来的负面习气。列宁也指出，实施新经济政策，尤其是推行租让制，在缓解国家经济困难的同时，也会带来资本主义习气的负面影响，列宁强调租让制“在建设一些工人村时，将带来资本主义习气，腐蚀农民”[③]，因此要用各种管理、监督、诱导的办法，用共产主义的影响来防止和消除资本主义恶风劣习的腐蚀。

四、强化文化道德教育，提高人民思想觉悟

作为马克思主义的坚定信仰者、虔诚传播者和坚定实践者，列宁坚持历史唯物主义，认为人民群众是社会实践的主体和历史的创造者。同样，人民群众也是社会风气的创造者和承载者，社会风气的治理自然离不开对人民群众的价值观念、生活方式和社会行为的教育与引导。在俄国革命时期和社会主义建设时期，列宁就十分注重教育对引导人民群众营造社会优良风气的作用，列宁指出，“教育对于改造整个生活有重要意义”[④]，并明确强调“教育工作者和共产党这个斗争的先锋队的基本任务，就是帮助培养和教育劳动群众，使他们克服旧制度遗留下来的旧习惯、旧风气，那些在群众中根深蒂固的私有者的习惯和风气”[⑤]。他告诫道，“为了建设共产主义，工农劳动群众必须战胜知识分子的旧习气，必须改造自己，不这样

①《列宁全集》第42卷，人民出版社1987年版，第350页。
②《列宁全集》第43卷，人民出版社1987年版，第3页。
③《列宁全集》第40卷，人民出版社1986年版，第77页。
④《列宁全集》第35卷，人民出版社1985年版，第450页。
⑤《列宁全集》第39卷，人民出版社1986年版，第401页。

就无法着手建设事业”[①]，并认为良好社会风气的塑造依靠每一个社会成员的共同努力，必须广泛发动人民群众，依靠人民群众，因为“劳动群众才应该是全部国家生活的基础”[②]。

为此，列宁要求在民众中树立正确的舆论导向与价值观，并主张以典型宣传、模范引导、群众参与的形式，在全社会培养积极、健康、向上的精神风貌。加强对人民的文化素质和思想道德教育，提高劳动人民的觉悟，使整个社会建立起团结友爱、互帮互助、遵守公共秩序与道德规范的普遍行为准则，使勤俭节约、艰苦奋斗成为社会主义社会的新风尚。列宁明确指出，旧习惯必须破除，必须“同旧习惯、旧风气、旧思想决裂”[③]。列宁还提出，加强共产主义道德教育，建立良好的道德规范，强化主流价值导向功能，使优良社会风气理念深入人心，使优良社会风气秉性成为民众的自觉意识。另外，也要注意发挥优良社会风气对社会的正面价值，尤其是在同资产阶级进行斗争的时候，要注重优良社会风气对全体劳动者的教育价值。正如列宁强调的要“把工人阶级几十年来在争取政治自由的斗争中形成的习惯、风气和信念，用作教育全体劳动者的手段”[④]。

五、发展社会事业，助力优良社会风气建设

在社会事业方面，列宁提出了多项措施推进社会风气建设。一是主张立法推动社会保险国家化，为工人创造就业机会，实行8小时工作制，提高工人劳动待遇，改善工人劳动环境，提高工人的生活能力。《苏俄劳动法典》中对工作日时长、每周连续工作时长、童工禁用、女工产假、女工哺乳期、夜工等做出了详细的规定，为工人合法合理地维护和争取自己的权益提供了法制依据和法律保障。二是推动妇女解放事业，开创了男女平等、女子独立的社会新风气。列宁指出，“女工运动的主要任务是争取妇

①《列宁全集》第39卷，人民出版社1986年版，第402—403页。
②《列宁全集》第37卷，人民出版社1986年版，第166页。
③《列宁全集》第39卷，人民出版社1986年版，第404页。
④《列宁全集》第39卷，人民出版社1986年版，第401页。

女的经济平等和社会平等，而不仅是形式上的平等。让妇女参加社会生产劳动，使她们摆脱‘家庭奴役’，从一辈子只是做饭、看孩子这种使人变得愚鲁、卑微的从属地位中解放出来”①。三是发展人民保健事业，引导人们追求健康生活方式。1919年3月，列宁就提出要完善社会保健体制，并在实践中推行了广泛的卫生措施，对保障人民的身心健康，树立健康的生活方式起到了积极作用。

第三节 列宁关于社会风气治理重要论述及实践的当代启示

列宁在新经济政策时期的优良社会风气培育思想与实践，虽然已过去将近百年时间，但是列宁对社会风气的问题探索、治理思路和治理策略，尤其是列宁对优良社会风气培育规律性的认识和对社会主义风习发展趋势的研判，对今天中国优良社会风气的培育仍具有一定的启示意义。正如有的学者所言，“回溯列宁在社会主义革命和建设实践中形成的优良作风，进而再观照自己在现实生活中暴露出的种种令人揪心的党风流弊，既能使我们深刻感知先辈们光耀千秋、永志后人，令贪者廉、儒者立的闪光人格，也能惊喜地发现其给予我们领导干部的资政育人、医治流弊的精神滋养”②。

一、学习列宁敢于直面不良社会风气的实践精神

我们应当学习列宁敢于直面不良社会风气的无产阶级革命家的实践精神。马克思曾指出，真正的革命理论不是用来解释世界的，而在于改变世

① 《列宁全集》第38卷，人民出版社1986年版，第204页。

② 陈兆芬，都超：《列宁优良作风的回顾与启示》，《武汉理工大学学报》（社会科学版），2016年第29卷第6期，第1083页。

界。可以说，马克思主义本质上是实践性、革命性的。列宁作为无产阶级革命导师，在其政治生涯中始终践行马克思主义最本质的要求——实践。在治理社会的过程中，列宁清楚地认识到社会风气存在不少问题，他没有选择回避，而是直面现实问题，在理论上回答问题，在实践中解决问题。他积极采取措施，领导俄国共产党有效地治理党内的不良风气、政治机构的官僚主义、传统社会遗留的小农习气和残留的资产阶级丑陋风气等，使得社会风气从上到下焕然一新，展现出了社会主义社会新风尚的勃勃生机。这种无产阶级革命家的实践勇气、实践精神和实践态度是值得我们继承和发扬光大的。

二、学习列宁善于治理不良社会风气的科学方法

列宁是伟大的马克思主义理论家，更是无产阶级革命家和实践家。列宁在革命和社会建设过程中实践马克思主义，提供总结实践经验，进一步丰富了马克思主义理论宝库。其中，列宁的社会风气治理思想虽然产生至今有近百年时光，且从时代变迁和国别相异的角度看，列宁关于社会风气治理思想的具体观点和做法也许并不一定完全适应我国当前社会风气建设，但是列宁在优化社会风气过程中所采取的立场与方法并没有过时，依然适用。所以，研究优良社会风气培育工作就很有必要从列宁的社会风气治理思想中获取宝贵经验。

（一）确立社会风气正确的发展方向

确立社会风气正确的发展方向，就是要求我们要始终坚持以马克思主义理论为指导，以共产主义社会优良风气为最终导向，推进社会风气朝着“真”“善”“美”的方向发展，朝着促进人的自由全面发展的目标迈进。因此，培育优良社会风气必须引导全体人民坚持正确的政治立场和政治信仰，绝不走僵化封闭的老路和改旗易帜的邪路，坚定中国特色社会主义道路自信，推进中国特色社会主义伟大事业健康发展。这是培育优良社会风

气的本质诉求，也是培育优良社会风气的必经之路。

（二）注意发挥优良党风的示范作用

列宁作为无产阶级革命家，把俄国共产党视为服务公共利益的人民公仆，因此他十分重视党风建设，积极肃清党内各种不良之风，确立起党内民主之风、大局之风、责任之风和科学运权之风，强调要时刻保持俄国共产党的纯洁性和先进性，在实现社会革命目标和社会建设目标的同时，积极带动社会风气不断趋优向善。

（三）发挥国家法制的风气治理功能

对于不良社会风气，尤其是那些对社会危害甚重的恶性风气，列宁要求果断采取法律措施，遏制和消除不良社会风气。在这些措施中，列宁强调要注重发挥法律的震慑作用。通过法律来治理社会风气，惩治破坏优良社会风气的违法犯罪分子和道德腐化分子，是社会主义法制的基本要求。但是社会主义法制的根本目的，并不是单纯地惩治不良社会行为，而是通过有效惩戒，遏制不良行为的蔓延，同时给那些潜在的违法犯罪分子和道德腐化分子强烈的法制威慑，将不良社会行为遏制于未发状态时、消除于萌芽状态中，促进社会有序运转、和谐发展。

优良社会风气培育是当前国家治理的重要内容之一，也是社会主义精神文明建设的重要任务。从当前的社会实践来看，摆在我们面前的一项重要任务就是要大力根除社会中的各种不良风习，以社会主义核心价值观为指引，培育出中国特色社会主义的优良社会风气，引领社会新风尚。而“列宁主义的方法论一直是我们认识并改造世界的强大思想武器，对探索中国特色社会主义道路、推进执政党作风建设有着全局性的指导作用”①。所以，深入学习列宁优良社会风气培育思想与实践，有助于我们正确、深入地认识社会风气建设规律，对新形势下培育优良社会风气有着重要的启示价值。

① 王艳华，于洋：《列宁执政党作风建设思想的时代价值》，《观察与思考》，2016年第1期，第34页。

第三章　毛泽东关于社会风气治理的重要论述及实践

毛泽东在国家革命和建设的过程中，始终非常关注社会优良风气的培育工作。早在中华人民共和国成立之前，毛泽东就提出要扫除旧社会的一切不正之风，并在党内多次开展轰轰烈烈的整风运动，积极推进新民主主义文化建设，引导社会风气不断趋善。中华人民共和国成立之初，旧社会的不良风气依然盛行，重拳治理社会风气工作势在必行。国家政权建立后，毛泽东就积极开展了整饬社会风气的工作，推动了社会风气的积极嬗变。学习毛泽东关于社会风气治理的重要论述，对优良社会风气培育工作而言有着重要的理论意义和实践价值。

第一节　毛泽东治理社会风气的基本策略

毛泽东认为，优良社会风气培育必须要目标明确、有的放矢。中华人民共和国成立后，毛泽东适时采取措施，提出打击社会歪风邪气、直面错误价值观、废除陈规陋习、培育淳朴民风等优良社会风气培育诉求。这些基本策略的采用和实施极大地净化了旧中国遗留的腐朽社会风气，为我国优良社会风气的养成奠定了坚实的基础。

一、打击社会歪风邪气，防止不良风气扩散

毛泽东认为，不良的社会风气对社会的危害非常大。社会风气具有扩散、渗透效应，一种不良的社会风气在一定群体中流行之后，就会通过人际交往活动传播出去，产生更大范围、更深程度的不良影响。如果一个部门的个别官员贪污腐败、官僚主义行为得不到有效的治理，就可能会形成常态化现象，在部门内产生贪污腐败之风、官僚主义之风。部门内的不正风气一旦得不到遏制，就可能会直接影响到他们服务人民群众的决心与效能，也会对其他政府部门的工作风气产生坏的影响。因此，毛泽东特别强调要治理社会不正之风，他指出，“社会上的歪风一定要打下去。无论党内也好，民主人士中间也好，青年学生中间也好，凡是歪风，就是说，不是个别人的错误，而是形成了一股风的，一定要打下去”①。其他的不良社会风气同样都具有这种传播属性，因此必须遏制各种不正之风，不管这种不良风气出现在何种群体、何种职业范围内，绝不能放松警惕、听之任之，都必须采取有效措施应对，尽可能地减少社会不良风气造成的恶劣影响。可见，毛泽东认为优良社会风气与丑恶的社会风气在社会中处于此消彼长的关系中，如果丑恶的社会风气得不到有效的遏制，其气焰必然会愈加嚣张，肆意泛滥，挤压优良社会风气的生存空间。因此，毛泽东认为，应当坚决打击社会上存在的歪风邪气，否则难以养成优良的社会风气。

二、直面错误价值观念，占领意识形态制高点

自1921年建党以来，通过艰苦卓绝的努力，我们推翻了帝国主义、封建主义和官僚资本主义三座大山，建立了中华人民共和国，实现了中华民族的独立和中国人民的解放，开启了中国社会发展的伟大篇章。需要注意的是，这些伟大成就的实现并不意味着革命的结束，相反，革命以社会制

①《毛泽东文集》第7卷，人民出版社1999年版，第197页。

度重构与完善、社会价值观的重塑与挑战、社会群体行为的规范与调适等诸多新的形式仍在继续深入，推动着中国朝着共产主义社会的目标不断迈进。毛泽东认为，优良社会风气培育是国家建设的重要内容，也是中华人民共和国成立后国家意识形态工作的主要对象。

首先，树立正确的社会价值观，占领社会意识形态工作的主导地位，是有效清除封建腐朽思想的根本出路。各种封建迷信思想和传统落后观在国人身上依然存在，尤其是在广大农村，这种情况尤为严重。因此，毛泽东主张要大力宣传和普及社会主义价值观，培养人们的社会主义道德观，要用社会主义道德观念来武装群众，与形形色色的封建思想观念进行斗争，引导人民群众自觉抛弃、抵制错误的封建思想观念。毛泽东明确指出，“毫无疑问，我们应当批评各种各样的错误思想。不加批评，看着错误思想到处泛滥，任凭它们去占领市场，当然不行”①。

其次，树立正确的价值观，占领社会意识形态工作的主导地位，是有效抵制资产阶级腐朽思想影响的必由之路。我们党自建立之初就明确了共产主义的远大理想，在党的二大上确立了党的最低纲领和最高纲领，指明了我国社会主义性质的发展方向。中华人民共和国成立后，我们很快就开展了以三大改造为内容的社会主义革命，1956年初步建立起社会主义基本制度。在这个过程中，我们不仅赶走了帝国主义，消灭了封建主义，也有计划分步骤地消灭了资产阶级。虽然在总体上消灭了有形的资产阶级，但是我国资产阶级的残余势力及其影响却不是短时间内能彻底消除的，“因为资产阶级和从旧社会来的知识分子的影响还要在我国长期存在，作为阶级的意识形态，还要在我国长期存在”②，更何况西方资本主义社会一直对中国社会主义发展虎视眈眈。毛泽东指出，“我国社会主义和资本主义之间在意识形态方面的谁胜谁负的斗争，还需要一个相当长的时间才能解决”③。所以，毛泽东要求高度重视社会主义意识形态同资本主义意识形态之间的斗争，要在这场斗争中把握主动权，引导人民群众形成正确的价值

①《毛泽东文集》第7卷，人民出版社1999年版，第232—233页。

②《毛泽东文集》第7卷，人民出版社1999年版，第231页。

③《毛泽东文集》第7卷，人民出版社1999年版，第231页。

观念，养成合乎社会主义价值观的社会风气。“如果对于这种形势认识不足，或者根本不认识，那就要犯绝大的错误，就会忽视必要的思想斗争。”[①]因而我们“必须迎头痛击资产阶级在意识形态领域的一切挑战，用无产阶级自己的新思想，新文化，新风俗，新习惯，来改变整个社会的精神面貌”[②]。

三、坚持移风易俗，改造旧世界，创造新世界

优良社会风气培育是建设社会主义新中国的内在要求。社会主义社会不同于传统的封建社会，也不同于西方的资本主义社会，其根本区别在于社会主义社会是以废除私有制、建立以公有制为主体的经济关系为基础的社会。在社会主义社会中，阶级和阶级剥削都将被消除，人民群众将摆脱被奴役被压迫的地位，以国家和社会的主人身份开展生产、生活实践，所展现的风气风貌自然会与传统社会的风气风貌截然不同。因此，根除旧社会的陋风旧俗，树立社会主义社会新风尚，是社会主义事业建设的重要内容。有了好的社会风气，才会有好的社会主体；有了好的社会主体，才能更好地完成社会主义建设的伟大事业。毛泽东强调，“要使几亿人口的中国人生活得好，要把我们这个经济落后、文化落后的国家，建设成为富裕的、强盛的、具有高度文化的国家，这是一个很艰巨的任务。我们所以要整风，现在要整风，将来还要整风，要不断地把我们身上的错误东西整掉，就是为了使我们能够更好地担负起这项任务”[③]。“我们不能爱敌人，不能爱社会的丑恶现象，我们的目的是消灭这些东西。”[④]

因此，要坚持移风易俗，改造旧世界，创造新世界。所以毛泽东认为要宣传和普及社会风气改造的重要意义，他强调，“现在，还有很多人不懂这个移风易俗、改造世界的意义。因此必须大张旗鼓，大做宣传，使得

①《毛泽东文集》第7卷，人民出版社1999年版，第231页。
②转引自邱若宏：《毛泽东的道德建设思想及其当代意义》，《理论月刊》，2009年第4期，第15页。
③《毛泽东文集》第7卷，人民出版社1999年版，第275页。
④《毛泽东选集》第3卷，人民出版社1991年版，第871页。

家喻户晓，人人动作起来”[①]。要让更多的人主动地加入社会风气建设的浪潮中来，让更多人自觉地抛弃不合时宜的旧风俗、旧习惯、旧传统，并在社会中形成和创造更多的优良风俗与习惯，形成优良的社会风气。

第二节　毛泽东治理社会风气的主要经验

中华人民共和国成立初期，毛泽东在推进社会风气改善的进程中，采取了诸多有效的措施，其中较为突出的主要有大力推进政风建设、积极开展文化教育与道德建设、强化社会管理三个方面，在很大程度上遏制了当时官场上较为严重的官僚主义习气，废除了社会上弥漫的陈规陋习，在群众中广泛地培育起了淳朴民风，极大地改善了社会风气。

一、推进政风建设，竭力遏制官僚主义习气

官僚主义是党和国家干部脱离群众的根本表现，这与我党全心全意为人民服务的根本宗旨完全是背道而驰的，与我党长期以来形成的艰苦奋斗的优良作风也是南辕北辙的。因此，毛泽东特别重视治理党和国家机构中存在的官僚主义习气。官僚主义的实质是将官员个人的利益置于国家和人民利益之上，对自己的信仰和政治要求放松了，对自己的个人需求提高了，因此“闹地位，闹名誉，讲究吃，比薪水高低，争名夺利，这些东西多起来了”[②]。更严重的情况就是为了获得这些所谓的名和利，不惜利用自己手中的权力来攫取不当的利益，最终把自己从有功于党和国家的功臣，变成了蚕食党和国家财富、侵害人民群众利益的害群之马，堕落为贪污腐败分子，从人民走向了敌人。

毛泽东强调官僚主义作风是“贪污和浪费现象所以存在和发展的根本

①《毛泽东文集》第8卷，人民出版社1999年版，第150页。

②《毛泽东文集》第7卷，人民出版社1999年版，第284页。

原因”[1]。为了治病救人，遏制官僚主义习气，减少和防止贪污腐败现象，毛泽东提出了两大主要措施。

（一）开展“三反”运动，整饬贪腐之风

1949年中华人民共和国成立以后，由于党和国家体制机制还不够健全，在我国政治机关中出现了一些贪污腐败现象，不仅给党和国家发展造成了严重伤害，也腐蚀了少数党员、干部的价值观念，形成了不良的政治风气。为了消除贪污腐败现象，保证党和国家肌体的健康性，维护和实现人民群众的根本利益，毛泽东于1951年11月20日提出并实施了内容为反贪污、反浪费、反官僚主义的“三反”运动，要求全党全国人民“进行反贪污、反浪费、反官僚主义的斗争”[2]。同年12月1日，《中共中央关于实行精兵简政、增产节约、反对贪污、反对浪费和反对官僚主义的决定》要求全国各政治机关、人民团体普遍地检查贪污、浪费和官僚主义问题。次年1月，中共中央发出《关于立即限期发动群众开展“三反”斗争的指示》，要求各单位立即按限期发动群众开展斗争，“三反”运动进入高潮。1952年10月25日，中共中央批准了关于结束“三反”的报告，“三反”运动宣告结束。期间，毛泽东提出“三反”运动需要“首长负责，亲自动手，号召坦白和检举，轻者批评教育，重者撤职、办、判处徒刑（劳动改造），直至枪毙一批最严重的贪污犯，才能解决问题”[3]。因为“一切从事国家工作、党务工作和人民团体工作的党员，利用职权实行贪污和实行浪费，都是严重的犯罪行为”[4]。“据统计，全国参加‘三反’运动的达850万—900万人，受到处分的占4.5%左右，查出贪污1000万以上的10.5万余人，约占2.7%，绝大部分免于处分，部分给予行政处分。判处有期徒刑的有9942人，无期徒刑的有67人，死缓的9人，判处死刑的42人。”“三反”运动依据法律法规严厉处理了一大批贪污腐败分子，不仅挽回了党和国家的重大损失，而且

①《毛泽东文集》第6卷，人民出版社1999年版，第209页。

②《中共中央文件选集（1949年10月—1966年5月）》第7册，人民出版社2013年版，第402页。

③《毛泽东文集》第6卷，人民出版社1999年版，第191页。

④《毛泽东文集》第6卷，人民出版社1999年版，第208页。

也整饬了不良的政治风气，净化了社会风气。

（二）开展整风运动，整饬党内不良风气

整风运动是我党开展党的政治建设的重要传统和重要手段，对整饬党政机构中存在的不良习气有着直接的积极影响。毛泽东认为，之所以官僚主义习气会在党和国家机构中死灰复燃，一个重要的原因就是“因为革命胜利了，有一部分同志，革命意志有些衰退，革命热情有些不足，全心全意为人民服务的精神少了，过去跟敌人打仗时的那种拼命精神少了”[①]，所以，毛泽东在《坚持艰苦奋斗，密切联系群众》一文中，明确阐述了1957年整风运动的直接目的，就是“要经过整风，把我们党艰苦奋斗的传统好好发扬起来”[②]。1957年4月27日，中共中央政治局通过了《关于整风运动的指示》，并在5月1日的《人民日报》上公开发布，要在全党进行一次以“正确处理人民内部矛盾”为主题，以“反对官僚主义、宗派主义和主观主义”为内容的“整风”运动。毛泽东认为，通过整风运动能够有效地改善党的作风，进而推动整个政治风气的改善，促进全社会的风气改善。因为“只要我们党的作风完全正派了，全国人民就会跟我们学。党外有这种不良风气的人，只要他们是善良的，就会跟我们学，改正他们的错误，这样就会影响全民族”[③]。

二、加强文化道德建设，积极培育淳朴民风

毛泽东特别重视人民群众的文化教育和道德教育工作，并认为这是培育淳朴民风的重要途径。旧中国的老百姓深受封建等级思想、专制思想和迷信思想的困扰，缺乏正确的社会认知、价值判断和自我认知，对旧社会当权者和剥削者的盲目恐惧、对旧社会秩序一味地服从遵循、对旧社会不合理要求的无奈回应、对旧社会落后观念的坚持与迷离，这一切都显示着

①《毛泽东文集》第7卷，人民出版社1999年版，第284页。
②《毛泽东文集》第7卷，人民出版社1999年版，第284页。
③《毛泽东选集》第3卷，人民出版社1991年版，第812页。

旧社会的老百姓既是旧风俗旧习气的养成者，也是旧风俗旧习气的受害者。为此，毛泽东要求在新社会中，必须加强对人民群众的文化和道德教育，提高人民群众的道德认知能力与文化认知水平，进而为培育社会主义新风气提供合格的主体支撑。

（一）发展文化事业

毛泽东强调，“我们的文化是人民的文化，文化工作者必须有为人民服务的高度的热忱，必须联系群众，而不要脱离群众”[①]。毛泽东认为，要通过发展社会文化事业来提高人民群众的文化素质，提升人民群众的道德水平，形成正确的价值观念；要通过正确的社会文化让人民群众认识到封建落后思想的错误实质，认识到旧社会陋风旧俗的重大危害，帮助人民养成正确的社会行为规范，进而推动民风的积极转变。要达成这一目标，就必须要大力发展人民群众的文化事业。

毛泽东认为，人民群众的文化是民族的、科学的、大众的文化，因此发展文化事业也必须是遵循民族化、科学化、大众化的基本要求。只有让人民群众学习和掌握属于自己民族特色、服务于自身民族利益的文化，才能帮助人民群众形成体现正确民族观的集体主义观，才能形成团结统一、热爱民族、乐于奉献的良好精神风貌；只有让人民群众学习和掌握科学的文化，才能养成人民群众正确的世界观，摆脱愚昧落后的封建习气；只有让人民群众学习和掌握大众化的文化，才能让人民群众养成正确的价值观和人生观，正确把握社会发展规律，合理认知自身的主体性价值，科学把握自身与社会的正确关系，为养成正确的社会行为打下坚实的基础。

（二）强化文化道德教育

在毛泽东时期，国家建设从一穷二白、满目疮痍的社会状况开始，社会发展任务极其艰难且任务异常繁重。从当时实际状况来看，政治稳定和经济建设是中华人民共和国成立初期最为重要的任务，但是毛泽东仍然强

①《毛泽东选集》第3卷，人民出版社1991年版，第1012页。

调，我们绝对不能放松人民群众的文化教育工作，要把人民群众的文化教育工作和国家的中心工作有机结合起来。不仅不能放松，还必须加大人民文化教育工作的力度，毛泽东提出了以下几个方面的措施。

1.提高教育者自身的思想觉悟与理论水平

必须用马克思主义理论来指导我们的实践，治理社会风气工作同样是如此。所以，毛泽东强调，“教育者首先应当受教育，这是马克思讲的。我们这些人应当受教育，说不用受教育是站不住脚的。这些教育人的人，他们从事的工作，整个说来，是教育人的过程，要几十年，把六亿人口教育好”①。因为人民群众是社会风气的主体，社会风气是人民群众价值观念的外化表现，人民群众的价值观念与其思想道德素质与文化水平密切相关，所以只有把人民群众教育好，才能真正地改善社会风气。

2.领导干部亲自抓文化与思想教育工作

毛泽东指出，“各级党委，特别是省、市和自治区一级的第一书记，对于了解工厂、学校以及报纸、刊物的思想政治动向，加强思想政治工作，解决这些方面的具体问题等项任务，应该立即抓起来，并且教会地委、县委两级和城市区级第一书记抓起这些工作。不应该只委托宣传部长、文教部长、教育和文化厅、局长这些同志去做而自己不去管它们”②。这就是要求，对教育工作的重视不能停留在文件上、会议上、口号上，而要落实到实际行动中；领导干部要负起人民群众文化教育与思想教育的主要责任，亲自去抓群众的思想教育工作。

3.积极开展宣传教育工作

一方面要积极强化宣传教育的理论深度，提高宣传教育的说服力。毛泽东认为，打击歪风邪气的重要方法就是开展有说服力的说理教育。科学的理论必须被群众掌握，一旦群众掌握科学的理论，科学的理论才能发挥重要的价值，群众才能真正地被真理所改变。所以他强调，对于歪风邪气，“打的办法就是说理。只要有说服力，就可以把歪风打下去。没有说服力，只是骂几句，那股歪风就会越刮越大。对于重大问题，要作好充分

①《毛泽东文集》第7卷，人民出版社1999年版，第252—253页。

②《中共中央文件选集（1949年10月—1966年5月）》第25册，人民出版社2013年版，第237—238页。

准备，在有把握的时候，发表有充分说服力的反驳文章。书记要亲自管报纸，亲自写文章”[①]。另一方面要完善人民群众文化道德教育的手段。毛泽东要求教育工作者不能单纯地局限于学校教育，而是必须重视各种宣传手段的教育作用。毛泽东强调，“报纸、广播、文工团、剧团、文学艺术都是教育人民的”[②]。即便是演戏，也要传播社会主义的道德观念，进而影响人民群众的价值观念与行为。

（三）坚持教育与自我教育相结合

要加强党和国家对人民的教育和引导人民群众“教育自己和改造自己”相结合。历史证明，人民群众是富有智慧的，人民群众是勤劳肯学的。过去人民群众之所以愚昧落后，那是因为专制社会实行的愚民文化和愚民教育。新社会的教育理念是相信人民群众，因为“劳动人民中的缺点或者错误，是能够经过适当的政治工作使他们加以克服或者改正的”[③]。所以，党和国家要深入开展文化教育事业，启发民众觉悟，提高人民素质。另外，要加强人民群众的自我教育与自我引导。1949年6月，毛泽东在《论人民民主专政》一文中，向全党和全国人民提出了“教育自己和改造自己”的任务。因为，在人民民主专政的国家里，人民群众可以“在全国范围内和全体规模上，用民主的方法，教育自己和改造自己，使自己脱离内外反动派的影响（这个影响现在还是很大的，并将在长时期内存在着，不能很快地消灭），改造自己从旧社会得来的坏习惯和坏思想，不使自己走入反动派指引的错误路上去，并继续前进，向着社会主义社会和共产主义社会前进”[④]。所以，我们必须帮助人民群众、引导人民群众开展文化教育和道德教育，引导人民群众扬善去恶，自觉地与歪风邪气作斗争。

①《毛泽东文集》第7卷，人民出版社1999年版，第197页。

②《毛泽东文集》第7卷，人民出版社1999年版，第252页。

③《毛泽东著作专题摘录》，人民出版社1964年版，第1139页。

④《毛泽东选集》第4卷，人民出版社1991年版，第1476页。

三、强化社会管理，废陈规陋习除歪风邪气

在废除陈规陋习方面，毛泽东领导人民做了大量的实际工作，取得了重要的成绩，主要有以下几个方面。

（一）肃清国民党残余势力，清除反党反国家反人民的恶风

据统计，1950年1月至10月，全国共发生妄图颠覆新生政权的武装暴动816起；1950年，全国有近四万名干部和群众积极分子惨遭匪特杀害。为此，毛泽东领导和开展了镇压反革命运动，要求“必须坚决地肃清一切危害人民的土匪、特务、恶霸及其他反革命分子”①，并通过一年多的努力取得了巨大的胜利，成功地扫除了社会中的反党反国家反人民的恶风，荡涤了反动政府遗留下来的污泥浊水。

（二）开展以除“四害”为核心的爱国卫生运动

除“四害”指的是消除老鼠、麻雀、苍蝇、蚊子。当时“每年全国人民因为缺乏卫生知识和卫生工作引起疾病和死亡所受人力、畜力和经济上的损失，可能超过每年全国人民所受水、旱、风、虫各项灾荒所受的损失”②。毛泽东提出要开展除“四害”运动，其根本目的就是“为了消灭疾病，人人振奋，移风易俗，改造国家”③。毛泽东还要求在全国“动员一下……要来个竞赛，硬是要把这些东西灭掉，人人清洁卫生……中国要变成四无国”④，养成人人爱卫生的社会习惯。通过除“四害”及开展爱国卫生运动，促使人民群众追求积极向上的生活方式，促进了健康社会生活风气的形成。

①《毛泽东文集》第6卷，人民出版社1999年版，第72页。

②《毛泽东文集》第6卷，人民出版社1999年版，第176页。

③《中共中央文件选集（1949年10月—1966年5月）》第26册，人民出版社2013年版，第331页。

④《中共中央文件选集（1949年10月—1966年5月）》第26册，人民出版社2013年版，第249—250页。

（三）保障妇女权益，促进妇女发展

中华人民共和国成立后，中央人民政府委员会第七次代表大会讨论并通过了《中华人民共和国婚姻法》，毛泽东亲自签发命令公布实施。通过实施新的婚姻法，从法律的权威高度保障了妇女的婚姻权益，实现妇女的婚姻自由、婚姻自主，为妇女自身的进一步解放与发展，为发挥妇女同志在国家建设和社会发展中的重要作用奠定了坚实基础。到1956年10月，“在我们全国人民代表大会的代表中，有百分之十二是妇女；在基层人民代表大会中，女代表占百分之十七。在北京、上海、天津三个中央直辖市的人民代表大会中，女代表占百分之二十”①。可见，妇女解放极大地保障了妇女的根本权益，有效地清除了传统社会流毒甚久的“男尊女卑”的不良风气。

（四）禁毒以保障人民群众身心健康

吸食鸦片是封建社会遗留下来的丑恶现象。吸食鸦片不仅极大地损害人的身体健康和思想健康，而且还导致不少吸食者家庭败落，甚至卖儿卖女换资购毒。因此，多数吸食者家破人亡，破坏了社会稳定。1950年2月，中央人民政府政务院颁布了《严禁鸦片烟毒的通令》。1952年，中共中央发出的《关于肃清毒品流行的指示》中指出：“这种旧社会的恶劣遗毒，在全国范围内有重点地大张旗鼓地发动一次群众性的运动，来一次集中的彻底的扫除，是十分需要的。”②到1952年底，基本禁绝了在旧社会屡禁不绝的烟毒，使新中国人民群众免受烟毒困扰。

（五）禁娼以消除顽劣的封建腐朽风气

娼妓制度是中国封建社会腐朽风气的集中体现。娼妓制度盛行的旧社会中，妇女被迫从事卖淫活动满足部分男人的欲望需求。这不仅违背了家

①《毛泽东文集》第7卷，人民出版社1999年版，第151页。

②《中共中央文件选集（1949年10月—1966年5月）》第8册，人民出版社2013年版，第245页。

庭道德要求，玷污了夫妻相爱相守的优良风气，而且妇女被视为男人的玩物，加剧了妇女的不平等地位，助长了男权主义的不当之风。毛泽东指出，“新中国决不允许娼妓遍地……我们要把房子打扫干净”①。1949年11月21日，北京市第二届各界人民代表会议一致通过了《关于封闭妓院的决议》（草案）。会后立即封闭了北京妓院224家、收容妓女1289名、集中老板领家424人，一举封闭了北京的妓院……1952年底，娼妓制度彻底在新中国消失了，政府改造妓女的措施也取得了巨大的成就，彻底消灭了这一危害社会风气的不良现象。

第三节 毛泽东关于社会风气治理重要论述及实践的当代启示

科学的方法是工作效率与质量的保障。我们回顾毛泽东关于社会风气治理重要论述及实践的一个重要目的就是从中获得社会风气治理方法意义的启示与借鉴。毛泽东在治理社会风气的实践中，突出强调必须树立正确的政治导向，激发人民的道德追求，发挥榜样的示范作用和强化法律的震慑功能等基本方法，为新中国社会风气改善提供了重要的方法支撑，对于我们今天的社会风气培育工作而言，仍然有着一定的指导意义。

一、树立正确的政治导向

优良社会风气培育必须树立正确的社会主义价值观念，为人们思想与行为提供价值指引。社会主义价值观念的核心是共产主义世界观。1949年中国建立起了新民主主义社会，1956年底建立了社会主义社会，真正确立了以无产阶级为主体的国家政权。物质结构的完善还必须辅以精神结构的

① 转引自穆玉敏：《1949：北京全面禁娼》，《人民公安》，2003年第3期，第46页。

健全，才能真正促进社会主义事业建设，为此，必须确立起社会主义价值观念。所以，毛泽东认为应当树立无产阶级的世界观，而“共产主义世界观就是无产阶级的世界观”①。共产主义世界观首先要求坚持全心全意为人民服务的根本宗旨，时刻坚持以人民利益为一切行动的依据与目的。毛泽东强调，“共产党员无论何时何地都不应以个人利益放在第一位，而应以个人利益服从于民族的和人民群众的利益”②。“我们国家要有很多诚心为人民服务、诚心为社会主义事业服务、立志改革的人。我们共产党员都应该是这样的人。”③只有牢牢确立了无产阶级世界观，党和国家的公职人员才能时刻以服务为业，以事业为重，以人民为本，才能从根本上减少贪污腐败、官僚主义之风，形成风清气正的政治生态。只有党风政风清朗，才能带动民风学风行风业风建设。

二、激发人民的道德追求

树立共产主义世界观不只是党员干部的事情，而应是全体社会成员共同的价值选择，无产阶级世界观是全体人员都应树立的世界观。只要人人都坚持为社会主义事业服务，坚持“人人为我，我为人人”的服务理念，坚持克己奉公的奉献精神，恪守不损人利己的道德底线，社会风气必将清朗和谐。社会风气是人民群众基于一定道德观而产生的流行性群体行为，因而改善社会风气，必然要致力于人民群众良善道德观的培养。

因此，毛泽东要求“用共产主义理想教育人民”④，“根据群众的觉悟程度，去启发和提高群众的觉悟”⑤，激发人民群众的道德追求，提倡在人民群众中大力弘扬“以集体利益和个人利益相结合的原则为一切言论行动的标准的社会主义精神”⑥。毛泽东要求全体人员广泛开展“五爱”道德教

① 《毛泽东文集》第7卷，人民出版社1999年版，第273页。
② 《毛泽东选集》第2卷，人民出版社1991年版，第522页。
③ 《毛泽东文集》第7卷，人民出版社1999年版，第275页。
④ 《毛泽东文集》第8卷，人民出版社1999年版，第136页。
⑤ 《毛泽东选集》第3卷，人民出版社1991年版，第1095页。
⑥ 《毛泽东文集》第6卷，人民出版社1999年版，第450页。

育活动。1949年9月29日，毛泽东为《新华月报》创刊号题词：爱祖国，爱人民，爱劳动，爱护公共财产为全体国民的公德。同年颁布的《中国人民政治协商会议共同纲领》也规定："提倡爱祖国、爱人民、爱劳动、爱科学、爱护公共财物（后来改为'爱社会主义'——引者注）为中华人民共和国全体公民的公德。"[①]另外，有研究指出，共产主义世界观与中国优秀传统道德价值是高度契合的，既能保留中国传统道德规范的精华，又能剔除中国传统道德的糟粕成分，符合中国人民的精神气质与道德诉求。"共产主义道德的集体主义原则体现了中国伦理群体本位的传统，但却否定了其中的尊卑等级观念；'全心全意为人民服务'的共产主义道德规范继承了中国伦理的'惠民'、'仁爱'精神，但却剔除了其中'爱有差等'的不良主张；'五爱'道德也广泛地吸纳了'爱民'、'精忠报国'、'勤俭自强'、'公利'等古代伦理中的有益成分"[②]。所以全体人民都必须树立共产主义世界观，并以此指导自身的社会行为，才能形成优良的社会风气。更为值得我们注意的是，从历史唯物主义视角来看，人民群众是历史的真正创造者，自然也是社会风气的真正创造者。所以帮助人民群众确立其良善道德观，引导人民群众追求崇高的道德境界，成为促使人民群众戒恶从善，形成优良社会风气的重要渠道。可见，在培育优良社会风气的过程中，要善于激发人民的道德追求，帮助人民树立共产主义世界观。

三、发挥榜样的示范作用

建设优良的社会风气需要发挥正面社会行为的示范价值。毛泽东多次强调要树典型，扬正气，压邪气。他指出，"应将各地典型的好人好事加以调查分析和表扬，使全党都向这些好的典型看齐，发扬正气，压倒邪气"[③]。毛泽东主张发扬模范的榜样作用，在社会中经常开展学习模范的活

① 转引自邱若宏：《毛泽东的道德建设思想及其当代意义》，《理论月刊》，2009年第4期，第16页。

② 胡孝红，夏澍耘：《论毛泽东的道德教育思想》，《中国特色社会主义研究》，2003年第6期，第26页。

③《毛泽东文集》第6卷，人民出版社1999年版，第255页。

动，发挥榜样人物在社会主流价值观的教育和引领方面的重要作用，使得追寻理想、团结互爱、乐于奉献、大公无私的无产阶级价值观在社会中发挥更大的促人向上向善、凝心聚气的精神力量，使得人民群众在内心深处产生崇德向善的精神情怀、在灵魂深处孕育出看齐追赶模范的道德自觉、在社会实践行为中身体力行社会主义基本道德规范，营造良好的社会风气。所以，毛泽东强调，“在开展反坏人坏事的广泛斗争达到了一个适当阶段的时候，就应将各地典型的好人好事加以调查分析和表扬，使全党都向这些好的典型看齐，发扬正气，压倒邪气”①。在1950年9月25日召开的全国战斗英雄和劳动模范表彰大会上，毛泽东称赞他们是“全中华民族的模范人物，是推动各方面人民事业胜利前进的骨干，是人民政府的可靠支柱和人民政府联系广大群众的桥梁”②。他先后树立了黄继光、邱少云、焦裕禄、雷锋等共产主义道德榜样，通过道德模范的感染力与辐射力，使模范的榜样示范作用为社会风气的正向变迁注入了鲜活的时代精神和民族精神，有效地促进了社会风气的改善。

四、强化法律的震慑功能

对于社会不良风气，不仅要通过政治引导、道德教化和模范示范等渠道来治理，还应发挥法律的威慑与制裁作用。社会主义国家与传统专制国家盛行的人治方式不同，发挥法律的治理作用是社会主义国家治理社会的基本方式，也是社会主义国家公平正义的必然表现。社会主义国家的法律是全体人民共同意志的集中体现，代表的是国家和人民的根本利益，国家运行、社会运转和人民的社会行为都须以法律为根本遵循。毛泽东同志曾指出，“法律是上层建筑……它是维护革命秩序，保护劳动人民利益，保护社会主义经济基础，保护生产力的”③，同样，法律也是保护优良社会风气、治理丑恶社会风气的重要武器。

①《毛泽东文集》第6卷，人民出版社1999年版，第255页。

②《毛泽东文集》第6卷，人民出版社1999年版，第95页。

③《毛泽东文集》第7卷，人民出版社1999年版，第197页。

因此，改善社会风气，首先必须完善社会主义法律，为治理社会风气提供良法依据。毛泽东强调，“由于社会主义革命已经基本上完成，国家的主要任务已经由解放生产力变为保护和发展生产力，我们必须进一步加强人民民主的法制，巩固社会主义建设的秩序。国家必须根据需要，逐步地系统地制定完备的法律”[①]。如中华人民共和国成立后我们出台了《中华人民共和国土地管理法》，消除了小农经济的经济基础，进而消除了小农习气的滋生土壤；出台了《中华人民共和国婚姻法》，保障了社会主体尤其是女性的婚姻自由。其次，治理社会风气，要严格执行法律。一旦社会主体违犯了国家法律，就必须按照法律的要求给予严厉制裁。毛泽东指出，“凡典型的官僚主义、命令主义和违法乱纪的事例，应在报纸上广为揭发。其违法情形严重者必须给以法律的制裁”[②]。即使对那些曾经有功于人民、有功于社会的革命者也不手软，如毛泽东对黄克功案、刘青山案和张子善案的严肃处理。中华人民共和国成立初期，我国通过强化法律的震慑作用，有效地遏制了社会不良风气的发展与蔓延。

---

①《中共中央文件选集(1949年10月—1966年5月)》第24册，人民出版社2013年版，第257页。

②《毛泽东文集》第6卷，人民出版社1999年版，第255页。

第四章　优良社会风气培育的宏观体系——价值、目的与方法

在2017年10月18日召开的党的十九大上，习近平总书记郑重地向全世界宣告，中国特色社会主义进入了新时代，标定了中国特色社会主义事业发展的历史新方位。但是习近平总书记也强调，中国进入了一个重要的历史交汇期，我们的社会问题依然严峻，我们不能有任何放松、歇气的想法，而要继续直面和解决中国存在的社会问题，使中国不断向着富强民主文明和谐美丽的社会主义现代化强国的目标迈进。这就要求我们要继续推进国家治理能力和治理体系的现代化进程，着力解决国家治理过程中存在的难题。从现实的角度看，治理不良社会风气，培育优良社会风气是当前国家治理任务中不可回避的一道难题。面对这一难题，我们应当以习近平新时代中国特色社会主义思想为指导，积极探索优良社会风气培育体系，以培育出符合社会主义本质需求的、契合中华民族文明特性的良善风气。从宏观层面来看，要构建优良社会风气培育体系，就必须要清楚地阐释优良社会风气培育的主要价值、根本目的和思想方法。

第一节　优良社会风气培育的主要价值

社会风气作为体现社会价值观的社会行为，实质上是社会意识形态的表层体现。马克思主义认为，社会存在决定社会意识，社会意识也会反作

用于社会存在。因此，不良的社会风气不仅会直接腐蚀人们的价值观念，也会对社会发展产生不利的影响。因此必须积极治理不良社会风气，培育起优良的社会风气。从当代中国现实来看，培育优良社会风气是坚持中国特色社会主义政治道路的需要，是发展中国特色社会主义精神文明的需要，是建设中国特色社会主义和谐社会的需要。

一、培育优良社会风气是坚持中国特色社会主义政治道路的需要

坚持中国特色社会主义政治道路与培育优良的社会风气这两者在实践中是相互促进、相辅相成的。优良的社会风气有助于更好地坚持中国特色社会主义政治道路，是实践中国特色社会主义政治道路的必然结果。邓小平同志曾经专门论述了社会风气与社会主义政治道路之间的内在关系，他强调只有“转变社会风气，才能坚持四项基本原则”[①]。“四项基本原则”是1979年3月30日邓小平在北京召开的理论工作务虚会上提出来的，即要求坚持社会主义道路，坚持无产阶级专政（1982年改为坚持人民民主专政），坚持共产党的领导，坚持马列主义、毛泽东思想。“四项基本原则”是我们的立国之本，是我们的治国之道，是在任何时候都不能动摇、不可改变的。邓小平认为，培育优良的社会风气是更好地坚持“四项基本原则”的前提条件。

同样，在中国特色社会主义进入新时代的今天，我们也要继续优化和改善社会风气，才能更好地坚持中国特色社会主义政治道路。今天中国社会的发展成就令世人瞩目，中国日渐成为世界舞台的中心，也越来越多地承担起造福世界人民的使命与责任。但是我们也要看到，我们面临的是机遇与挑战并存的社会现实，尤其是西方一些资本主义国家依旧对中国的快速发展感到十分不满，对中国在国际舞台的各种活动进行层层阻挠，甚至不惜挑起贸易冲突，同时他们也从没有停止过对我们的和平演变，企图把我们变成第二个苏联。他们通过西方自由主义思想所标榜的那些空洞、虚

①《邓小平文选》第2卷，人民出版社1994年版，第178页。

伪的美好华丽辞章来破坏我们对社会主义制度发展美好前景的信心，他们通过建立在西方罪恶的原始积累基础上并历经几百年发展历程的发达的物质生产力来对我们进行围追堵截，企图破坏我们对坚持社会主义道路，坚持马列主义、毛泽东思想，坚持共产党的领导和坚持人民民主专政的执着信念。因此，我们不仅要勇敢地批判西方极左势力对我们的曲解、歪曲和无端责难，还要加强优良社会风气培育，从内部形成坚定良好的政治信仰、政治信念，形成优良的政治风气，有效地抵制和批判来自右的方面的错误思想，特别是资产阶级自由化否定中国特色社会主义道路的错误思潮。

二、培育优良社会风气是发展中国特色社会主义精神文明的需要

精神文明建设对中国特色社会主义伟大事业而言具有重要的战略意义。精神文明建设是中国特色社会主义伟大事业的重要组成部分，社会主义事业的发展离不开发达的精神文明。没有精神文明的支撑，必然导致人心涣散、精神颓废，必然会影响到经济建设与社会发展，影响到党和国家的命运与前途，不利于人民根本利益的实现。社会风气建设实质是精神文明建设，优良的社会风气能够为经济发展和社会进步提供健康的社会心态、正确的价值理念、善良的道德品质，进而对社会政治、经济的发展产生巨大的推动作用。相反，丑恶的社会风气则会产生不良的社会心态、错误的价值观念和腐化的道德品质，对社会经济、政治发展产生负面的影响。社会风气建设成效必然关系到中国特色社会主义精神文明的建设成就。所以，“社会风气是社会文明程度的重要标志，是社会价值导向的集中体现。树立良好社会风气是广大人民群众的强烈愿望”[①]。

精神文明建设是社会主义现代化建设的重要组成部分，充分发展的精神文明将会为中国特色社会主义现代化的建设提供思想保证、精神动力和智力支持。邓小平同志认为，社会主义社会不仅要解放生产力，发展生产

①《胡锦涛文选》第2卷，人民出版社2016年版，第430页。

力，实现高度发达的物质文明，也要提高人们的思想觉悟和道德水平，实现精神文明的充分发展。精神文明建设包括思想道德建设和教育科学文化建设，社会风气作为人们价值观念和道德意识的外化行为，本身就是社会主义精神文明建设的重要内容，社会风气的状况直接体现了精神文明的状况。一般而言，有什么样的精神文明就会有什么样的社会风气，社会风气也会反过来影响精神文明的发展。因此，治理社会不良风气就是精神文明建设的基本要求，良善清朗的社会风气是社会主义精神文明的价值追寻。邓小平明确指出，“当前的精神文明建设，首先要着眼于党风和社会风气的根本好转”①，“现在我们提倡精神文明，就是要解决社会风气不良的问题”②。而且我们还要在意识形态领域中占据主导地位，“先进的正确的思想和优良社会风尚不去占领，落后的错误的思想和不良社会风气就必然会去占领”③。所以，培育优良社会风气是发展精神文明的内在要求。习近平同志也特别强调，“中国特色社会主义是物质文明和精神文明全面发展的社会主义。一个没有精神力量的民族难以自立自强，一项没有文化支撑的事业难以持续长久”④。而一个民族的文明素养很大程度上体现在人民群众的道德水准和精神风貌上。所以，培育优良的社会风气是促进一个国家精神文明不断进步的必经之路。

三、培育优良社会风气是建设中国特色社会主义和谐社会的需要

习近平同志曾指出，只有“全国各族人民物质生活和精神生活都改善，中国特色社会主义事业才能顺利向前推进”⑤，才能推动社会主义和谐社会事业的健康发展。中国特色社会主义伟大事业是一个包括政治事业、经济事业、文化事业、社会事业和生态文明事业等在内的综合性体系，这方方

①《邓小平文选》第3卷，人民出版社1993年版，第144页。

② 转引自唐伟锋，陈志环：《论邓小平对社会风气治理的探索》，《邓小平研究》，2017年第1期，第64页。

③《江泽民文选》第1卷，人民出版社2006年版，第276页。

④《习近平谈治国理政》，外文出版社2014年版，第52页。

⑤《习近平谈治国理政》，外文出版社2014年版，第153页。

面面工作的实践都与社会风气有着密切的联系，其中社会主义和谐社会在本质上要求实现社会风气的良善化。社会主义和谐社会的本质是人与人之间和谐相处，与优良社会风气的本质是高度耦合的。可以说，培育优良的社会风气是社会主义和谐社会建设的核心任务之一，是社会主义先进文化的内在要求与外在反应，也是社会经济有序发展的基本条件，更是人民群众思想观念与价值理念的最终归宿。

不改善社会风气，不发展精神文明，就无法真正落实党和国家的方针政策，就会导致国家决策的变形走样，无法完成社会主义现代化建设的国家发展目标。因此，邓小平曾指出要“抓整顿风气”，“建议狠抓两年，抓出成效。这件事抓好了，就可以真正促进改革和建设”①。另外，如果不改善社会风气，不发展精神文明，即使物质文明得到快速发展，也必将无法使人民走上共同富裕的道路。因为在不良社会风气影响下，社会发展会失去其原本的意义，偏离发展为人民服务的正确轨道，会出现“发展的越快，人民获得的越少”的困境。这就是邓小平所指出的“风气如果坏下去，经济搞成功又有什么意义？会在另一方面变质，反过来影响整个经济变质，发展下去会形成贪污、盗窃、贿赂横行的世界”②。

因而“在我们的社会主义社会里，是非、善恶、美丑的界限绝对不能混淆，坚持什么、反对什么，倡导什么、抵制什么，都必须旗帜鲜明。要在全社会大力弘扬爱国主义、集体主义、社会主义思想，倡导社会主义基本道德规范，扶正祛邪，扬善惩恶，促进良好社会风气形成和发展”③。所以，必须培育优良的社会风气为社会发展提供良好的环境，才能实现社会发展过程合理性与合法性的有机统一，促进社会发展的合规律性与合目的性的有机融合，保障社会发展服务人民群众这一根本价值的实现；只有旗帜鲜明地反对不良风气，以社会主义核心价值观引领社会风气趋优向善，才能不断减少和消除错综复杂的社会矛盾和社会隐患，推动社会主义和谐社会的建设实践。

①《邓小平文选》第3卷，人民出版社1993年版，第153页。
②《邓小平文选》第3卷，人民出版社1993年版，第154页。
③《胡锦涛文选》第2卷，人民出版社2016年版，第430页。

第二节　优良社会风气培育的根本目的

在传统社会向现代社会的转型时期，中国人民也随着社会结构的变迁而发生着深刻的变化，主要体现为人民自身秉性由“传统性”向“现代性”的逐步转变，人民现代性的生成与获得成为中国社会现代化发展的必然要求，并为中国社会现代化的进一步发展提供了富有现代特性的主体支撑。社会风气的变迁与社会结构的转型紧密相关，甚至可以说社会风气的演变过程决定于社会结构的转型过程。所以，社会风气发展制约于社会结构的发展，社会风气培育的根本目的应当是服务于社会结构转型的根本目的的，当代中国优良社会风气培育的根本目的是培育社会主体的现代性。

培育优良社会风气的根本目的是发展社会主体的现代性。有学者把“社会主体”的现代化称之为中国的“第五个现代化”。因此，以人的体现价值观的群体性活动为对象的社会风气理论研究，必然要深刻认识作为社会主体的“人”的现代性与社会风气理论之间的内在逻辑关系。

一、培育社会主体现代性是中国社会现代化的历史必然

中国社会现代化是一个长期的社会历史运动，其发端于1861年开始的洋务运动。洋务运动虽然旨在挽救危亡的王朝统治，但是其现代化的过程在客观上促进了人的主体性，如洋务运动主张提高妇女地位，鼓励妇女同男子一样读书识字，参加社会工作，废除妇女裹足之陋习；兴办新式教育，改变孔孟思想一家独大的局面，更多的是“洋学”，如外语、算学、电子、化学、机械、绘图、测量、格致、天文、地理、植物学、公法学以及具体专业技术等，促进思想解放，推动人的全面发展。

中国社会现代化的发展轨迹与人类社会发展的规律是相符合的。人类

诞生之初因为生存的需要就开始过着群居的生活，经历氏族社会、原始社会、奴隶社会、封建社会、资本主义社会和社会主义社会。在西方，也只是到了封建社会末期，资产主义意识的兴起催生了“文艺复兴”运动，那时才开始挖掘人的主体价值。文艺复兴时期的“人道主义政治观”则旗帜鲜明地提出“以人为中心”“以人为主体”“以人为目的”的“人本主义”观念，促使社会肯定人、尊重人性、尊重人的尊严和意志，确认人作为社会主体的自觉意识。18世纪的启蒙运动开展从自然科学、哲学、伦理学、政治学、经济学、历史学、文学、教育学等领域反对封建专制统治和教会思想束缚的斗争，进一步确立了现代公民的人权、平等等主体意识。启蒙运动实际上就是把人从迷信、盲目、愚昧的非理性状态中解放出来，实现人的理性自觉。

在中国，现代化的起点较晚，确认人的主体意识的努力也较为迟滞，其追寻人的主体性的努力经历了一个由不自觉到自觉主动的过程。近代中国，洋务运动、戊戌变法和辛亥革命客观上促进了中国国民的启蒙，但是并没有从根本上触动、消灭被鲁迅称为“吃人”的封建礼教，中国人尤其是当下民智开化迟缓的乡村农民依旧没有作为“人”的权利与尊严。五四新文化运动是自下而上的社会性自救自主运动。新文化运动要求复归人的主体性权利，把人从君权、族权、父权、夫权中解放出来，把“人”交给“人”自己。新文化运动的杰出代表陈独秀就曾提出，“独立自主之人格以上，一切操行，一切权利，一切信仰，唯有听命各自固有之智能，断无盲从隶属他人之理……立德立功，首当辨此”①。新文化运动明确地提出了人的主体性要求，促进了中国人现代意识的生长。

大多数关于“现代化”的争论与冲突实际上是对于“现代性”不同的价值选择之间的较量，实现“现代化”也就在很大程度上依赖于国情下对“现代性”的认知和价值抉择。因此，现代性自诞生以来就一直是理论研究的“宠儿”。从已有的研究文献来看，对于“现代性”的基本概念，学者们也各持不同意见。有的学者认为，“现代性”应该囊括制度层面与精

①《陈独秀文集》第1卷，人民出版社2013年版，第91页。

神层面，也有学者认为“现代性”是一种同传统社会自然本性相异的社会文化机制，还有学者将“现代性”独归于精神领域。如英格尔斯认为，“现代性”是一种精神状态，而非一种政治制度或经济制度的形式，不应该被束缚在一定的时间与空间，而是具有综合性与超越性，“个人的现代性，应该而且也能够在很多不同的形式与内容中表现出来”[①]。前述几种对现代性的定义实际上并未相悖，有的学者着眼于整个社会的现代性，自然社会涵括器物、制度与精神，而有的学者主要是从主体的角度阐述现代性，自然倾向立足于精神层面。

社会风气作为一种体现价值观的流行性群体行为，其实质是行为主体的气质、秉性的外化的群体性样态。培育现代社会所需要的优良社会风气，一个重要的任务就是要培育现代社会所需要的行为主体。因此，对于新时代中国的社会风气培育工作而言，我们要为之努力的一件事情就是培育人民的现代性。人民现代性的实质在社会结构的深刻演变过程中，透露出一种强烈的与传统社会迥异的新特征与新气息——现代性的普世与渗透。人民的这种现代性精神气质与价值内核将替代社会主体所固守千年的保守特性与浓厚的封建思维。从人民现代性的价值预期来看，人民“所具有的这种现代性特质反过来又引导和支撑这些特质主体不断地适应并积极参与中国的社会变迁之路，对中国的现代化事业起着不可磨灭的促进作用，尤其是在中国的政治现代性的构建活动中更是充当着重要实践者的主体角色，最为重要的是……促进了人本身的提升与进步，这与政治话语的终极关怀——促进人的全面发展——有着高度的一致”[②]。鉴于此，有必要深入剖析和界说当代人所应该养成的主体精神与价值圭臬，为人的现代性的培育标识出明确方向，为化育出社会主义现代化建设所需要的“现代主体”提供价值指南。

---

① 阿历克斯·英格尔斯著，殷陆君编译：《人的现代化——心理·思想·态度·行为》，四川人民出版社1985年版，第21页。

② 赵文，朱少文：《农民现代性的内涵与价值生成》，《延边大学学报》（社会科学版），2008年第41卷第1期，第105页。

二、培育优良社会风气实质是要求充分实现主体现代性

我们必须清醒地认识到，培育优良社会风气不是最终的目标，在我们社会主义中国，一切工作都是以“坚持以人为本、以人为目的”为基本原则，优良社会风气培育也是如此。社会风气的治理最终是要通过风气的改善来培育现代化的社会主体，促进人的自由而全面的发展。2016年2月19日，习近平总书记在党的新闻舆论工作座谈会上明确指出：“在新的时代条件下，党的新闻舆论工作的职责和使命是：高举旗帜、引领导向，围绕中心、服务大局，团结人民、鼓舞士气，成风化人、凝心聚力，澄清谬误、明辨是非，联接中外、沟通世界。”[①]虽然在这段话中，习近平总书记谈论的是新闻舆论工作问题，但其中的“成风化人”四个字却深刻地揭示了优良社会风气培育的基本规律。

成风，即树立和形成新的优良社会风气的意识。化人，指的不仅是通过媒体传播信息，教化众人的意识，更有形成新的良善社会风气，通过新的优良社会风气来培育、教化出具有现代价值观念、道德意识的社会主体。从这四个字中，我们可以得出几条规律：一是社会风气是可以养成的，故曰“成风”。社会风气之所以能养成，是因为社会风气的主体是人，人的价值观念、道德意识是可以通过外界灌输和自我追寻来实现的，通过正确价值观念的实现和道德意识的确立，可以指导社会主体优良社会行为的养成，进而形成优良社会风气。二是优良的社会风气是培育人的重要渠道，故曰“化人”。因为优良社会风气的传播实质上是在传递社会发展正能量，积极弘扬社会主旋律，这与我们党和国家在培育社会人才时的要求是一致的。三是“成风”之意在于“化人”，“成风”并非是最终目的，“化人”才是社会发展的目标，这体现了我们党始终坚持全心全意为人民服务的根本宗旨，也体现了我们党坚持以人民为中心的发展导向。

习近平总书记提出了“成风化人”的要求，揭示了社会风气发展的最

①《习近平谈治国理政》第2卷，外文出版社2017年版，第332页。

终目的是为了促进人的发展。消除不良的社会风气、培育优良的社会风气都是要集中落实到社会主体的内在价值观念、道德观念和外在社会行为当中，风气治理的工作实际上是人的思想与言行的规范与调整的工作。马克思主义理论告诉我们，未来社会是人类获得全面解放的社会，是所有自由人联合体组成的社会，是实现人的自由而全面发展的社会。优良社会风气培育也必须遵循这一客观规律，因此，优良社会风气培育的最终目的是以社会风气的改善来培育具有现代意识的社会主体，促进人的现代性，促进人的自由而全面的发展。

当前，促进人的自由而全面的发展，突出地表现为实现人的现代性，集中体现为要促进人的主体意识、权利意识、责任意识、参与意识、法治意识和道德意识的全面觉醒与实践。只有作为社会主体的人的现代性觉醒了，才能从根本上确证社会的共同价值规范和行为规范，自觉地遵守法律和践行社会的核心价值观念，自觉抵制不良社会风气与行为习惯，积极投身建设优良社会风气的历史洪流中去，促进社会风清气正，健康和谐。

当然，在这一方面我们的研究工作并不能停步不前，而是要在确证优良社会风气培育的根本目的是“化人”的基础上，不仅要弄清楚我们需要什么样的社会风气来“化人”，还要搞清楚我们如何通过社会风气来“化人”。只有回答好这些问题，我们才能有效地根除不良社会风气的顽疾，发挥优良社会风气促进人与社会健康发展的根本目的。总之，优良的社会风气是培育人的重要渠道，故曰“成风化人”。因为优良社会风气的传播实质上也是在传递社会正能量，积极弘扬社会主旋律，这与我们党和国家培育社会人才的要求是根本一致的。

第三节 优良社会风气培育的思想方法

思想方法是社会主体在一定世界观指导下发现问题、认识问题、分析问题和解决问题时所遵循的规则和程序，是社会主体世界观和方法论在思想实践领域中的集中体现。优良社会风气培育是社会主体有意识有计划的自觉性社会活动，其具体开展必然遵循着一定的思想方法。在推进优良社会风气培育的过程中，我们要坚持人民群众是历史创造者的人民史观、坚持重点突出和全面推进的有机结合、坚持正确把握事物发展内因与外因的关系等马克思主义思想方法。

一、依靠人民：坚持人民群众是历史创造者的人民史观

培育优良社会风气要坚持人民群众是历史创造者的人民史观。在人民史观的指导下，我们需要培育现代社会的主体——高素质的现代公民。这就要求我们要加强公民意识教育以培育现代公民，为发挥人的主观能动性、实现人在社会历史活动中的主体性价值创造前提。马克思主义唯物史观认为，人民群众在创造社会历史中起决定性作用，社会发展是无数个人合力作用的结果。同理，人民群众在优良社会风气的养成中也必将起着不可或缺的重要作用。1953年为移风易俗，变革社会风气，全国开展了宣传贯彻《中华人民共和国婚姻法》运动月活动，广泛发动群众积极参与，取得了显著的成效。对此，邓小平分析指出，社会风气之所以能取得“明显改善”的成效，关键就在于“广大人民群众自觉自愿的行动和群众之间的相互教育、相互劝导和相互帮助”[①]。优良社会风气培育的本意是规范人的价值观念和人的社会行为，培育优良社会风气的过程实质是使人摆脱落后的价值观，纠正错误的社会行为。因此，“人”的成长是优良社会风气培育领域关注的焦点，这一点在中国的现代化进程中显得尤为迫切。

旧中国是一个传统的封建社会，农民占大多数，并且一直依附在以宗族关系为核心的群体社会中，这种以“群体本位的传统社会，则为人们提供生命的价值依归，从而使整个共同体对是非善恶形成了确定的和广泛一致的看法”[②]，形成了既定的社会风气面貌。这种社会风气与落后、愚昧、

①《邓小平文选》第1卷，人民出版社1994年版，第220页。

② 张凤阳：《现代性的谱系》，南京大学出版社2004年版，第26—27页。

不开化、封闭紧密相连。中华人民共和国成立之后，这种风气状况并未因农村宗族秩序的解体、新社会结构与模式的确立而彻底颠覆，落后、迷信、愚昧的封建毒素不同程度地制约着中国人的现代性。所以毛泽东同志曾强调，要通过发展社会文化事业来提高人民群众的文化素质和道德素养，以形成正确的价值观念，采取正确的社会行为。

邓小平也提出要加强文化教育，激发人民的主体意识，培育人民的公民意识，提升人民文明素质，并强调这是培育社会主义新主体的必由之路。改革开放增添了现代化转型的动力，推动了社会结构和价值秩序的重构与确立，富有生命力的社会主义新风气使整个中国焕然一新。但传统社会遗毒未被彻底肃清，新的毒素又增添进来——西方自由主义和功利主义价值观念等随着国门的打开而涌入，社会风气建设在“立”与“破”的交织中缓慢推进。当今中国市场经济体制虽日渐完备，经济实力不断增强，却也常被道德滑坡、风气沦丧等问题所困扰。总而言之，经济发展了，社会主体素质却未能随之同步成长。故而，邓小平认为，“改善社会风气要从教育入手”①。因而通过加强教育，提升国民素质，帮助人民群众培养正确的世界观、人生观和价值观，树立坚定的共产主义信仰，是社会风气建设的当务之急。

1985年邓小平在全国科技工作会议上的讲话中明确指出，“一定要坚持发展物质文明和精神文明，坚持五讲四美三热爱，教育全国人民做到有理想、有道德、有文化、有纪律”②。此后，培养“四有”新人成为中国社会主义初级阶段文化纲领的重要内容并被写入党的十五大报告，成了中国特色社会主义文化教育的一项重要任务和目标，加强“四有”教育亦成为培养中国特色社会主义事业建设者和接班人的基本要求，“四有”教育的不断深入也为树立社会新风气提供了丰厚的主体品性支撑。邓小平坚信只要抓紧“马克思主义基本理论的教育，搞几年风气就会变的”③。

新时期以来，中国共产党高度重视公民教育，提高公民觉悟，着力培

①《邓小平文选》第3卷，人民出版社1993年版，第144页。

②《邓小平文选》第3卷，人民出版社1993年版，第110页。

③《邓小平文选》第3卷，人民出版社1993年版，第318页。

育现代公民。党的十七大报告明确提出，加强公民意识教育，树立社会主义民主法治、自由平等、公平正义理念。这是党的历史上第一次将公民意识教育确定为社会主义民主政治发展目标。党的十八大进一步提出要深入推进公民意识培养与精神文明建设。习近平也特别要求要加强青年大学生的公民意识教育，要求大力提升大学生的公民意识和觉悟，提高大学生的思想道德水平，发挥青年在社会风气养成中的重要作用。习近平强调，“青年是引风气之先的社会力量。一个民族的文明素养很大程度上体现在青年一代的道德水准和精神风貌上”①，广大青年要带头倡导良好社会风气，以实际行动促进社会进步。因此，我们要加强公民教育，“增强人民对个体、对集体、对国家、对社会的责任意识和权利意识，培养出具有民主意识、自由意识、法治意识、平等意识、宽容意识的现代公民”②。只有社会主体的公民意识与公民素质的提升，才能真正打破传统封建思想和西方“普世”价值观的迷信、摆脱功利主义思想带来的道德滑坡困境，方能确立起适合社会主义社会本质要求的精神气质和价值内核，培育出优良的社会风气。

二、统筹兼顾：坚持重点突出和全面推进的有机统一

培育优良社会风气要坚持重点突出和全面推进的有机结合，坚持重点论和两点论相统一，既要重视优良党风建设的示范引领价值，也要重视家风、学风、军风建设的系统性功能。马克思主义认为，矛盾规律是事物发展的根本规律。而矛盾发展是不平衡的，即矛盾有主要矛盾和非主要矛盾之分，事物矛盾内部又有主要方面和次要方面之别。主要矛盾决定着非主要矛盾及矛盾的性质和发展方向；矛盾的主要方面支配和决定矛盾的次要方面，决定着事物的性质、存在与发展。因此，马克思主义要求我们在处理问题时必须坚持重点论和两点论的有机统一。优良社会风气培育需要把

①《习近平谈治国理政》，外文出版社2014年版，第52页。

②朱少文：《农民现代性的“脱域”问题与培育机制研究》，《农业现代化研究》，2014年第35卷第1期，第78页。

握社会风气矛盾的主要方面，这是培育优良社会风气的关键；同时优良社会风气培育也要重视社会风气的其他组成部分，如家风、学风、民风、军风建设，实现优良社会风气培育的整体性要求。

(一)培育优良社会风气必须坚持重点论

所谓重点论就是要抓住重点，抓住事物的根本，抓住事物发展过程中的主要矛盾及其主要矛盾的主要方面。在优良社会风气培育过程中，党风建设是关键。历史与实践充分证明，办好中国的事情关键在党。在除旧布新、移风易俗的风气改善进程中，发挥优良党风的导向作用尤为重要，“只有搞好党风，才能转变社会风气”[①]。诚如明代政治家钱琦在《钱公良测语》中所云“治人者必先自治”，中国共产党作为执政党，在治理中国社会风气的过程中必须首重党风建设。社会风气正不正，清不清，关键要看社会的主心骨——中国共产党的党风正不正，清不清。党风本身是社会风气的一部分，同时又能深刻地影响到其他社会风气的发展，影响到我国政治文明的发展水平，也关系到社会精神文明、物质文明的发展水平。

中国共产党历来高度重视党风建设，充分发挥党风在优良社会风气培育中的核心作用。执政党在社会中占据支配性地位和优势，党风亦成为社会风气的核心，党风的优劣变化对整个社会风气变迁有着极其重要的影响。总言之，腐朽落后的党风会败坏整个社会风气，良善先进的党风则会促进社会风气的净化与趋善。这就如毛泽东所指出的“只要我们党的作风完全正派了，全国人民就会跟我们学”[②]。在新民主主义革命、社会主义革命和社会主义建设探索时期，毛泽东都丝毫不放松党风建设工作，时刻强调以优良党风带动社会风气好转。邓小平也把党风建设摆在社会风气治理的关键位置，认为“讲风气，无非是党风、军风、民风、学风，最重要的是党风”[③]。

从总体上看，我们党的党风一直以来都保持着优良状态，但是从局部

①《邓小平文选》第2卷，人民出版社1994年版，第178页。

②《毛泽东选集》第3卷，人民出版社1991年版，第812页。

③《邓小平文选》第2卷，人民出版社1994年版，第54页。

上看，“在我们干部队伍包括一些领导干部中，照本宣科的不良风气，断章取义、各取所需的不良风气，搞形式主义、做表面文章的不良风气，说一套做一套的不良风气，仍然严重存在。这些不良风气，阻碍党的路线方针政策和十五大精神的贯彻落实，败坏党的形象和声誉，窒息党的生机和活力，也影响干部的健康成长”①。所以社会风气建设的重点工作应该是深入推进党风建设。“党风是关系到党的生死存亡的问题，如果听任腐败现象发展下去，党就会走向自我毁灭。”②党风建设的核心就是反腐败，只有消除腐败的政党组织才会有纯正纯洁的党风。

1.加强思想教育与引导，促进党的领导干部养成浩然正气

领导干部要讲正气，就是要求领导干部要有正义感，要有为国家和社会建功立业的使命感和奉献感，保持廉洁本色，自觉地防止和反对贪污腐败之风。因为“我们党的宗旨是全心全意为人民服务，这就是全党同志首先是各级领导干部，必须坚持树立和发扬的最大的正气”③。要勇于同党和国家内部存在的歪风邪气进行有效的斗争，必须大力弘扬正气。只有全体党员和领导干部都能树立起为人民服务的浩然正气，“以权谋私、拜金主义、享乐主义、极端个人主义的邪气就滋长不起来”④。只有领导干部坚持为人民服务的浩然正气，才能真正有效地消除党和国家机构中存在的贪污腐败现象和官僚主义习气。

2.强化优良风气示范，充分发挥优秀党员干部的先锋模范作用

一个党的党风状况可以从党员干部的言行之中反映出来，尤其集中体现在党的领袖和领导干部身上。邓小平指出，“为了促进社会风气的进步，首先必须搞好党风”⑤。在实践中，中国共产党的领导集体都始终自觉做到以身作则，始终以人民公仆为角色定位严格要求自己，坚持全心全意为人民服务的根本宗旨，为人民利益和国家事业“鞠躬尽瘁，死而后已”，展

---

① 江金权主编:《从十五大到十六大——江泽民同志抓党建重要活动记略》,人民出版社2003年版,第54页。

②《十三大以来重要文献选编》下,中央文献出版社1993年版,第1654—1655页。

③《十四大以来重要文献选编》中,中央文献出版社1997年版,第1562页。

④《十四大以来重要文献选编》中,中央文献出版社1997年版,第1562页。

⑤《邓小平文选》第2卷,人民出版社1994年版,第177页。

现了中国共产党员清正廉洁、谦虚谨慎、艰苦奋斗、实事求是、求真务实的工作作风，对社会风气建设起到了良好的示范作用。

3.要注意加强反腐倡廉工作，遏制和消除贪腐之风

我们不仅要在思想上充分认识到反腐败斗争的重要性与必要性，更要将思想认识与反腐制度建设结合起来，发挥制度反腐的优势。要加强政党民主制建设，强化党内民主意识，遏制贪污腐败习气，肃清官僚主义习气，改善政党机构的工作作风，发挥党风在社会风气建设中的导向性作用。要“从严治党，建立健全一套拒腐防变的制度，采取切实有效措施，加强党内监督和人民群众的监督，同一切消极腐败现象进行毫不留情的斗争”[①]。只有如此，才能通过扬善弃恶，传播社会正气，形成优良的党风，才能带动整个社会风气的好转。所以，“端正党风是端正社会风气的关键。惩治腐败讲过多少次，为什么成效不大，原因可能在党内。我们的一些同志埋头于具体事务，对政治动态不关心，对思想工作不重视，对腐败现象警惕不足，纠正的措施也不得力。中国要出问题，还是出在共产党内。关键是共产党内部要搞好”[②]。只有作为执政党的党风端正，执政党才能代表国家和人民弘扬正气，打击邪气，才能构建出一个风清气正和谐安定的幸福社会。同时，不仅要抓住党风建设这个主要矛盾，也要抓住党风建设这个主要矛盾内部的主要方面进行有效治理。这就是要求我们“抓党的作风建设，必须抓住当前思想作风、学风、工作作风、领导作风和干部生活作风等方面存在的突出问题开展工作”[③]，并通过持之以恒的努力，消除党内各种不正之风。

党的十八大以来，党中央牢牢抓住治国理政的关键环节，全面推进从严治党、从严管党，不断加强党的作风建设、组织建设、思想建设和制度建设，坚持一刻不松懈，使党永葆纯洁性和先进性，党风政风为之焕然一新，民心为之大快。同时以纯洁党风为契机，使优良党风在各个层面担当起社会风气风向标的导向作用，带动国家机构工作作风的不断优化，形成

①《十三大以来重要文献选编》下，人民出版社1993年版，第1655页。

②《江泽民文选》第1卷，人民出版社2006年版，第322页。

③《江泽民文选》第3卷，人民出版社2006年版，第324页。

了风清气正的中国政治生态。习近平同志特别强调，“如果不坚决纠正不良风气，任其发展下去，我们党就会失去根基、失去血脉、失去力量”①，要求全党务必要保持和发扬党的优良作风，克服“形式主义、官僚主义、享乐主义和奢靡之风”等老百姓深恶痛绝的“四风”问题。2012年12月，习近平总书记主持召开中共中央政治局会议，审议通过了中央政治局关于改进工作作风、密切联系群众的八项规定。2013年6月，以党的作风建设为主要任务的“中国共产党的群众路线教育实践活动工作会议”在北京召开，并在全党上下掀起了强劲有力的持续性的反对“四风”的政党风气建设活动。2014年6月，中共中央政治局就加强改进作风制度建设进行第十六次集体学习，习近平再次强调抓作风是推进党的建设新的伟大工程的重要切入点和着力点。2014年12月，习近平总书记在江苏调研时正式提出“四个全面”重要战略布局，明确要求推进全面从严治党，要从党风建设内容、党风建设主体和党风建设制度等各方面全面推进与落实，党风建设进入了一个新的历史时期。从党的“八项规定”新风拂面到“四风”涤荡，党中央不断为党风建设补钙强骨、固根守魂，党风建设也成绩斐然，初步形成了党内的“不敢腐、不能腐、不想腐”的氛围，同时也对社会风气起到了积极的引领作用。习近平指出，“经过几年努力，全面从严治党取得重要阶段性成果，党内正气在上升，党风在好转，社会风气在上扬”②。2015年10月，中共中央印发了《中国共产党廉洁自律准则》和修订后的《中国共产党纪律处分条例》，向全党强调了党员纪律和行为准则，从自律与他律两个层面对党员的言行提出更为严格的要求，为形成优良的党风奠定了坚实的基础。因此，优化社会风气重在加强党风建设，要发挥党风的主心骨作用，引导社会风气健康发展。

（二）培育优良社会风气必须坚持两点论

在优良社会风气培育方面，我们不仅要坚持重点论，我们还要坚持两点论的马克思主义方法论，要统筹兼顾、系统推进。两点论就是要辩证地

①《习近平谈治国理政》，外文出版社2014年版，第387页。

②《习近平关于全面从严治党论述摘编》，中央文献出版社2016年版，第17页。

看问题，既要抓住事物发展过程中的主要矛盾，也不能忽略次要矛盾，既要抓住事物发展过程中矛盾的主要方面，也不能忽略次要方面。因为主要矛盾和次要矛盾、矛盾的主要方面和次要方面在一定条件下是可以相互转化的。所以开展新时代优良社会风气培育工作，不仅要强调党风建设，同时也要充分认识到政风、军风、家风等在社会风气中的重要地位和重要影响，提升优良社会风气培育的系统性与整体性功能，实现党风、政风、军风、家风、学风共同趋优向善，形成优良的社会风气。

1.建设优良政风

我们党多次强调政府机关要保持和发扬优良的政治风气，坚持“实事求是之风，艰苦创业之风，勤俭节约之风，诚心诚意为人民谋利益之风，才能大兴起来，而形式主义、官僚主义、奢侈浪费、以权谋私等等歪风才能扫除掉”①。在中国共产党领导下的政府，实质上是人民的公仆，是为人民服务的办事机构，优良的政风是其为人民服务宗旨的本质要求。从具体层面看，优良的政风必然体现为政府机构及其公职人员的勤政为民之风、廉洁自律之风、公开透明之风、依法运权之风、高效服务之风。

大兴勤政为民之风，就是要求各级政府机关及其工作人员要时刻秉持为人民服务的从政理念，坚守公仆意识，在实践中通过勤奋的工作努力做好本职工作，时刻将人民群众最关心的利益问题放在工作首位，积极解决人民群众生活中的难点、痛点问题，切实保障、维护和实现人民群众的根本利益。大兴廉洁自律之风，就是要求各级政府机关及其工作人员要深刻认识自己的角色定位，切实摆正自己的位置，正确处理好个人利益、集体利益和国家利益之间的关系，努力强化自己抵御资本主义社会糖衣炮弹诱惑的意识，积极提升自己拒腐防变的能力，绝对不允许出现为谋求个人利益而侵害公共利益的事情发生，坚决杜绝各种官僚主义习气，建立一个清正廉洁的现代政府。大兴公开透明之风，就是要求各级政府机关及其工作人员要在法律范围内主动公开与人民利益密切相关的信息，实行阳光用权、透明行政，让人民群众及时了解政府机关的工作情况，主动接受人民

① 江泽民：《论党的建设》，中央文献出版社2001年版，第194页。

群众的监督检查。大兴依法运权之风，就是要求各级政府机关及其工作人员要带头遵守国家的法律制度，自觉维护法律制度的权威，按照法律的要求和规定行使人民赋予的权力，坚决以法律为准绳开展工作。大兴高效服务之风，就是要求各级政府机关及其工作人员要有效率意识和服务意识。这就意味着不仅要始终将人民的事情放在心上，坚持服务人民为导向开展各项工作，还要切实提高工作能力，善用工作方法，为人民群众提供高效优质的服务。

2.建设优良军风

军风建设不仅关系到优良社会风气的培育，而且关系到国家安全、社会稳定和人民安乐等国家大事。没有一个强大的军队，我们就无法保证国家的安全、社会的稳定和人民的安乐。但是人民军队的强大，不单单是指武器装备的先进，也不是简单强调军队人员文化素质的高层次化。十四年的抗日战争和三年的解放战争有力地说明了中国共产党领导的人民军队，用手中的“小米加步枪”战胜了拥有当时最先进的“飞机加大炮”的日本帝国主义和蒋介石反动政府。我们能取得革命胜利的一个重要原因是我们党和军队所形成的优良革命军风，获得了人民群众的高度认可与支持，使得我们的军队成为人民的军队，我们的战争成为人民的战争，从而使得正义战胜了邪恶。今天，在军事现代化的进程中，发展高尖端军事设备是基础，建设优良的军风是关键。所以习近平提出，要“建设一支听党指挥、能打胜仗、作风优良的人民军队”，并强调“作风优良是保证，关系军队的性质、宗旨、本色”①。因此，要着力加强作风纪律建设，抓好依法治军、从严治军方针落实，军队要“坚决不搞特殊化，坚决不搞特权，坚决不搞不正之风，坚决不搞腐败”②，使廉洁自律、风清气正成为我军常态化的精神风貌。

3.建设优良家风

要发挥良好家风在优良社会风气培育中的基础性作用。习近平指出，

①《习近平谈治国理政》，外文出版社2014年版，第220页。

②《习近平关于党风廉政建设和反腐败斗争论述摘编》，中国方正出版社2015年版，第74页。

“家风是社会风气的重要组成部分”[①]。他非常重视家风建设，认为良好的家风不仅是一个人健康成长的必要条件，也是一个社会和谐发展的重要基础。

家风影响民风。一方面，家风影响家庭成员的成长与发展。家风建设若不到位，必然会影响家庭的发展与家庭成员的素质及其社会行为，甚至会殃及子孙、贻害社会，而良好家风则会促使家庭成员保持高尚道德情操和健康生活情趣，坚持正确价值取向，积极为社会做贡献。所以，习近平强调，“家庭是社会的基本细胞，是人生的第一所学校。不论时代发生多大变化，不论生活格局发生多大变化，我们都要重视家庭建设，注重家庭、注重家教、注重家风”[②]。另一方面，家庭成员也是社会成员，其一部分行为也属于社会行为，直接对社会风气的状况发生影响。社会成员之间在日益密切的交流交往中互相影响，家风渗透在社会主体的行为与气质中，对主体的价值观与行为产生影响，同时也影响到了与其有社会交往的其他主体。好的家风有助于社会主体良善品德的形成与实践，也有助于通过社会交往将优良品性传播出去，形成更大范围的优良品行实践。相反，坏的家风则如毒药一般腐蚀着主体自身及与其主体有密切关联的其他行为主体，对社会风气形成破坏性的影响。所以习近平强调，“广大家庭都要弘扬优良家风，以千千万万家庭的好家风支撑起全社会的好风气。特别是各级领导干部要带头抓好家风”[③]。

家风影响党风。从现实来看，不少贪污腐败分子的行为都直接或间接与家庭成员的作风不正有关联。江泽民曾强调，党和国家的领导干部尤其要注意培育良好家风，以优良的家风影响自己的亲人、培育自己的子女。2000年1月14日，江泽民《在中纪委第四次全体会议上的讲话》中指出，要坚决杜绝“对配偶子女利用自己的地位和权力的影响谋取非法利益视而不见、不闻不问，甚至庇护亲属违法犯罪的人”[④]的现象发生，“共产党

① 习近平：《在会见第一届全国文明家庭代表时的讲话》，人民出版社2016年版，第5页。

②《习近平关于全面建成小康社会论述摘编》，中央文献出版社2016年版，第121页。

③ 习近平：《在会见第一届全国文明家庭代表时的讲话》，人民出版社2016年版，第6页。

④《江泽民文选》第2卷，人民出版社2006年版，第501页。

人，决不能搞封建社会那种‘封妻荫子’、‘一人得道、鸡犬升天’的腐败之道！能不能做到这点，是对每一个领导干部很现实很严肃的考验”[①]。所以领导干部要带头树立好的家风，“家庭是社会的基本细胞，千千万万家庭家风很好，就会促进全社会形成良好的风气。各级领导干部的家风很好，就会带动和促进广大党员、干部和群众保持良好的家风”[②]。

习近平同志也特别重视家风对党风的重要影响，他指出，“领导干部的家风，不是个人小事、家庭私事，而是领导干部作风的重要表现”[③]。从现实来看，“从2015年2月13日至12月31日，中央纪委共发布34份部级及以上领导干部纪律处分通报，其中有21人违纪涉及亲属、家属，比例高达62%，家庭成为腐败的温床”[④]。其中有的是夫妻共同腐败、父子共同腐败，甚至全家共同腐败，家庭成员之间互相影响，互相传染，形成了家庭式腐败的温床。所以，治党风也需要治家风。

2015年10月18日，中共中央印发《中国共产党廉洁自律准则》，首次将“齐家”列为党员领导干部廉洁自律规范的重要内容之一。树立良好的家风，才能为培育优良的党风打下坚实的基础，因为每一个党员都来自各自家庭，其思想观念、道德取向与价值理念都必然会带有其所在家庭的风气烙印，家风正的基础必然有助于实现党风正的目标。所以习近平强调，广大领导干部要“培育良好家风，教育督促亲属子女和身边工作人员走正道”，“要把家风建设摆在重要位置，廉洁修身、廉洁齐家”[⑤]。

4.建设优良学风

优良学风是社会风气建设的重要内容。优良学风要求我们有刻苦学习的态度、敢于学习的勇气、善于学习的能力。中国共产党的成立就有赖于

① 江泽民：《论党的建设》，中央文献出版社2001年版，第369页。

②《江泽民文选》第2卷，人民出版社2006年版，第187页。

③ 转引自施亚波：《习近平家风建设思想及其实践路径研究》，《中共宁波市委党校学报》，2016年第38卷第6期，第50页。

④ 施亚波：《习近平家风建设思想及其实践路径研究》，《中共宁波市委党校学报》，2016年第38卷第6期，第47—48页。

⑤ 转引自施亚波：《习近平家风建设思想及其实践路径研究》，《中共宁波市委党校学报》，2016年第38卷第6期，第50页。

我们革命前辈善于学习的优良传统，党成立后继续保持优良学习风气，学习接受了马克思主义并创造了中国化的马克思主义，取得了中国革命、建设和改革的伟大胜利。习近平要求领导干部“要勤于学、敏于思，认真学习马克思主义理论特别是中国特色社会主义理论体系，掌握贯穿其中的立场、观点、方法，提高战略思维、创新思维、辩证思维、底线思维能力，正确判断形势，始终保持政治上的清醒和坚定。还要认真学习各方面知识，丰富知识储备，完善知识结构，打牢履职尽责的知识基础”①。习近平也激励青年学生认真刻苦学习，希望青年学生“积极投身创新创造实践，有敢为人先的锐气，有上下求索的执著，得风气之先、开风气之先，力争有所突破、有所发展、有所建树”②。这就是要求在新时代，我们要继续培育和发扬优良的学风，提升学习能力，锻造过硬本领，为社会发展贡献出应尽之力。

社会风气建设是一个系统的工程，其包含的党风、军风、家风、学风等各类风气之间是相互联系、相互影响的一个有机整体。优良社会风气培育既要抓住矛盾的主要方面，也要兼顾矛盾的次要方面；既要突出重点，重视优良党风建设的示范引领价值，也要全面推进，重视家风、学风、军风建设的系统性功能，全面治理形成合力，才能更好地“弘扬真善美、抑制假恶丑，营造崇德向善、见贤思齐的社会氛围，推动社会风气明显好转”③，共同构成优良的中国社会风气。

三、内外观照：坚持事物发展内因与外因的辩证统一

培育优良社会风气要正确把握事物发展内因与外因的关系，即做到内部控制与外部制约并举，践行社会主义核心价值观和推进社会主义法治现代化以改进社会风气。马克思主义内外因辩证关系原理认为，事物发展变

①《十八大以来重要文献选编》上，中央文献出版社2014年版，第342页。

②《习近平谈治国理政》，外文出版社2014年版，第60页。

③ 习近平：《在第十八届中央纪律检查委员会第六次全体会议上的讲话》，人民出版社2016年版，第4页。

化的根据有内外之分，内因是根本原因，外因是第二位原因，外因通过内因而起作用，在一定条件下内外因会相互转化。所以从方法论的角度看，在优良社会风气培育过程中，既要重视主体内在因素在风气变化发展中的决定作用，也要认识到外部环境对社会风气变化的影响作用；既要促使内因转向积极的方面以从内部优化风气，也要营造良好的外部环境从外部促进风气变好。

（一）强化社会价值观对社会风气的内在调控作用

社会风气是社会主体基于一定的价值观所表现出来的流行性行为，因此，社会风气变化的内在因素是社会主体所具有的、内化的价值观念。因此要纠正错误的社会风气，消除丑陋的社会风气，首先必须改变社会主体对其原有价值观的认识，加强对社会主体价值观的教育与引导。在这方面，我们已在全社会树立起马克思主义价值观，并将马克思主义价值观的时代化、大众化和通俗化与中国传统文化和道德有机结合起来，形成了中国特色社会主义核心价值观。但是，要治理社会不良风气，我们的工作不能停步于此，而是要进一步深化，将社会主义核心价值观内化到人民群众的思想中去，融入人民群众的身心活动中去，使社会主义核心价值观成为人民群众进行社会选择和社会行为的判断标尺，自觉地践行社会主义核心价值观所倡导的社会美德与社会风气。要实现这一要求，就必须将价值观教育同人的价值认识确立过程有机统一起来。有学者研究指出，人对社会的认识可以分为三个基本的层次，分别是“日常的感知层面的社会认识、抽象的理论层面的社会认识、评价的价值层面的社会认识”[①]。那么同样的，人们对社会价值观的认识也分为三个层面。人们从这三个层面形成的社会认识直接关系到社会风气的状况。因为“社会认识的水平和性质决定着社会风气的性质和状况……凡德行都产生于知识；凡过错都出自于愚昧”[②]，社会风气与社会认识是具有内在一致性的。所以我们应该从人民群众实际的、日常的活动需要出发，将社会价值观以正确的社会行为和社会

① 郑仓元，陈立旭：《社会风气论》，浙江人民出版社1996年版，第36页。

② 郑仓元，陈立旭：《社会风气论》，浙江人民出版社1996年版，第42页。

现象呈现给人民群众，给予他们对正确价值观的直观认知，让人民群众通过直接的接触、辨别、选择具体的价值行为，感受和体会到体现正确价值观的行为的社会合理性；还应该帮助人民群众认知、理解抽象的社会价值理论及其历史意义，引导人民群众去把握贯穿于社会历史长河的社会运动规律，了解社会的内在结构与功能，把握认识客体的普遍性规律与特殊性规律，以形成人们正确的社会历史观；还需要引导人们在认知社会客观规律的基础上用科学的社会价值观来指导和规范自身，包括自身的情感、意志、语言及人的活动和行为。因为人民群众一旦形成“对社会的正确认识，可以增强人们辨别善与恶、美与丑的能力，正确处理人与人的关系，从而有效地规范人们的行为，促进社会风气的进步”①。

（二）优化社会结构对社会风气的外在调控作用

从社会风气形成与发展的历史来看，其演化与变迁过程是由社会系统诸多要素共同影响的结果。从纵向历时性角度看，社会风气的发展受到传统的历史文化积淀、旧有的社会风气资源、现行的社会结构与价值观念、对未来社会发展的价值预期等诸多因素的影响；从横向共时性角度看，社会风气受到当前的自然环境和社会环境的影响，受到外国文明的影响，还受到本国社会结构与文化价值的影响。因为社会风气是社会系统的最表层结构，所以社会风气主要受到社会结构中的政治系统、文化系统和经济系统的影响②。

1.发挥文化结构对社会风气的调控作用

文化结构本身就包含社会风气，“社会风气虽属于行为活动范畴，但从其是社会心理和社会意识形式的直接外化和表现的意义上说，它本质上仍然属于社会系统的文化子系统”③，而“文化心理是人们行为的最直接的内在动因，因而也是社会风气形成的最直接的重要动因之一”④。一般来说，

① 郑仓元，陈立旭：《社会风气论》，浙江人民出版社1996年版，第46页。
② 郑仓元，陈立旭：《社会风气论》，浙江人民出版社1996年版，第164页。
③ 郑仓元，陈立旭：《社会风气论》，浙江人民出版社1996年版，第164页。
④ 郑仓元，陈立旭：《社会风气论》，浙江人民出版社1996年版，第166页。

有什么样的社会文化，就会产生与之相应的社会风气。封建社会中产生的专制型社会文化，整个社会在专制制度的压制下也呈现出保守、封闭、僵化、守旧的社会风气；资本主义社会中产生了无限追求物质财富、极力剥削无产阶级的自由主义文化，使整个社会呈现出人与人之间关系物化导致情感冷漠，不惜采取欺骗、欺诈甚至违法手段过分追逐利益，过多掌控社会财富而导致享乐主义和奢侈浪费之风严重，等等。因此，社会风气的改善必须充分重视优良社会文化的培育，通过培育先进的社会文化来改变人们的社会心理、道德观念与精神气质，从而促使社会良善行为的增加，推动优良社会风气的形成。

2.发挥政治结构对社会风气的调控作用

政治结构影响社会风气的发展方向。虽然社会风气是社会主体的流行性行为所形成的，但是其作为一种社会历史现象，必然要受到其所处社会的政治结构的制约与导向影响，优良社会风气培育本身就属于国家社会治理体系的一个重要组成部分。一方面，政治结构的主体本身是社会主体的一部分，其所在结构的风气也是社会风气的一部分，所以其自身风气的状况也关系到整体社会风气的状况。另一个方面，社会政治结构因其政治方面的强制性优势，能对社会风气的发展起到引领和规范作用。对于一个社会来说，只有那些合乎政治结构中所推崇的那些社会价值与道德规范的风气才有可能在全社会范围内获得生存与发展的广阔空间，而那些违背社会政治结构所倡导的主流价值观与道德规范的社会风气必然会遭到社会政治结构的压制、遏制。所以，我们应当优化社会政治结构以推动社会风气优化，因为“良好的社会风气应当与良好的政治制度相联系，而腐败的社会风气在一个坏的政治制度的框架内是难以彻底根除的”[①]。

3.发挥经济结构对社会风气的调控作用

社会经济结构决定社会风气的发展水平。马克思主义认为，对人类社会一切问题的真正探究与追问，都必须从社会经济结构的层面去寻找答案。对社会风气的发展与治理问题的探索也应该如此。

① 郑仓元，陈立旭：《社会风气论》，浙江人民出版社1996年版，第182页。

从社会经济结构与社会风气发展的总体性视角来看，在不同的社会经济结构中，或在不同的社会生产方式作用下，社会风气状况是截然不同的。在没有剥削的原始社会经济结构下的社会风气与在剥削社会经济结构下的社会风气是不同的，而在剥削社会经济结构下的社会风气与在以公有制为主体的社会主义社会经济结构下的社会风气也是不同的。据此，我们也可以研判，在未来将要实现的以公有制为基础的共产主义社会经济结构中，其社会风气必然又是与众不同的。与人类社会发展规律总体一致的，社会风气发展过程有曲折，但总体是上升的。社会主义社会的社会风气优于剥削社会的社会风气，而未来共产主义社会的社会风气又必将优于现行社会的社会风气，因为那将是社会风气发展的最高形态。

从社会经济结构与社会风气发展的阶段性视角来看，某一社会的社会风气与其经济结构的发展状况密切相关，主要体现在生产力状况和经济制度体制对社会风气的影响上面。从社会风气发展与变迁的历程中我们可以发现，社会风气的流行与社会物质技术水平是密切相关的。换句话说，社会风气不是虚无缥缈的，而是必须以一定的物质载体作为基础的。“如果没有与之相关的物质技术水平，或者人们缺乏购买新的衣服、新的交通工具、新的住宅或新的饮食餐具的经济实力，那么即使人们有追随同生活行为有关的社会风气之社会心理欲望，这种心理也难以外化为普遍的行为。”[①]社会风气也是要以一定的物质技术为传播手段的。现代信息化时代的到来，为社会风气的流行与传播提供了人类社会迄今以来最为强大的技术支撑——网络技术的普及与智能终端的应用。但技术是一把双刃剑，优良的社会风气能凭借强大的现代信息技术获得快速的传播、认同与推广，丑恶的社会风气同样也会借助新的技术去获取渗透传播的机会与渠道，因此，还要加强对技术的有效控制来防止不良风气的蔓延。

① 郑仓元，陈立旭：《社会风气论》，浙江人民出版社1996年版，第191—192页。

第五章　优良社会风气培育的中观体系
——原则与策略

社会风气是体现价值观的流行性群体行为，是社会主体心理意识的直接表现。社会心理与社会行为的微妙性、复杂性决定了社会风气生成与发展的多变性与难控性，进而决定了优良社会风气培育的必要性。因此，构建优良社会风气培育体系成为社会风气研究的一项重要任务。本章要研究的是当代中国优良社会风气培育的中观体系，即重点探讨要按照何种原则、采用何种策略能更有效地改善社会风气。

第一节　优良社会风气培育的基本原则

培育优良社会风气，必须要坚持合规律性与合目的性的有机统一，坚持文化传承性与发展性的有机统一，坚持党的领导与群众参与的有机统一，坚持全面预防与重点惩治的有机统一等基本原则。

一、坚持合规律性与合目的性有机统一的基本原则

规律指的是事物之间的内在联系，是事物发展过程中不以人的意志为转移的稳定的本质关系。规律是普遍存在的，一切事物及其发展过程都必然存在着规律，受到规律的支配；规律是客观存在的，规律的存在与人的

主观意志无关，人类只能发挥自己的主观能动性去认识、把握和利用事物发展过程中的规律，而不能改变和抗拒事物发展过程中的客观规律。因此，作为社会实践的主体，人类的一切活动都必须合规律性，优良社会风气培育活动也不例外，要遵循社会风气形成、发展、演变的基本规律。当然，强调优良社会风气培育必须按照规律办事，但并不等于可以忽略人在优良社会风气培育过程中的重要主体性作用；相反，我们要充分发挥人的主观能动性，去认识、把握、利用客观规律为人类的优良社会风气培育实践服务。所以，优良社会风气培育首先要求我们要深刻认识社会风气变迁的自然历史过程，深入把握社会风气变迁的社会历史规律，在优良社会风气培育实践中自觉地遵循社会风气变迁过程中的客观规律，并自觉地按照社会风气活动规律开展社会活动。

目的指的是社会主体根据自身和社会需求所设定的预期结果与状态，是人类社会活动的方向与目标，本质上是一种观念化了的人与客观事物之间的实践关系，是引导事物发展走向的重要依据。马克思恩格斯认为，“在社会历史领域内进行活动的，是具有意识的、经过思虑或凭激情行动的、追求某种目的的人；任何事情的发生都不是没有自觉的意图，没有预期的目的的”[①]。合目的性要求人们在认识和改造客观事物的过程中要从社会主体自身的尺度出发，根据自身的需要来推动和促进事物发展。因此，合目的性指的是“人由于认识和把握的事物发展的规律性，在实践中能够达到自己的目的，把理想客体变成了现实”[②]。

首先，规律性是目的性的前提。规律是客观存在的，是客观事物必然性的基本体现。目的是人类的主观意志的基本体现，人类目的性的实现必须以事物的客观性为基础和前提。在优良社会风气培育的过程中，人们对美好社会风气状况的向往与期待可以成为优良社会风气培育的目的，但是美好社会风气状况的实现必须建立在冷静、全面把握社会风气发展规律的基础上。如我们要充分认识到社会风气发展的过程性，即社会风气发展与

①《马克思恩格斯选集》第4卷，人民出版社1995年版，第247页。

② 刘曙光：《合规律性合目的性的活动是现实的人的本质》，《衡阳师范学院学报》（社会科学），2000年第21卷第1期，第2页。

演变是一个历史的过程，因此社会风气的培育也必须立足于这一规律，清醒地认识到社会风气的培育不是一个一蹴而就的过程，所以我们要有足够的耐心去展开一个长期性的培育过程。简言之，要实现美好的愿望，不能是天马行空的幻想，而必须是在把握客观规律基础上的科学设想和预期，因为人类自由的获得是建立在对必然性的科学认识基础上的。故而“人的活动必须要有合规律性。只有做到合规律性，才能使活动的结果合目的性”①。

其次，要根据目的来利用规律为社会实践服务。社会实践活动是人类的存在方式，一切社会活动都是服务于人类主体的，是以主体的生存与发展为根本归宿的。“‘为我’不是一切主体的自觉目的，但却是一切主体活动的实质目的，同时通过人的自为性达到这种目的。主体以‘自我’的需要出发，又以‘自我’需要满足为归宿，这就是人的主体性规定的目的性。”②正确合理的人类目的，是人们依据自己的聪明才智，根据现实社会的基本情况，制定出的对美好生活的愿景与期待。有目的性的发展，既能够保证发展的趋势，有利于引领社会发展向着正确的方向有序地前行，也能够鼓舞人心、激发斗志，更好地利用事物发展规律来推动事业进步。党的十九大提出了到21世纪中叶要建成富强、民主、文明、和谐、美丽的社会主义现代化强国，这一目的既是中国人民美好愿望的集中体现，也是在中国共产党认识和把握社会发展规律基础上做出的正确决策。优良社会风气培育同样要坚持这一方法，既要设定人民群众满意的、向往的社会风气发展的具体目标，以此作为社会行为的导向，也要在规律性基础上制定出合理的目的，按照社会风气发展规律要求朝着既定的目标前行。只有做到合目的性与合规律性的有机统一，才能有效地实现社会风气的好转。

---

① 刘曙光：《合规律性合目的性的活动是现实的人的本质》，《衡阳师范学院学报》（社会科学），2000年第21卷第1期，第3页。

② 关洁：《价值选择：合目的性与合规律性的统一》，《湘潭师范学院学报》（社会科学版），2001年第23卷第5期，第30页。

二、坚持文化传承性与发展性有机统一的基本原则

优良社会风气培育的目的在于激浊扬清，在这一过程中并非是要反对所有的社会风气，而是要清除那些违背人类社会发展要求、不合人类精神文明价值取向的不良风气，即优良社会风气培育要致力于抛弃那些不合时宜的陋风旧俗。那些流传至今的体现人类道德和社会文明价值观的公序良俗，是我们要保护和发扬的对象。这就要求在对待旧的传统习惯时必须坚持“吸取精华、剔除糟粕”的原则，注重优良传统风俗习惯的历史传承性。古代中国是一个特别注重“孝”文化的国度，这一优良传统习惯是人类良善本性的集中体现，无论何时也不会过时。反观当下，一些子女为了工作常年奔波在外，和父母总是聚少离多，甚至出现有的空巢老人病死、老死家中无人知晓的悲剧。更令人气愤的是，还有一些子女不愿意赡养老人，和老人争财产打官司，甚至用暴力的方式对待病重的老人等令人发指的丑恶乱象。面对这些不良风气，我们不仅要通过社会舆论干预、社会法制介入等方式深入治理，更应该大力弘扬中国传统的孝文化精神，引导和强化人民的“孝”意识，营造社会孝敬老人的良好氛围。因此，优良社会风气培育过程中要注重历史传承性，从中国传统的优秀文化中去寻找促进优良社会风气形成与发展的精神价值资源。

如果说传统文化习惯为优良社会风气培育提供了可借鉴的精神价值资源，那么随着社会发展而涌现的具有现代精神气息的价值理念、道德规范则为社会风气的现代化转型提供了时代支撑。所以优良社会风气培育不仅要注重历史传承性，也要主张有效地吸收新时期生成的“新”资源的有益成分，兼容并包，兼收并蓄，丰富优良社会风气的内涵。从“新”资源产生的范围上来看，我们要注意两个方面的内容。一是要吸收国外先进文化、先进理念。当代西方文化本质是属于资本主义社会的，是为资产阶级利益服务的文化。西方文化中蕴含着的资产阶级意识形态是我们需要予以高度警惕的，西方的新自由主义思潮、历史虚无主义思潮、普世价值思

潮、民主社会主义思潮、西方宪政民主思潮等皆暗藏其中，西方盛行的享乐主义、拜金主义、奢侈浪费的不良习气也渗透其内，企图冲击我们的社会主义核心价值体系，改造我们的价值观念与行为模式，妄图颠覆社会主义政权。因此，对于西方文化我们需要审慎地批判，将那些错误的思潮从人民思想观念中清除出去。但是这并不意味着我们要封闭国门，彻底抵制西方文化的传播。正确的态度是，我们应该吸取西方文化中的优秀成分为我所用，因为真正优秀的文化不仅是民族的、国家的，更是世界的、人类的。二是要坚持中国文化自信，推动中国文化创新，以中国特色社会主义先进文化来为优良社会风气培育提供厚实的价值支撑。随着中国社会主义现代化的深入发展，社会主义文化事业获得了空前的发展，社会主义精神文明建设也取得了巨大的进步。所以我们必须有充分的文化自信，继续推进中国文化发展创新，以中国先进的社会主义文化来为优良社会风气培育提供精神滋养。

因此，优良社会风气培育必须要坚持实现文化传承性与发展性的有机统一，既要辩证地继承中国传统文化的优良成分，又要批判地吸收外国文化的有益成分，还要科学地发展中国先进文化，为优良社会风气培育提供全方位的文化滋养。

三、坚持党的领导与群众参与有机统一的基本原则

优良社会风气培育是一项系统性的工作，在实践中单纯依靠某一个主体或某一种方式是不可能实现社会风气优良的目标的。要培育优良的社会风气，必须构建起优良社会风气培育系统，即包括政党机构、国家机构、社会团体和人民群众在内的优良社会风气培育主体系统，也包括党风政风军风治理、行风业风治理、民风学风治理等优良社会风气培育对象系统，还包括经济方式、政治方式、法律方式、文化方式和教育方式等优良社会风气培育方式系统。但是，在发挥这一培育系统的有效作用时，更为关键的是，我们要正确认识到中国共产党的领导和人民群众的正确参与在优良

社会风气培育系统中的地位与价值机理，科学地发挥优良社会风气培育系统的作用。

(一)优良社会风气培育必须坚持中国共产党的领导

优良社会风气培育作为国家治理工作的一个组成部分，首先需要坚持中国共产党的领导，在党的领导下开展优良社会风气培育工作。坚持党的领导作用主要体现在两个方面。

第一，坚持党对各类优良社会风气培育工作的领导。实践证明，人类社会活动中有组织的实践活动，都需要一个领导核心。中国特色社会主义事业建设也是如此。所以优良社会风气培育，必须牢牢坚持中国共产党的领导，坚持马克思主义思想的指导，牢固确立马克思主义在社会意识形态领域中的领导地位。当然，中国的历史实践和人民群众自觉选择了中国共产党作为我们国家建设和社会发展的坚强领导核心，因此优良社会风气的培育自然而然地必须坚持中国共产党的领导，这就是在优良社会风气培育领域中坚持党的领导地位的历史逻辑合法性。中国共产党是我国社会主义事业的坚强领导核心，国家和社会的一切工作都要在党的领导下进行，这是我们国家性质和社会发展方向的根本保障。在优良社会风气培育领域中，一旦放松或放弃了党的领导地位，腐朽落后的封建流毒必然会趁机沉渣泛起，披着“普世价值”外衣的资本主义社会不良思潮也必将千方百计地渗透进来，危害国民的思想道德，那必将是一件极其危险的事情。因此，在优良社会风气培育过程中，必须时刻注意坚持党的领导，牢固确立社会主义意识形态的主导地位。另外，中国共产党作为无产阶级政党，不断强化自身建设，坚持与时俱进，时刻保持着先进性和纯洁性，不断提高党的执政能力和领导能力，为领导全国人民培育出优良的社会风气提供了强有力的能力支撑，这就是在优良社会风气培育领域中坚持党的领导地位的现实逻辑合法性。

第二，发挥优良党风作为主流社会风气对其他社会风气的示范和引导作用。社会风气是各类群体中各种不同风气的总和。因此由不同群体、不同阶层所构成的社会结构中分布着不同的社会风气，包括党风、政风、军分、民风、学风、行风、业风等。其中，党风因其政党在社会中的优势地位而成为社会风气的核心，具有强大的示范辐射作用。因此，坚持党的领导也要通过发挥优良党风的价值引领和凝心聚识的核心作用，实现政风、军风、民风、学风、行风、业风发展以优良党风为目标，向优良党风靠拢的风气态势，进而促进整体社会风气的有效改善。

（二）优良社会风气培育需要充分发挥群众参与作用

要提高国家治理社会风气的能力，提升优良社会风气培育效果，就要积极主动地引导人民群众参与优良社会风气培育工作。为什么要发挥人民群众在社会风气中的参与作用？笔者认为，主要有以下几个方面的原因。

第一，人民群众是社会风气的直接主体。马克思主义认为，人民群众是历史进步的真正动力，人民群众是一切社会财富的创造者，包括一切的物质财富和精神财富。人民群众既是社会的行为主体，也是社会风气的主体，是社会风气的创造者、享有者和传播者，其价值观念与社会行为直接体现了社会风气的状况，其价值观念的嬗变与社会行为的改变直接影响了社会风气的变迁。人民群众身受不良风气的毒害，他们了解陋风旧俗的主要来源与社会影响，了解各种不良社会风气的作用形式、作用范围和腐朽程度，通过人民群众积极参与优良社会风气培育工作，能快速有效地革除社会不良风气。因此，社会风气的改善离不开人民群众，离开了人民群众的社会风气也就不复存在。

第二，人民群众是实现社会发展的重要主体。马克思主义告诉我们，人民群众是历史的真正创造者，一切社会发展与文明进步成果的取得都离不开人民群众的积极参与，越是重大的历史事件和历史进步，人民群众在其中的作用越大。无数的历史实践及社会成果也证明，人民群众是勤劳勇敢且充满智慧的，应当充分调动人民群众实现社会发展的积极性和主动性，引导人民群众在社会发展中发挥更大的作用与价值。为此，优良社会风气培育工作需要充分考虑到如何扫除社会中的不良社会风气，如何树立优良的社会风气，该确立哪些社会风气为社会主流风气，人民群众对哪些优良社会风气充满憧憬与期待等。在对这些问题的探索过程中，党和政府都应该深入人民群众中去，切实了解人民群众的真实感受，从人民群众身上获取制定科学的合理的社会风气发展目标、战略、措施的宝贵意见。况且我们党开展工作就是要走群众路线，要相信群众、依靠群众，办好群众的事情。由此可见，我们党坚持群众路线这一优良传统也要求我们要充分发挥人民群众在优良社会风气培育工作中的重要作用。

四、坚持全面预防与重点惩治有机统一的基本原则

优良社会风气培育必须坚持预防与惩治相结合的原则，即在优良社会风气培育中必须将预防社会风气腐化与惩治社会风气恶化行为有机结合起来。这就要求我们在治理社会风气、培育优良风气的过程中，要坚持事前预防和事后惩治相统一，并且更重视事前预防，以构建起能及时关注社会风气变化全过程的风气调控机制，实现社会风气的全程性治理。

（一）预防先行原则

开展优良社会风气培育工作首先要重视预防不良风气现象的发生，做到防患于未然，从源头上杜绝和根除社会不良风气的滋生因素。

为了预防贪污腐败现象发生，建设风清气正的政治生态，我们党始终强调要将预防腐败现象寓于各项重要政策和措施之中，即优良社会风气培育要同国家法治建设、政治民主建设、精神文明建设、社会文化建设和社会经济发展紧密结合起来，党和国家相关政策、制度和措施的出台必须将风气建设尤其是政风建设充分考虑进去。这就要求党的治国理政实践必须将社会风气建设视为其重要组成部分囊括进去，社会主义伟大事业建设具体实践必须考虑到是否有利于社会风气的改善与发展，要做到科学决策以存利去弊，未雨绸缪以预防在先。以政治风气建设为例，早在2005年，中共中央就印发了《建立健全教育、制度、监督并重的惩治和预防腐败体系

实施纲要》，明确提出以防治结合原则来治理政治生态问题，强调要坚持标本兼治，加大治本工作的力度，努力以预防和治理相结合的方式来根治腐败。习近平同志也曾援引荷兰学者伊拉斯谟的名句“预防胜于治疗”来说明这一道理。2013年中央印发了《建立健全惩治和预防腐败体系2013—2017年工作规划》，习近平指出这是开展党风廉政建设和反腐败工作的指导性文件，要求把这项重大政治任务贯穿到改革发展稳定各项工作之中。

习近平总书记还特别提出要“坚持标本兼治、综合治理、惩防并举、注重预防方针，更加科学有效地防治腐败，坚定不移把党风廉政建设和反腐败斗争引向深入”①，更要做到居安思危，预防不良政治风气的发生，因为有效预防腐败更是我们党执政能力的重要标志。这就如中国古语之言：“上医治未病”，高水平的优良社会风气培育工作也同样是遵循这一道理的。因而，习近平总书记强调，“要继续全面加强惩治和预防腐败体系建设……把权力关进制度的笼子里，形成不敢腐的惩戒机制、不能腐的防范机制、不易腐的保障机制”②。所以，我们应当从社会心理思潮、国家法律制度、民众文化素质和社会历史环境等各个方面着手，营造全社会培育良好社会风气的重要氛围，使优良社会风气的价值观念深入人心，使优良社会行为模式成为人民群众自觉的行为选择，从源头上遏制、消除不良风气因素及其生长的物质文化环境。

（二）依法惩治原则

依法惩治原则是指要正视社会风气不良趋势的现状，依照国家法律和制度，对社会不良思潮和不良行为进行制度约制和法律惩戒，以达到消除不良社会风气的目的。这一原则旨在强调社会风气在长期性和艰巨性建设的基础上，实行优良社会风气培育工作的法治化。这就要求要把优良社会风气培育融入党全面依法治国的社会实践中去，要把社会风气法治化治理融合到党政机关的日常工作中去，而绝非两张皮的关系，把优良社会风气培育与党和国家工作割裂开来。要实现这一原则，就必须使得优良社会风

①《习近平谈治国理政》，外文出版社2014年版，第385页。

②《习近平谈治国理政》，外文出版社2014年版，第388页。

气培育制度化和法治化。

首先，要强化科学立法，为依法治理社会风气提供法制依据。如在党风政风建设方面，就要不断加强反腐败立法进程，并坚决贯彻落实法律精神与法治原则，提高法治惩治腐败的能力，因为它是党的执政能力的重要体现，是巩固党的执政地位的重要保证。习近平特别强调以法律来治理党内外的一切不道德行为，运用法治手段解决道德领域突出问题。他指出，“法律是底线的道德，也是道德的保障。要加强相关立法工作，明确对失德行为的惩戒措施”①。

其次，要坚定法治信念，强化对不良社会风气的法治惩治力度。习近平指出，面对党政机构中的不良风气，必须“强化责任追究，不能让制度成为纸老虎、稻草人”②，“反腐败高压态势必须继续保持，坚持以零容忍态度惩治腐败。对腐败分子，发现一个就要坚决查处一个。要抓早抓小，有病就马上治，发现问题就及时处理，不能养痈遗患”③，“不论什么人，不论其职务多高，只要触犯了党纪国法，都要受到严肃追究和严厉惩处，决不是一句空话”④。只有如此，才能从源头上治理腐败现象，强化法治对不良政风的惩治力度，让败德违法者受到惩治、付出代价，消除党风政风不良的状况及其影响，营造优良的政治生态，培育良好的社会心态。因此，要通过不断完善社会主义法律体制机制，充分发挥法治在优良社会风气培育中的利剑功能，促进社会风气不断改善。

综上可见，优良社会风气培育是一个复杂的系统工程，涉及社会治理的方方面面。我们不仅要明确优良社会风气培育的根本目的，把握优良社会风气培育与社会发展的价值契合性，也要坚持优良社会风气培育符合社会风气发展的客观规律，实现优良社会风气培育合目的性与合规律性的有机统一；不仅要吸收中国传统文化和道德规范的精要以滋养今日之优良社会风气建设，也要跟进时代的变化，把握时代的新诉求，促进社会风气内

①《习近平谈治国理政》第2卷，外文出版社2017年版，第134页。

②《习近平谈治国理政》，外文出版社2014年版，第395页。

③《习近平谈治国理政》，外文出版社2014年版，第394—395页。

④《习近平谈治国理政》，外文出版社2014年版，第388页。

涵的建设性发展，实现优良社会风气培育的文化传承性与发展性的有机统一；不仅要发挥中国共产党在优良社会风气培育领域中的领导核心作用，还要实现人民群众全面参与优良社会风气培育，实现优良社会风气培育中党的领导和群众参与的有机统一；不仅要注重事后对不良风气的治理，达到治病救人、惩前毖后的目的，更要注重在事前构建预防不良风气发生的机制，将不良风气问题消除于未然之时，实现社会风气治理的全面预防和重点惩治的有机统一。

第二节　优良社会风气培育的基本策略

开展优良社会风气培育工作需要注意选取适当的策略，主要包括：一是"疏""堵"并用，二是"新""旧"相济，三是"上""下"并举，四是"高""远"兼顾，五是"虚""实"并重。通过这些策略的正确选用，有利于更系统、更有效地驱"恶"迎"善"，消解社会不良风气的影响，促进社会主义新风尚的形成与发展。

一、"疏""堵"并用：社会风气治理的疏导手段与遏制手段相结合

优良社会风气的"疏""堵"并用策略，强调在社会风气治理手段选择上，要注重发挥正面引导、导向、示范作用，即"疏"，也要注重发挥对行为主体反面刺激的约束、惩戒作用，即"堵"。

一方面，要注重发挥以强制力为后盾的党纪国法在治理社会不良风气方面的重要作用，尤其是在治理官僚主义、贪污腐败等不良行为方面，要发挥党纪国法的威慑震慑作用，为社会风气建设搭建起一道强有力的屏蔽墙，将恶风劣习"堵"在其外。这正如列宁在治理社会风气时所强调的那样，对那些"混到共产党里来的旧官吏、地主、资产者以及其他败类滥用

职权，他们有时做出违法乱纪、欺压农民等恶劣行为。这就需要用恐怖手段进行清洗：就地审判，立即枪决”①。所以，对于不良社会风气肆虐的情况，要善于发挥国家法律和党的纪律的硬性惩治和规避作用，对不良的社会行为进行严厉的法律制裁，对党内不良的风气给予严厉的党纪惩治，达到化解、消解和遏制不良社会风气的目的。

另一方面，还需要加强文化教育与思想道德教育，提升人民的文明素质和道德水平，从主体内在角度“疏导”人民摆脱丑恶社会风气的影响，引导人民自觉接受和践行积极向上、勤劳勇敢、乐善好施的社会主义新风气。社会风气的主体是社会交往活动的主体，社会风气的变迁实则为社会行动主体群体的价值观念与社会行为样态的变迁。培育优良社会风气归根结底是对社会主体思想与行为的治理，其重要内容之一就是做人的思想工作。为此，党和国家的重要任务之一就要通过教育帮助群众克服旧制度遗留下来的旧思想、旧习惯、旧风气。只有通过发展现代教育事业，提高人民群众的科学文化水平，提升人民群众的思想道德素质，塑造和培育出勤于向上、乐于担当、勇于奉献、敢于奋斗、善于作为的社会主体，才能从根本上纠正和减少不良社会行为，培育起优良的社会风气。

二、“新”“旧”相济：批判性继承旧风气与积极发展新风气相结合

优良社会风气培育的“新”“旧”相济策略，主要体现为优良社会风气培育内容上的“新”与“旧”。旧的事物为历史的传统价值资源，新的事物为现代化转型中的时代产物，优良社会风气培育机制主张有效吸收“新”“旧”资源的有益成分，兼容并包，兼收并蓄，促进社会风气内涵式发展。

从一般意义上讲，判别社会风气优劣的标准是以看其是否有益于人民的进步和社会的发展，起到正面作用的社会风气为良善风气，反之则为丑恶的风气，“新”“旧”风气之分并不代表其价值属性。因此，全面地看待

①《列宁全集》第41卷，人民出版社1986年版，第222页。

"新风旧习"，要求辩证吸收纵向层面本国传统社会风气和横向层面国外社会风气的有益成分。列宁曾强调，"在破除那些政治上完全没有意义而又会引起居民不满的琐碎的日常生活习惯时，必须特别谨慎"[①]，对居民所习惯的一些古老风俗则要迁就、宽容。因为传统文化中既有封建遗毒，也有文化精髓，而后者是需要我们继承和发扬的。同样，对待外来的资本主义文化，不能单从意识形态的角度去全盘否定，而是要有针对性地学习与借鉴。外来的资本主义文明同属世界文明，其优秀成分同样对我们有重要的借鉴意义。"如果我们可以用那些脑子里没有装满资产阶级观点的专家来建设共产主义，这倒是太容易了，不过这种共产主义只是一种空想。我们知道，什么东西也不会从天上掉下来；我们知道，共产主义是从资本主义成长起来的，只有用资本主义遗留下来的东西才能建成共产主义，诚然，这些东西是很糟糕的，但是没有别的东西。"[②]因此，对于文化价值资源，只要其有益于社会主义风气的建设，不管其来自国内，还是源于国外，不管其是新近产生的，还是传统遗留下来的，都要以兼容并包、兼收并蓄的姿态去吸收利用，以此来培养社会主义风气。

三、"上""下"并举：社会风气自上而下治理与自下而上培育相结合

优良社会风气培育的"上""下"并举策略，主要体现为优良社会风气培育层次的"上"与"下"，既高度重视社会上层尤其是党和国家高层优良政治风气的培育，也要极其重视社会基层组织与人民的社会风气优化，做到"上"层社会风气与"下"层社会风气优化同步而行。因此，优良社会风气的培育，不仅要关注和改进党和国家高层领导机构中的政治风气，同时也要积极关注党和国家基层机关的风气建设，并且也要注重对广大普通劳动群众价值观念的引导，改善人民群众的行为习惯。

首先，在优良社会风气培育的过程中，要从"上"到"下"构建起一个社会风气培育网络。因为，社会上层尤其是党和国家高层的风气状况对

①《列宁全集》第48卷，人民出版社1987年版，第768页。

②《列宁全集》第38卷，人民出版社1986年版，第242页。

整个社会风气影响甚大。反观人类历史发展进程，当社会上层贪腐、奢侈、腐化之风盛行时，整个社会风气也必然呈现出相交争利、尔虞我诈、世态炎凉的悲惨景象。只有上层风气端正了，才能发挥上层风气的示范作用，做到“以上率下”，下层社会风气才会健康发展。这就如邓小平所强调的，国家治理“首先要着眼于党风和社会风气的根本好转。端正党风，是端正社会风气的关键”①。

其次，在优良社会风气培育的过程中，也要自“下”而“上”地构建起一个社会风气培育机制。这不仅要求广大基层干部和人民大众加强对自身价值观念的重塑和行为规范的完善，以自身的实际行动促进社会风气趋优向善，而且还要坚持党的群众路线，相信群众、依靠群众，发挥人民群众在优良社会风气培育中的创造性作用。邓小平曾指出，“在全国解放以后，不到两三年的时间，我们就改变了旧社会那种极端腐败的社会风气，树立了具有优良道德品质的新的社会风气，难道没有广大人民群众自觉自愿的行动和群众之间的相互教育、相互劝导和相互帮助，能够收到这样的效果吗”②。所以社会风气优化过程中要充分重视人民群众的重要作用，在“自上而下”倡导新风尚的同时，要鼓励和引导人民群众“自下而上”培育优良新风气。

最后，还要注意发挥基层干部和人民大众对社会上层风气的监督作用，做到“以下督上”，形成“上”“下”一体，协同推进的培育体系。只有充分发挥社会上层的示范作用和发动社会下层的全面参与，形成“上下并举”的治理格局，才能有效地培育优良社会风气。

四、“高”“远”兼顾：社会风气培育目标崇高性和过程长期性相结合

优良社会风气培育的“高”“远”并重策略，主要体现为优良社会风气目标的崇高性和优良社会风气培育过程的长期性。

首先，要认识到社会风气培育目标的崇高性。要始终以马克思主义基

①《邓小平文选》第3卷，人民出版社1993年版，第144页。

②《邓小平文选》第1卷，人民出版社1994年版，第220页。

本原理和基本精神来指导优良社会风气培育工作，要清醒地认识和把握优良社会风气的终极目标——共产主义社会新风尚，并以此来引领当下优良社会风气培育工作，作为国家治理内容之一的社会风气培育工作必然也是朝着共产主义社会风气这一远大而崇高的目标发展的。

其次，要认识到优良社会风气培育过程的长期性。社会风气治理工作是一个长期的过程，不可能在短时期内彻底完成。一是因为社会风气问题本质上是群体的价值观外化的问题。从某种意义上看，这又是一个非常复杂的问题。社会价值观属于社会意识，难以捉摸，不便确定与量化；而群体则是包含着不同数量个体的集体，本身就存在集体行动逻辑判断上的不确定性，且不同群体之间的差异化更是带来了更为复杂的因素。二是因为人类认识事物发展、把握事物发展规律本身是一个长期的过程，且事物本身也是在不断发展变化的，增加了我们认识和把握客观事物发展的规律的难度，因此，社会风气治理不是一朝一夕就能完成的事业。所以，我们需要以坚定的无产阶级信念和大无畏的革命精神来培育优良社会风气，将坚定治理目标的崇高性和治理过程的长期性相结合；我们要在认识培育优良社会风气的长期性的基础上，采取正确策略、科学地治理社会中的不良风气。

五、“虚”“实”并重：虚拟社会风气治理与现实社会风气治理相结合

优良社会风气培育的“虚”“实”并重策略，体现为优良社会风气培育环境的“虚”与“实”，通过积极构建现代社会优良风气培育机制，实现网络社会风气的治理与现实社会风气建设的有机结合，推进网络社会风气与现实社会风气的转换互通与相互促进，达到改善社会风气的目的。

优良社会风气培育不仅要注重现实社会风气的改善，也要注重对网络优良社会风气的培育，两者都要抓，且都要抓牢抓实。在现实优良社会风气培育过程中，因为现实社会的直观性，人们对现实社会风气的状况认知更为清晰，对现实优良社会风气培育更为可控，对现实优良社会风气培育

效果有更好的感知，因此现实优良社会风气培育也更为引人关注，但是并不能因此而忽略对虚拟社会风气的治理。

虚拟社会是计算机技术广泛普及以来所形成的一种社会形态。它存在于现实社会之中，本质上是现实社会的一部分。但是因网络技术和手段的虚拟性、网络社会与现实社会的交互性、网络社会传播的隐匿、便捷、快速等特性，使得网络社会有着自身的特殊性，对虚拟社会的管理也因此变得更加复杂，对网络社会风气的治理也变得更加困难，对网络优良社会风气的追求也变得尤为迫切。当前，网络社会风气的不良特征已经出现，并且有愈演愈烈之势，对人们开展正常的网络活动产生了较大的负面影响。由于网络社会与现实社会的交互性，网络社会中不良风气也渗透到现实社会中来，扩大了不良风气的影响范围。有学者研究指出，当前网络社会行为失范主要有三种类型：一是失规范的行为，主要指的是虚拟社会是新生的，且虚拟社会还在不断地产生新生事物，虚拟社会的基本规范完善不及时，即规范缺失所造成的行为失范；二是规定冲突的行为，主要指的是现实社会中的行为规范与虚拟社会中的行为规范的不一致所造成的行为失范；三是严重的失范行为，主要是由于虚拟社会自身安全体系的薄弱性和网络社会法治建设的滞后性所导致的网络违法犯罪行为①。从虚拟社会不良风气的种种方面来看，主要有以下几种具体的不良行为：（1）虚拟社会中组织机构的行为失范。这类行为失范主要表现有：一是发布虚假的新闻信息、非正当交易的信息以及“情色信息”、混乱无序的网络广告信息、漫天盖地的垃圾邮件等；二是非法或违规经营与运营，造成信息侵权、庇护非法链接、提供不正当服务等。（2）虚拟社会中个人网络行为失范。主要有浏览传播暴力、色情、迷信等不当信息，非法入侵他人信息，网络情感欺骗，网络言语暴力，网络赌博等②。

由于网络技术的发展与迅速普及，网络生活已经成为人类社会生活的重要组成部分，渗透人们社会交往、饮食、娱乐、学习、工作等方方面

① 张文杰、姜素兰：《网络发展带来的伦理道德问题》，《北京联合大学学报》，1998年第12卷第3期，第27—28页。

② 李一：《网络行为失范》，社会科学文献出版社2007年版，第98—154页。

面，可以说，网络成为人类的一种全新生存方式。网络社会风气健康对人类社会的健康发展有着重要的影响。那些不良的网络社会风气必然会导致网络社会主体的利益受损、网络社会秩序混乱、网络社会文化环境受污，进而蔓延到现实社会中来。要及时改善网络社会风气，防止网络社会自我脱序。习近平总书记曾指出，必须加强网络社会风气的治理，形成良好的网络舆论氛围，消除网络社会中的那些搬弄是非、颠倒黑白、造谣生事、违法犯罪的乱象，因为“网络空间是亿万民众共同的精神家园。网络空间天朗气清、生态良好，符合人民利益。网络空间乌烟瘴气、生态恶化，不符合人民利益。谁都不愿生活在一个充斥着虚假、诈骗、攻击、谩骂、恐怖、色情、暴力的空间”①。

优良社会风气培育需要将现实社会和虚拟社会有机结合起来。尽管两者在环境上有着较大的差异，但是其行为主体都是人类，现实社会的道德与规范和虚拟社会的道德与规范都是针对人的思想与行为产生的。因此，虚拟社会的道德标准和行为规范与现实社会的道德标准和行为规范具有相通之处，这就为实现虚拟优良社会风气培育与现实优良社会风气培育的有机统一提供了可能。所以“在绝大多数情况下，人们对于网络社会行为失范的认定，都可以参照‘现实社会生活’中人们所要遵循的行为规范标准”②。当然，因为虚拟社会的特殊性，对于虚拟社会风气的治理需要根据其自身特性定出新的行为规范，以有效地治理网络社会不良风气。因此，习近平总书记要求我们必须坚决与不良的网络社会风气做斗争，绝对不能放任不良网络社会行为大行其道、肆意泛滥、危害社会与人民群众。我们要“本着对社会负责、对人民负责的态度，依法加强网络空间治理，加强网络内容建设，做强网上正面宣传，培育积极健康、向上向善的网络文化，用社会主义核心价值观和人类优秀文明成果滋养人心、滋养社会，做到正能量充沛、主旋律高昂，为广大网民特别是青少年营造一个风清气正的网络空间”③。

①《习近平谈治国理政》第2卷，外文出版社2017年版，第336页。

②李一：《网络行为失范》，社会科学文献出版社2007年版，第97页。

③《习近平谈治国理政》第2卷，外文出版社2017年版，第337页。

因此，我们不仅要关注现实社会风气的改良，也需要高度关注独立于现实社会又融合在现实社会中的虚拟世界的社会风气改良，实现虚拟社会风气与现实优良社会风气培育的有机统一。必须将网络社会风气的治理与现实社会风气建设有机结合起来，实现网络社会风气与现实社会风气的良性互动。

第六章　优良社会风气培育的微观体系——路径与机制

当前，中国社会风气总体呈现出良势状态，但是局部层面也存在着一些不良现象，可能在一定程度上制约了中国特色社会主义精神文明的发展和社会主义核心价值观的内化与实践，阻碍了社会主义和谐社会的实现。因此，我们今天要继续深入推进优良社会风气培育工作，在把握当代中国优良社会风气培育的现实价值、主要目标、思想方法、基本原则和基本策略的前提下，我们应该对当代中国优良社会风气培育的微观体系——主要路径和具体实践机制进行系统阐述，以期能对当前社会中存在的一些不良风气提供有效的治理路径和匡正机制，进而对培育优良社会风气有所裨益。

第一节　优良社会风气培育的主要路径

社会风气一方面与社会意识形态紧密相连，另一方面作为流行性群体行为与社会实践融于一体。所以，改善社会风气不仅要从理论上确立社会风气的发展目标与方向，更要从现实的角度理顺其实践路径，主要包括经济、文化、精神、教育与法治等五大路径。

一、经济方面:以经济发展新常态改善社会风气

优良社会风气培育要坚持遵循人类社会发展的基本规律，即坚持社会存在决定社会意识，经济基础决定上层建筑，主动适应、把握、引领经济发展新常态以改善社会风气。

社会风气与经济制度有着千丝万缕的密切联系，甚至可以说，经济制度及其体制的变化直接导致了社会风气的变迁。社会风气是社会意识的外在表现，社会意识属于上层建筑，因此社会风气必然根源于一定的社会经济基础，经济制度及其体制的变化也必将直接导致社会风气的变迁。恩格斯曾在《英国工人阶级状况》中指出，以生产资料私有制为基础的资本主义经济导致了英国资本主义社会普遍的道德沦丧、社会风气败坏。列宁在治理俄国社会风气的过程中也提出了改善国家经济体制以消除资产阶级习气和小农习气滋生土壤的思想。所以，社会风气的培育归根结底还是要回到社会经济制度的完善与发展的层面上来。

在中国社会主义建设实践中，邓小平同志深刻领会到这一点，提出了改善社会风气应从完善经济制度和改进经济状况这一角度入手。

首先，人类社会活动的前提是满足人类自身的基本物质需求，而在物资匮乏甚至是连基本的生存都不能保障的情况下，社会不良风气很容易滋生。所以古语才有言：仓廪实而知礼节。邓小平指出，“真正到了小康的时候，人的精神面貌就不同了。物质是基础，人民的物质生活好起来，文化水平提高了，精神面貌会有大变化”①。因此大力发展经济，减少社会贫困，是消除不良社会风气的温床和土壤的必经之路。

其次，不同社会经济制度下的社会风气性质也必然迥异。如封建社会经济制度与迷信、封闭、落后、不开化、愚昧的社会风气相联系，资本主义经济制度与盘剥、自私、自利、贪婪、奸诈的社会风气相联系，而完善的社会主义经济制度则是与公正、平等、善良、互助的社会风气紧密契

①《邓小平文选》第3卷，人民出版社1993年版，第89页。

合。这是社会发展物质性的必然体现。所以，改善社会风气须从完善经济制度和改进经济状况这一角度入手。

最后，同一社会制度下不同属性的经济制度和经济体制也会影响人们的价值观念与社会行为，进而对社会风气产生影响。改革开放前，受苏联影响，形成的高度集中的计划经济体制，具有封闭、守旧、盲从的精神气质。而改革开放初期，计划经济体制时代遗留的不良影响尚未完全清除，西式的自由主义经济制度下充斥着的贪婪、失信、金钱至上的不正之风和企图颠覆社会主义国家政权的恶毒之风开始侵入，并肆意渗透、传播，对我们的社会风气也产生了不良影响。要培育优良社会风气，就必须直面这两种歪风邪气的影响。因此，邓小平认为，我们应该把市场经济体制从西方资本主义制度中剥离出来，将社会主义制度与市场经济体制结合起来，走出一条有中国特色的社会主义经济道路，进而为培育优良社会风气奠定良好的经济制度基础。改革开放以来，邓小平作为中国改革开放的“总设计师”，致力于推动社会主义市场经济建设，突破了完全排斥市场调节的大一统的计划经济概念，从根本上破除了把计划经济和市场经济看作属于社会基本制度范畴的思想束缚，解放了社会民众的思想，充分发挥市场在资源配置中的基础性作用，既解放和发展了生产力，提升了社会物质生产能力，为社会风气好转奠定了坚实的基础，又努力营造健康的经济体制和运行环境，形成了竞争、公平、开放、效益的市场经济风气，也为形成良好的社会风气奠定了坚实的物质基础，推动了我国社会风气的健康发展。

十八大以来，习近平坚持马克思主义基本原理与中国实际相结合，提出要引领和保持中国经济发展“新常态”，为改善社会风气进一步夯实社会发展物质基础，并确立了新的经济发展理念，为优良社会风气发展固本培基。2014年9月，习近平在中央经济工作会议上的讲话中指出，“我国经济发展进入新常态，是我国经济发展阶段性特征的必然反映，是不以人的意志为转移的。认识新常态，适应新常态，引领新常态，是当前和今后一个时期我国经济发展的大逻辑”[①]。习近平认为优良社会风气培育必须与这

①《习近平谈治国理政》第2卷，外文出版社2017年版，第233页。

一“大逻辑”有机结合起来。

首先，这一“大逻辑”要求我们通过适应、把握、引领经济新常态，把中国经济从传统的“粗放型、数量型、扩张型”的旧状态转变到一个“集约型、质量型、创新型”的新的稳定状态上去，以进一步完善和发展中国的经济基础。习近平还强调，只有保持经济新常态，才能继续“推动经济持续健康发展，才能筑牢国家繁荣富强、人民幸福安康、社会和谐稳定的物质基础”①，竖立其上的上层建筑才会健康发展，社会风气才能不断趋善。

其次，这一“大逻辑”要求我们不仅要立足中国经济发展的阶段性特征，推动经济结构的优化与升级，更要求我们从科学发展的角度出发，树立“创新、协调、绿色、开放、共享”的发展新理念。习近平强调，“发展理念是发展行动的先导，是管全局、管根本、管方向、管长远的东西”②。良好的发展理念，才会形成良好的社会发展行为。“五大发展理念”的实施，必将培植出崇尚创新、齐头共进、节约低碳、开放共赢、公正平等的优良社会风气。这种发展理念转变产生的作用将不仅仅局限于经济领域，而是广泛地渗透政治领域、文化领域、社会领域和思想意识领域，促进中国政治清明、社会和谐、文化繁荣，更加注重道德与文明建设，进而促进优良社会风气的形成。

二、文化方面：坚持文化自信引领风气趋优向善

“文化是民族生存和发展的重要力量。”③人类社会的发展史实际上就是人类文明的发展史。文化在培育人类社会主体、克服人类社会发展难题、促进人类精神文明发展中起到了不可或缺的重要作用。中国文化为中华民族精神提供了丰厚滋养，培育了中华民族共同的情感、共同的价值、共同的理想和共同的精神，积极引领着中华民族不断向前发展。在促进社会风

①《习近平关于全面建成小康社会论述摘编》，中央文献出版社2016年版，第19页。

②《习近平关于全面建成小康社会论述摘编》，中央文献出版社2016年版，第37页。

③ 习近平：《在文艺工作座谈会上的讲话》，人民出版社2015年版，第2页。

气改善方面，文化作为社会的基本结构之一，对社会风气发展有着至关重要的影响。一方面，社会风气自身属于社会文化系统，文化自身的优劣直接体现着社会风气的好坏；另一方面，文化的发展能提升人的思想素质、道德水平，故而文化的改进也是社会风气改善的必由之路。其中，作为文化重要组成部分的文艺及文艺事业对优良社会风气培育的作用尤为重要。

习近平认为，文艺是一个时代风气发展的风向标。他指出，“文艺是时代前进的号角，最能代表一个时代的风貌，最能引领一个时代的风气”①。文艺是社会生活实践的艺术化表现，是源于生活，又高于生活的，因此它能反映出一个时代的社会精神、价值理念与道德状况。同时，又因其高于社会，与人们对美好生活的期望和社会发展运行规律的有机结合，能够对现行社会风气进行批判和引导，促使社会风气向良善化的方向发展。优良的社会风气又能够促进社会物质世界变革与人类精神世界的健康发展。这就如习近平所强调的那样：“20世纪初，在五四新文化运动中，发端于文艺领域的创新风潮对社会变革产生了重大影响，成为全民族思想解放运动的重要引擎。”②

（一）以文化发展遏制和消除社会不良风气

我们要推动文化事业的繁荣发展，以文化作品来凝聚中国人民的集体智慧与力量，形成具有中华民族特色的精神追求、精神特质和精神脉络，高举中国精神伟大旗帜，同社会生活中那些不良的价值观念和社会行为作斗争，以达到遏制和消除社会中不良风气的目的。中华人民共和国成立以来，尤其是改革开放以来，中国社会面貌发生了翻天覆地的变化，同过去贫穷落后的旧中国社会风气相比，我们无疑是取得了伟大的历史进步。

但是我们也要看到，在当代中国社会文化领域中，由于改革开放以来国门大开，西方文化与思潮不断涌入，对中国人的文化观念形成了较大的冲击；再加上社会主义事业建设没有历史经验可以借鉴，完全靠中国人民自己按照“摸着石头过河”的方式进行自主探索，因此中国文化的发展也

① 习近平：《在文艺工作座谈会上的讲话》，人民出版社2015年版，第5页。

② 习近平：《在文艺工作座谈会上的讲话》，人民出版社2015年版，第6页。

不可避免地出现一些问题，其中一个重要表现就是不良文化的影响越来较严重。不良文化对社会主体的思想道德有着恶劣的影响，对不良风气的形成起到了推波助澜的作用。当前，在文化事业发展中，“三俗文化”的负面影响最为严重，阻碍了中国文化事业和优良社会风气的进步。所谓“三俗”指的是庸俗、低俗和媚俗。庸俗即平庸粗俗，不高尚不纯洁不高雅；低俗指的是趣味低级、不文明不检点的现象或事物；媚俗指的是对受众世俗的过分迁就与迎合。“三俗文化”的流行本身就是社会不良风气的表现，“三俗文化”又因缺乏社会责任感而肆意流传，进一步腐蚀了社会主体的思想道德与价值观念，扩大了不良社会风气的影响。“三俗文化”有各自的特点，又有相互交叉渗透的部分，可谓是“蛇鼠一窝”“沆瀣一气”，它们在社会生活中不断地侵占主流文化阵地。其典型特征是“打着通俗、大众的旗号，以‘非主流、时尚、艺术、人本’为包装；与社会主流意识形态和价值观背道而驰，经不起科学的、历史的、人民群众的检验，不具有强大生命力的远大的发展前途；情趣平庸、格调低下、言语猥琐、过分迎合大众的低级趣味和‘底层欲望’，突破社会道德底线、在法律边缘打擦边球甚至公然违背法律”[①]。有学者总结了“三俗文化”的十大表现：“‘裸文化’”，“暴力文化”，“‘偷文化’”，“鬼神文化”，“‘泛娱乐’文化”，“‘不良语言’文化”，“‘炫文化’‘星文化’‘门文化’”，“‘洋文化’‘汉奸文化’”，“‘假文化’”，“‘丑文化’‘贱文化’”[②]。这些不良的文化迎合了部分人的猎奇心理和窥探欲望，是人类低级趣味的集中体现，是社会审美倾向的极端异化，是社会心理畸形化和社会行为荒诞化的表征，是人类精神娱乐过度膨胀的结果，严重削弱了社会风气的洁净度、清朗度和良善度。

可见，在社会变革的关键时期，我们面临着思想交锋、观念碰撞和文化交融的历史现状，思想道德与价值观念的多元化趋势加剧，导致不少人的价值观、道德观出现问题。习近平指出，这些人“价值观缺失，观念没有善恶，行为没有底线，什么违反党纪国法的事情都敢干，什么缺德的勾

① 张九海：《当前十大“三俗文化”现象评析》，《编辑之友》，2014年第9期，第71页。

② 张九海：《当前十大“三俗文化”现象评析》，《编辑之友》，2014年第9期，第71—75页。

当都敢做，没有国家观念、集体观念、家庭观念，不讲对错，不问是非，不知美丑，不辨香臭，浑浑噩噩，穷奢极欲”[①]。他还认为这些不良的行为与风气是导致社会问题愈来愈严重的“病根”。所以要发展文艺事业，以文艺事业对不良社会风气的深刻揭露、激烈的批判来促进人民群众对社会、对自身进行反思性省察，引导人们对社会、对自身进行理想化关照，进而提高人民群众对社会丑恶行为的认知、规避与遏制能力。

我们要充分认识到“三俗文化”的本质及其对社会风气发展的不良影响，要增强社会主体的文化觉悟，从对“三俗文化”的迷醉、沉沦中清醒过来，自觉地追求高尚、高雅的社会主义先进文化，消解“三俗文化”的需求市场基础。另外，我们要加强对文化生产的管理，引导社会主体保持高尚情操，生产出品格优秀、格调高雅、鼓舞人心、催人奋进的社会主义先进文化作品，将各种“三俗文化”从各类文化艺术形式中清除出去，消解“三俗”的供给市场基础。通过对“三俗文化”需求和供给的消解，必将能为社会风气的良善化发展提供丰厚的精神滋养。

这样，不仅能引导人民群众与丑恶现象、丑陋行为进行坚决的斗争，还能引导人民群众与之诀别，从而有效地遏制和消除社会不良风气。

(二)以文化自信弘扬社会主义社会优良风气

社会风气是人类精神状况的外在表现。社会风气的变化也是人类精神状况的变化。改造社会风气就是要改造社会主体精神。鲁迅先生说过，“文艺是国民精神所发的火光，同时也是引导国民精神的前途的灯火”[②]，所以“要改造国人的精神世界，首推文艺”[③]。文艺作为时代精神的艺术化展示，能有效地把握社会生活的价值现状，进而把握人民群众的道德水平与文明程度。文艺是时代精神的集中体现，“文艺作品对弘扬、塑造、培育人的精神世界的作用不可低估”[④]。因此，要发挥文艺对培育优良社会风

① 习近平:《在文艺工作座谈会上的讲话》,人民出版社2015年版,第22页。

② 习近平:《在中国文联十大、中国作协九大开幕式上的讲话》,人民出版社2016年版,第5页。

③ 习近平:《在文艺工作座谈会上的讲话》,人民出版社2015年版,第6页。

④《习近平总书记在文艺工作座谈会上的重要讲话学习读本》,人民出版社2015年版,第16页。

气的重要作用。

当然，文艺作品对社会风气的建设作用并不能只满足在对社会丑恶形象、丑陋行为的描述、展示与批评上，更重要的是我们要坚持文化自信，以文艺事业的大发展来促进文化的大进步，来筑牢中国精神支柱。通过中国精神支柱来展现光明的魅力、理想的意义和道德的价值，鼓舞人们斗志，引导人民前进，弘扬社会主义核心价值观，营造良好的社会风气。因此，自信的文艺作品要能“用现实主义精神和浪漫主义情怀观照现实生活，用光明驱散黑暗，用美善战胜丑恶，让人们看到美好、看到希望、看到梦想就在前方”[①]；自信的文艺作品还应该“像蓝天上的阳光、春季里的清风一样，能够启迪思想、温润心灵、陶冶人生，能够扫除颓废萎靡之风”[②]。

（三）以文化成果传播社会主义社会优良风气

习近平强调，“我国作家艺术家应该成为时代风气的先觉者、先行者、先倡者，通过更多有筋骨、有道德、有温度的文艺作品，书写和记录人民的伟大实践、时代的进步要求，彰显信仰之美、崇高之美，弘扬中国精神、凝聚中国力量，鼓舞全国各族人民朝气蓬勃迈向未来”[③]。习近平认为，改良社会风气，必须以优秀的文艺作品从精神上鼓舞人民群众，在道德上感化人民群众，在文明上启发人民群众。所以文艺作品必须能触人灵魂、引人共鸣、润人心灵、沁人心脾。文艺事业发展必须克服市场经济浪潮中出现的种种价值迷失、精神堕落、道德腐化等怪现象，克服社会转型过程中出现的浮躁不堪的低俗文化、粗制滥造的媚俗文化、急功近利的庸俗文化，坚持从人民群众生活实际和美好愿望出发，坚持从社会主义国家发展伟大理想和社会主义国家初级阶段的历史现状出发，坚持独立创新，把握时代脉搏，创造出“更多传播当代中国价值观念、体现中华文化精神、反映中国人审美追求，思想性、艺术性、观赏性有机统一的优秀作

① 习近平:《在文艺工作座谈会上的讲话》,人民出版社2015年版,第20页。

② 习近平:《在文艺工作座谈会上的讲话》,人民出版社2015年版,第23页。

③ 习近平:《在文艺工作座谈会上的讲话》,人民出版社2015年版,第6页。

品”[①]。这些优秀作品汇聚成价值内涵正确、道德意蕴向上的中国精神家园，是传播中国社会主义核心价值观的主要阵地，是形成和推广中国优良社会风气的重要渠道。

三、精神方面:建设精神文明促进社会风气优化

社会风气建设属于精神文明建设的重要内容，也是社会主义精神文明建设的本质要求。一方面要通过弘扬精神文明促进社会风气不断改善；另一方面，改善社会风气在客观上也是在促进社会主义精神文明的不断进步。

(一)发展精神文明是优化社会风气的良方妙药

中国共产党高度重视社会主义精神文明对于社会风气培育的重要价值。1981年邓小平曾明确指出，“‘文化大革命’带来的精神上的问题很多，所以搞现代化要增加精神文明的内容”[②]。所以“现在我们提倡精神文明，就是要解决社会风气不良的问题”[③]。随着改革开放的不断深入，社会物质生产水平的不断提升，人民物质生活水平也在不断提高，但是人民的精神文明程度却没有得到与之相匹配的进步。江泽民曾指出，“物质文明建设形势很喜人，相对而言，精神文明建设，虽然也作了很多努力，也有进步，但存在的问题还不少”[④]，尤其是还存在许多“危害社会治安，败坏社会风气，损害人民利益的腐败行为和丑恶现象”[⑤]。经济越发展，物质生产越发达，精神文明建设就越重要，社会风气培育工作就越不能放松。所以“移风易俗教育很重要。要用美好、向上的东西占领思想、文化阵地，抵御各种腐朽没落的非无产阶级思想的侵蚀和渗透，克服某些社会陋习和社

① 习近平:《在文艺工作座谈会上的讲话》,人民出版社2015年版,第7页。

②《邓小平思想年编:1975—1997》,中央文献出版社2011年版,第346页。

③《邓小平思想年编:1975—1997》,中央文献出版社2011年版,第352页。

④《江泽民文选》第1卷,人民出版社2016年版,第380页。

⑤ 江金权:《江总书记抓党建重要活动记略》,人民出版社1998年版,第419页。

会丑恶现象"[①]。

习近平也特别指出，"把精神文明建设贯穿改革开放和现代化全过程、渗透社会生活各方面，紧密结合培育和践行社会主义核心价值观，大力倡导共产党人的世界观、人生观、价值观，坚守共产党人的精神家园"[②]。只有强化人民的精神文明建设，提高人民的思想觉悟，形成健全的社会价值观，才能从根本上、从源头上抑制住不良行为的思想源头。

可见，要改善社会风气，减少社会中出现的各种损人利己、损公肥私、好逸恶劳的歪风邪气，抵制西方享乐主义、拜金主义、个人主义对中国人民产生的负面影响，消除社会中黄、赌、毒等丑恶现象及其他违法犯罪活动，必须积极加强社会主义精神文明建设。一方面要坚持社会主义精神文明在价值观念领域的主导性。社会风气是社会价值观念的外化，属于意识形态的范畴。因此，充满生命力、凝聚力和吸引力的社会主义精神文明能够作为辨别社会风气优良与否的一把标尺，在社会中形成优良社会风气建设的洪流，发挥其价值领域的示范引导作用，带动社会风尚的健康发展，在全社会培养积极、健康、向上的精神风貌，全社会形成"弘扬艰苦奋斗、勤俭建国、励精图治、无私奉献的光荣传统和良好风尚"[③]，引导民众同旧习惯、旧风气、旧思想决裂。另一方面，要坚持社会主义精神文明在社会风气领域中的斗争性。现代化转型必然带来多元化的价值诉求，为人类个性的解放提供了包容性的思想支撑，但社会上各种不良思潮也借机从中寻觅到供其生长的缝隙空间并肆意生长、传播与感染，污染了社会精神文明，破坏了社会风气的健康发展。要坚持社会主义精神文明的斗争性，发挥其对不正之风、甚至是歪风邪气的制约、教化和感化作用，肃清社会不良思潮，坚决刹住"还在滋长蔓延的挥霍浪费、奢侈腐败的不良风气"[④]，使社会主义精神文明成为人们进行价值判断和社会行为抉择的基本依据，进一步形成展现出社会主义精神文明的社会主义新风尚。

① 江金权:《江总书记抓党建重要活动记略》,人民出版社1998年版,第196页。
② 《习近平谈治国理政》第2卷,外文出版社2017年版,第324页。
③ 江金权:《江总书记抓党建重要活动记略》,人民出版社1998年版,第469页。
④ 江金权:《江总书记抓党建重要活动记略》,人民出版社1998年版,第469页。

（二）弘扬中国精神，引领社会风气

中国精神包含以爱国主义为核心的民族精神和以改革创新为核心的时代精神，中国精神是中国人民科学理想信念、正确价值观念和高尚道德观念的集中体现，这是我们在任何时期都要坚持和倡导的。不可否认，社会风气的恶化与极小部分群众的精神空虚、精神腐化有直接关系。因此，优良社会风气培育的首要工作就是推动社会主义精神文明建设。在推进社会主义精神文明建设过程中，我们要在全社会范围内大力弘扬中国精神，发挥中国精神在精神文明领域中的引领、示范作用。

弘扬中国精神，就要弘扬雷锋精神。雷锋精神是我们的宝贵精神财富，雷锋精神的弘扬能够延续不断地影响一个时代的社会风尚。雷锋精神就是勇担历史重任，“艰苦创业、积极进取、自强不息、奋力拼搏的奉献精神”，是“顾全大局、忠于职守、克己奉公、处处以国家和集体利益为重的主人翁态度”，是“相互尊重、助人为乐、诚实守信、和谐融洽的良好社会风尚”①。发扬雷锋精神，实质就是发扬爱国主义精神，发扬集体主义精神，发扬社会主义精神，营造全心全意为人民服务的社会氛围。当雷锋精神深入到每个社会主体的内心时，人们的精神文明程度就会越来越高，社会不正之风、腐败之风就会越来越少，“团结友爱、助人为乐、见义勇为在全社会蔚然成风”②。

弘扬中国精神，就要弘扬井冈山精神。井冈山精神是中国人民的宝贵精神财产和政治优势，它不仅在中国革命过程中发挥了巨大的精神力量，在我们今天的社会主义事业建设过程中，在中国当代社会风气培育中，依然有着重要的实践价值和时代意义。井冈山精神的内涵十分丰富，尤其要弘扬以下三个方面：实事求是、敢闯新路的精神，矢志不移、百折不挠的精神，艰苦奋斗、勇于奉献的精神。我们要坚定不移地认真学习和领会井冈山精神，将井冈山精神与时代发展的要求、任务有机结合起来，指导自己的思想观念和社会行为，用井冈山精神来抵制那些“损人利己、唯利是

①《胡锦涛文选》第1卷，人民出版社2016年版，第56页。

②《胡锦涛文选》第1卷，人民出版社2016年版，第57页。

图、拜金主义、尔虞我诈等错误思想在社会生活中泛滥”[①]之势，有效遏制社会风气不良化趋向，促进社会风气的优良化进程。

弘扬中国精神，就要弘扬焦裕禄精神。在1994年5月13日举行的纪念焦裕禄同志逝世三十周年大会上，胡锦涛同志作了《在新时期学习弘扬焦裕禄精神》的重要发言。胡锦涛指出，焦裕禄同志的宝贵精神集中体现在他“忠于职守、勤奋工作、清正廉洁、艰苦奋斗，始终同人民群众心连心，保持着共产党人本色”[②]方面。他强调，在新时期，社会中出现了不少拜金主义、享乐主义和极端个人主义的社会行为，在一定范围内滋长和蔓延了一切向钱看、贪图安逸、个人利益至上等不良风气，严重腐蚀了人民群众的思想道德状况。2015年1月12日，习近平在中央党校县委书记研修班学员座谈会上发表题为《做焦裕禄式的县委书记》的讲话，明确要求学习和弘扬焦裕禄精神，号召广大干部做到“心中有党”“心中有民”“心中有责”“心中有戒”，坚守一个为民服务的公仆本心。只有做到这一点，才能从本质上抵御住资本主义糖衣炮弹的种种诱惑，才能遏制住潜藏人性深处的贪婪，才能营造出风清气正的清明政治，进而带动社会风气的健康发展。所以，我们要积极学习和弘扬焦裕禄精神，树立正确的价值观念和道德意识，将艰苦奋斗、勤政为民作为自己的座右铭，以实际行动来弘扬正气、压倒邪气，积极消除社会中存在的各种丑恶现象，形成优良的社会风气。

弘扬中国精神，就要弘扬伟大长征精神。2016年10月21日习近平在纪念红军长征胜利80周年大会上作了题为《弘扬伟大长征精神，走好今天的长征路》的重要讲话，讲话指出，“伟大长征精神，就是把全国人民和中华民族的根本利益看得高于一切，坚定革命的理想和信念，坚信正义事业必然胜利的精神；就是为了救国救民，不怕任何艰难险阻，不惜付出一切牺牲的精神；就是坚持独立自主、实事求是，一切从实际出发的精神；就是顾全大局、严守纪律、紧密团结的精神；就是紧紧依靠人民群众，同人

①《胡锦涛文选》第1卷，人民出版社2016年版，第63—64页。

②《胡锦涛文选》第1卷，人民出版社2016年版，第84页。

民群众生死相依、患难与共、艰苦奋斗的精神”①。新时期，建设优良社会风气，就是要弘扬长征精神，坚持革命理想高于天的革命精神，坚持为实现人民利益而艰苦奋斗、敢于牺牲的大无畏精神。通过长征精神的弘扬与学习，能有效增强党自我净化、完善、革新的能力，提高党的领导水平和执政水平，为人民事业成功提供根本保证，也能够促进党员和人民群众思想的升华、觉悟的提升，引导人民群众自觉向善，积极倡导社会公德、职业道德、家庭美德，始终保持积极的人生态度、良好的道德品质、健康的生活情趣，进而优化社会风气。

四、教育方面：积极培育现代公民改善社会风气

加强广大干部和人民群众的思想政治教育工作是我们实现党和国家战略目标的重要法宝，也是我们培育优良社会风气的必经之路。只有通过思想政治教育工作，才能使人民的思想得到统一，才能在思想上筑起抵御各种不良思潮、不良习性侵蚀的“钢铁长城”。

（一）大力推进思想政治教育

首先，加强思想政治教育工作能帮助人民确立起马克思主义世界观。加强思想政治教育，就是要用马克思主义理论来武装人民头脑，帮助人民树立正确世界观，帮助人民与封建社会和资本主义社会中那些错误的、丑陋的价值导向进行坚决的斗争，防止不健康的价值观念在社会中蔓延，防止不文明的社会思潮腐蚀人民的思想与灵魂。必须加强思想政治教育工作，因为“没有思想上的过硬，就没有政治上的过硬……通过坚持不懈的教育，使广大干部战士特别是各级领导干部不断提高马克思主义理论水平，提高思想政治素质，提高辨别是与非、善与恶、美与丑、荣与辱的能力，筑牢拒腐防变的思想防线”②，使广大人民群众树立正确的政治信念、政治立场、道德观念，提升人民群众的爱国主义意识、集体主义意识和社

① 《习近平谈治国理政》第2卷，外文出版社2017年版，第47页。

② 《江泽民文选》第1卷，人民出版社2006年版，第490—491页。

会主义意识，自觉养成健康文明的社会生活观念与生活方式，同充斥在封建社会、资本主义社会中的腐朽思想和消极的生活理念、颓废的生活方式彻底决裂。

其次，加强思想政治教育工作能引导人民群众形成正确的利益观。我们社会主义国家的人民群众应当树立集体主义的利益观，即要正确处理好国家、集体和个人之间的利益关系。社会主义、集体主义的利益观主张保护个人的正当利益，并要求个人为集体利益和国家利益作出积极贡献，当个人利益与集体利益、国家利益发生冲突的时候，应当将国家利益、集体利益放在首位。发展社会主义市场经济，当然要追求利益、讲究效益，但是一定要注意防止过分追求个人利益，甚至是在损害国家和集体利益的基础上来实现个人利益。然而“现实生活中确实在滋长着拜金主义、极端个人主义和腐朽的生活方式，以及其他社会丑恶现象，有些已经到了相当严重的地步”①。这种过分追求个人利益的观念和行为是错误的，这种风气是不能容忍的。“我们的党和人民，决不允许那种损人利己、唯利是图、金钱至上、尔虞我诈等错误思想在社会生活中泛滥，决不允许给各种腐朽思想提供阵地。”②因此我们要通过思想政治教育，帮助人民群众形成正确的道德观和利益观，并以此来指导人民群众采取正确社会行为，自觉抵制拜金主义、极端个人主义和不良生活方式的影响，引导人民群众“旗帜鲜明地扶持正气，克服邪气，在全社会造成浓厚的健康向上、积极进取的良好风尚”③。

最后，加强思想政治教育可以让优良社会风气落到实处。思想政治教育工作实质是人的工作，是改造和影响人的理想信念、思想观念、价值观念和道德观念的基本途径。所以，思想政治教育工作在优良社会风气培育过程中发挥着不可或缺的重要作用。毛泽东高度重视思想政治教育对改善社会风气的作用，曾要求领导干部亲自抓人民群众的文化教育与思想政治教育工作，他指出，“各级党委，特别是省、市和自治区一级的第一书记，

①《十四大以来重要文献选编》上，人民出版社1996年版，第555页。

②《十四大以来重要文献选编》上，人民出版社1996年版，第129—130页。

③《十四大以来重要文献选编》上，人民出版社1996年版，第555页。

对于了解工厂、学校以及报纸、刊物的思想政治动向，加强思想政治工作，解决这些方面的具体问题等项任务，应该立即抓起来，并且教会地委、县委两级和城市区级第一书记抓起这些工作。不应该只委托宣传部长、文教部长、教育和文化厅、局长这些同志去做而自己不去管它们”[①]。这就要求，对教育工作的重视不能停留在文件上、会议上、口号上，而要落实到实际行动中。在今天优良社会风气的培育过程中，不仅要高度重视思想政治教育对改善社会风气的作用，更要采取积极的措施将思想政治教育政策、制度、方法落地生根，使之不成为形式化的理论空谈，而是成为真正改造人民思想的利器。

（二）提高思想政治教育效果

思想政治教育效果与改善人们的思想状况、行为实践有着直接的联系。思想政治教育工作效果的提升，主要可以从提高教育者的工作能力，拓宽思想政治教育渠道等方面进行。

1.提高教育者的工作能力

我们必须用马克思主义理论来指导我们的实践，培育优良社会风气工作亦是如此，因此要提高教育者自身的马克思主义思想觉悟与马克思主义理论水平。毛泽东曾强调，“教育者首先应当受教育，这是马克思讲的。我们这些人应当受教育，说不用受教育是站不住脚的。这些教育人的人，他们从事的工作，整个说来，是教育人的过程，要几十年，把六亿人口教育好”[②]。历史证明，通过提高教育者的工作能力，能有效提升思想政治教育效果。对于今天的思想政治教育工作而言，我们依然要加强思想政治教育工作队伍建设，提升思想政治教育工作者的教育能力。因为只有教育者自身的实力过硬、能力够强，才能把人民群众教育好，只有把人民群众教育好，才能真正地改善社会风气。

2.拓宽思想政治教育渠道

思想道德建设是培育优良社会风气的重要途径。要深入开展群众性精

①《中共中央文件选集（1949年10月—1966年5月）》第25册，人民出版社2013年版，第237—238页。

②《毛泽东文集》第7卷，人民出版社1999年版，第252—253页。

神文明创建活动，发扬艰苦奋斗精神，提倡勤俭节约，反对拜金主义、享乐主义、极端个人主义，在全社会形成知荣辱、讲正气、促和谐的良好风气。为实现这一目标，要从以下几个方面积极推进社会主义社会的思想道德建设工作。

一方面，要加强思想政治工作的显性教育。思想政治工作的显性教育主要是指党和国家开展的正式的思想政治教育工作，包括专题教育学习实践活动、常规教育学习活动，也包括学校常规化的思想政治教育工作。这是我们思想政治教育的渠道。但是需要注意的是，思想政治教育工作不是简单地“灌输”意识形态理论与道德理论，而是要将社会主义核心价值体系融入学习、工作中去，推动社会主义核心价值观教育进学校、进课堂、进头脑，发挥社会主义核心价值观引领社会思潮健康发展的重要作用，有效占领社会思想文化阵地，使之转化为社会主体的自觉追求和自主行动。

另一方面，要加强思想政治工作的隐性教育。思想政治工作的隐性教育主要是指在社会环境中渗透思想政治教育内容，营造思想政治教育的社会氛围。在这方面，我们要特别重视发挥社会媒体的舆论引导工作，既要把握舆论引导的正确性，即“坚持正确导向，有效引导社会舆论，巩固积极健康向上的主流舆论，努力营造良好舆论环境”，也要提高舆论引导的有效性，即“要坚持团结稳定鼓劲、正面宣传为主，充分发挥新闻媒体宣传党的主张、弘扬社会正气、通达社情民意、引导社会热点、疏导公众情绪、搞好舆论监督的重要作用”①。通过对社会主体思想的正确引导，化解社会主体存在的思想矛盾，疏通社会主体的不良情绪，引导社会主体进行正确的行为选择，从而达到改善社会风气的目的。

另外，在今天培育优良社会风气的进程中，我们还要坚持群众路线，始终相信群众、依靠群众，坚持启发群众和引导群众，实现教育群众和群众自我教育相结合，达到帮助人民群众改造主观世界，确立正确的社会价值观和道德观的目的。只有如此，才能从真正意义上帮助人民群众，引导人民群众扬善去恶，自觉地与歪风邪气作斗争，促进社会风气优良化。

①《胡锦涛文选》第3卷，人民出版社2016年版，第63页。

五、法治方面：以法律为武器依法治理不良风气

培育优良社会风气是一个综合性工程，治理成效取决于多方面因素，其中法律因其强制力效应在优良社会风气培育中占据重要位置，要把优良社会风气培育纳入法治轨道上来。

首先，必须完善社会主义法律体系，为培育优良社会风气提供良法依据。新时期以来，习近平同志多次强调法治是中国共产党治国理政的基本方式，认为要“更加注重发挥法治在国家治理和社会管理中的重要作用，全面推进依法治国”[①]，在实践中不断完善社会主义法治体系，建设法治国家、法治政府和法治社会，保障社会公平正义，规范社会行为，化解社会矛盾，促进社会和谐，引领社会风气健康发展。

其次，必须严格执行法律，以法律为治理丑恶社会风气的锐利武器。中国共产党认为要突出和维护法律的严肃性和权威性，进而保障社会风清气正的优良态势。邓小平曾指出，“纠正不正之风中属于法律范围、社会范围的问题，应当靠加强法制和社会教育来解决”[②]，将法制建设视为破除歪风邪气的良方妙药。因此，习近平同志强调要继续坚持厉行依法治党、依法治国、依法行政，有效地治理贪污腐败现象，遏制官僚主义习气，改进公务人员工作作风，极大地规范了社会不良行为，促进了社会风气的良性发展。

最后，要大力普及法治观念，促进公民以法律为准绳来规范自身行为。提升民众“法治”意识，引导人民将法律作为准线来规范约束自己，做到“以法治己”，这是自下而上培育优良社会风气的一个重要途径，是社会文明发展进步的必经之路，也是人的自由全面发展的必然要求。这一项工作的开展并不是一件容易的事情，但是其影响却是深远的、持久的。中国传统社会是一个有着几千年“人治”思想的社会，法治观念的确立不可能一蹴而就，其形成与普及经历了一个由点到面、由局部到整体、由上层到下

①《习近平谈治国理政》，外文出版社2014年版，第138页。

②《邓小平文选》第3卷，人民出版社1993年版，第163页。

层、由表面接受到深层认同的过程，这种转变在改变人们的法律认知和法律意识的同时，也必然会带来人们在价值选择与行为选择等方面的积极嬗变，达到培育优良社会风气的目的。

第二节　优良社会风气培育的主要机制

马克思主义基本原理告诉我们，要从当下的具体国情、社情入手，认真探求新时期新形势下社会风气变迁的内在逻辑与内在规律，深究新时期社会风气不正之因，构建起有效破解社会风气失范困境的匡正机制。这一规律性的认识也是我们实现国家治理现代化的必经之路。党的十八届三中全会将推进国家治理体系和治理能力现代化确定为全面深化改革的一项重要目标，而优良社会风气培育现代化又是国家治理现代化的一项重要内容。因此社会风气的失范与治理研究是国家治理现代化背景下中国社会转型过程中重要的理论焦点与现实热点。国家治理现代化首先要求优良社会风气培育的现代化，在实践中我们要以马克思主义为指导，以社会主义核心价值观为精神导向，树立建设优良社会风气的价值理念，致力于消除社会不良风气和负面心态，促进我国社会主义和谐社会的建设。

针对当下社会存在的少数不良社会现象，九江学院社会系统学研究中心于2016年率先提出了社会风习匡正模型（图1），该模型包括“四种作用力量：第一是导向，第二是示范，第三是约束，第四是惩戒”[①]。该模型强调在优良社会风气培育过程中，要包括党和政府的号召、政策与制度、传统价值与现代教育、艺文、功德和舆论等方面的导向作用；强调精英阶层示范价值；强调充分发挥法律、制度纪律、舆论、道德等方面的约束力量；重视惩戒的作用，主张通过惩罚进行警戒，积极营造惩恶扬善、风清气正的社会环境。这一模型的建立在优良社会风气培育领域无疑具有开创

① 冷树青，等：《百年中国社会风习寻脉》，社会科学文献出版社2016年版，第2—3页。

性意义，但是该模型在其内部四大机制的内在关系认识上还存在进一步理顺的空间，对四大机制的作用机理及其实现规律的揭示上也有待进一步深化。

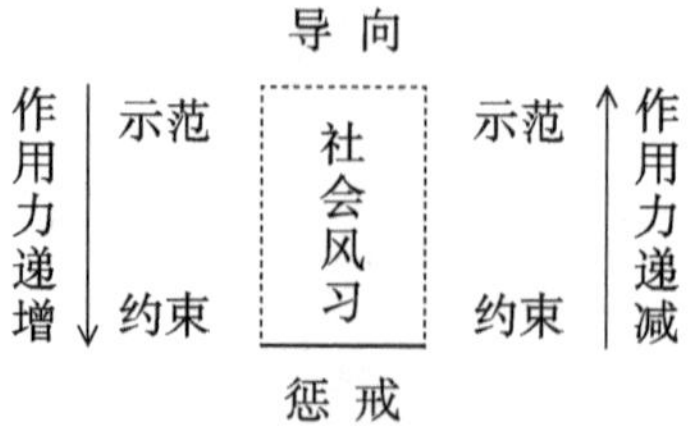

图1　社会风习匡正模型[①]

优良社会风气培育不能采取“头痛医头、脚痛医脚”的简单治理方式，而是要对症下药，将优良社会风气培育的“治标”与“治本”的双重诉求融于一体，用社会风气生成、发展、变化全过程的干涉机制来实现社会风气的有效治理。因此，社会优良风气建设应避免传统治理方式的政治化、简单化和理想化，应注重风气形成、发展、扩散等各阶段的导向、示范、约束和惩戒特征。综合前人的研究成果，笔者认为应当建立健全“导向·示范·约束·惩戒”“四位一体式”的优良社会风气培育机制（图2）。

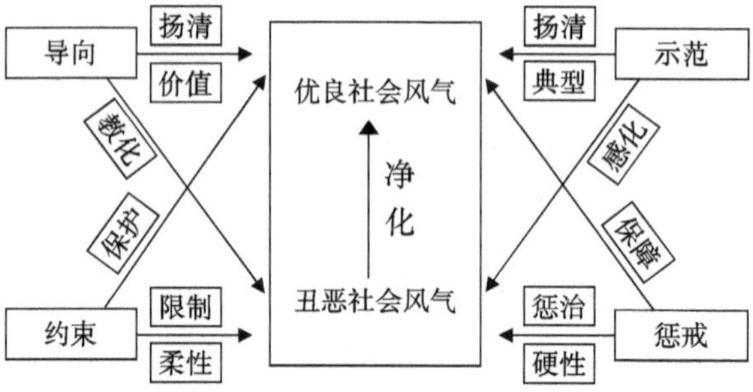

图2　优良社会风气培育机制:“导向·示范·约束·惩戒”

一、建立正确的导向机制，大力弘扬、传播社会主义核心价值观

价值导向机制是要强化政府政策与社会舆论对社会价值观的引导。从导向内容上看，国家和社会的价值引导机制的实质是国家积极地向社会传

①冷树青，等:《百年中国社会风习寻脉》，社会科学文献出版社2016年版，第2—3页。

播和灌输主流意识形态，其关键要素是传播社会主义核心价值体系，尤其是要弘扬社会主义核心价值体系的核心——社会主义核心价值观。社会主义核心价值观作为社会主义核心价值体系高度抽象后的“总纲领”，是引领优良社会风气、正面教化丑恶社会风气的关键所在。习近平同志特别强调，“积极培育和践行社会主义核心价值观，全面提高公民道德素质，培育知荣辱、讲正气、作奉献、促和谐的良好风尚”[①]，因为“核心价值观，其实就是一种德，既是个人的德，也是一种大德，就是国家的德、社会的德”[②]。为此我们要充分发挥社会主义核心价值体系在引领社会思潮中的作用。当前“作为社会主义意识形态本质体现的社会主义核心价值体系，在引领社会思潮上愈加明晰化、科学化”[③]。从导向主体上看，国家、政府及其有关部门、下属机构是社会价值导向主导者，社会组织、媒体等也是社会价值导向的重要力量。因此，要确立政府导向为主、社会导向为辅的社会风气导向机制。以政府政策为保障，以正面社会舆论为支撑，充分依托网络新媒体的传播优势，弘扬与传播主流价值，升华主流价值观的现实合法性与价值合理性，并以此为基础，发挥社会主义核心价值观的精神引领作用，确立优良社会风气的核心内容，奠定社会风气的实质性基础。

二、建立科学的示范机制，挖掘积极社会行为的价值并辐射推广

符合优良社会风气标准的社会行为是主流价值观与主流意识形态的实践载体。要充分发挥典型正面行为的表率作用，带动和促进优良网络风气，并从侧面感化丑恶社会风气，彰显人类的趋善本性。邓小平指出，要搞好社会风气，需要注意发挥典型行为的示范作用，他强调，“特别是要求党的各级领导同志以身作则。党是整个社会的表率，党的各级领导同志又是全党的表率”[④]。当然，不仅是党员干部，社会中符合主流价值观的具

①《习近平谈治国理政》，外文出版社2014年版，第154页。

②《习近平谈治国理政》，外文出版社2014年版，第168页。

③ 赵永明，闫成俭：《唯物史观视野下社会风气的引领》，《阜阳师范学院学报》（社会科学版），2015年第3期，第93页。

④《邓小平文选》第2卷，人民出版社1994年版，第177页。

有典型意义的社会主体及其行为对社会风气的健康发展都有着重要的示范意义。要“充分利用改革开放以来所取得的辉煌成就、优秀成果，激励人们，形成一种人人所向往美、崇尚美、学习道德模范的社会氛围”[①]。因此，在实践中建立科学的行为示范机制，当然这应该包括个体性示范机制与群体性示范机制，在内容上注重社会主义和谐社会文化的培育，发掘主流社会群体和特殊个体的积极行为的社会价值；形式上注重正面示范与反面警示的有机结合，发挥示范性价值的网络辐射效应；方式上注重网络社会示范与现实社会示范的互相促进。

三、建立有效的约束机制，促进社会主体非刚性他律和柔性自律

建立有效的道德约束机制，通过体现人类道德要求的社会规范来保护优良社会风气，通过人类道德内在的柔性自律来限制丑恶社会风气，其实质是社会主体自由相对性的体现。一方面要将优秀传统价值和现代文明精神作为重点完善社会道德规范，并使道德规范在社会主体中不断内化，促进个体内在的道德素养，为其文明风气提供有效的价值尺度和内驱动力。另一方面要强化社会组织制度规范力、媒体舆论的监督力、社会规范的调节力，为社会主体提供更为细密、有效的行为规范，为社会主体行为提供有效的评价依据与充足的判别空间，通过外在规范与内在德性的双重制约来确保社会主体行为的合理性。

四、建立公正的惩戒机制，发挥党纪国法的刚性价值与实践能力

党纪与国法的刚性价值为旌善惩恶。法与纪保障优良社会风气，硬性惩治丑恶社会风气，其实质为对人性善的守护和对人性恶的制约，执政党和国家机关以党纪和国法为依据的旌善惩恶是社会风气建设的根本屏障。因此，要建立公正的法制惩戒机制，在实践中要以净化风气、保障公民权

① 杨松菊：《社会主义核心价值观对社会风气治理的引领》，《求索》，2016年第6期，第22页。

益为目标加快信息立法进程，优化社会主义法治体系，筑牢社会主义法治建设宣传阵地；以提升党政部门的网络技术应用能力为手段，强化党和国家治理的网络适用性；健全司法执法机制，提高执法主体自身素质，保障风气治理的公正性与效能性。

综上所述，在优良社会风气培育过程中，我们要坚定地以马克思主义为指导，继续深入考察当代中国社会风气的失范及其深层次原因，探索社会结构转型、社会心理变迁、网络技术变革对社会风气的作用机理，把握社会风气变迁的内在逻辑与客观规律。要从纵向层面总结中华人民共和国成立以后党在社会风气建设中的经验与教训，尤其是信息化境遇下党对优良社会风气培育的新经验；从横向层面比较国外社会风气演变规律，着力净化社会风气的基本诉求，探索“导向·示范·约束·惩戒”的“四位一体性”社会风气培育模型的实践与完善机制，力求通过价值导向、典型示范、道德规范和法治制约来激浊扬清，为社会主体提供基本的行为范型，在国家、社会的正反激励作用及主体自身道德素质的内在驱动下，使优良社会风气成为社会主体的行为方式。

第七章　健全社会风气导向机制

导向，是用正确的社会价值体系从正面引导社会主体接受正确的价值理念、意识形态，形成符合社会价值与社会道德要求的社会行为，达到引导社会活动主体（包括个体和群体）的行为、活动朝着既定目标方向发展的目的。社会风气呈现的是一个国家和社会的整体性精神风貌，是社会主体心理意识的直接表现。社会风气也表现出多样性，总体上呈现为良善之风和丑恶之风两大类。所以要健全社会风气导向机制，通过正确的价值引导，规范社会主体行为合价值、合道德，催生良好的社会风气。

第一节　社会风气导向机制的基本依据

建立和完善社会风气导向机制是实现社会发展终极目标的内在要求，是正确发挥社会风气对社会发展反作用的必然要求，是维护主流意识形态和实现个人自由全面发展的内在需要。

一、社会风气导向是社会发展的内在要求

首先，社会风气导向是实现社会发展终极目标的必然要求。人是社会的动物，社会是人的有机结合体。社会发展的价值与人类发展的价值本质

是一致的。人类构成社会是为了更好的发展，更好地追求和实现“真、善、美”，优良的社会风气亦是以这一基础价值为目标的。对“真、善、美”的追求是人类社会繁衍至今从未变更的价值主题和终极目标。人类要生存发展，就必须取得对外部世界及其自身的认识，求知求真才能取得生存权。人之为人必定结为社会，有社会就必须确定区分善恶的标准和行为规范，否则社会将动荡不定乃至崩溃。人之为人又必定追求美的享受，爱美之心人皆有之。求真求善求美是人类生存实践活动中不可分割的方面，随着文明的进步，这种追求愈加明朗[①]。从唯物主义理论来看，社会发展的根本动力是矛盾运动。有“真、善、美”价值诉求和现实指向，同样也存在“假、恶、丑”的意识与现象。前后二者互相作用，甚至相互转化，构成了社会价值观发展的现状。从人类本性和社会发展规律要求出发，揭示“假、恶、丑”的本质，遏制“假、恶、丑”蔓延，实现人类对“真、善、美”的追求成为社会发展的必然要求。同样，社会风气有良善和丑恶之分。良善的社会风气对个体人格培养与道德教化有积极的促进价值，对社会健康发展与良序运转能起到有力的推动作用。而丑恶的社会风气不仅有损个体品性的锻造，更易危害社会公序良俗。因此，从社会发展终极目标的层面看，社会对“真、善、美”的追求决定了社会发展需要培养和实现体现“真、善、美”价值理念的社会风气，并建构引导社会风气发展符合社会发展规律的实现机制。为此，完善社会风气的导向机制，引导社会风气朝着优良的方向发展，是社会风气培育工作的一项重要任务。

其次，社会风气导向是正确发挥社会风气对社会发展反作用的必然要求。社会风气是流行性群体行为，不仅在具体历史事件上对社会发展产生作用，而且影响社会价值观念的变迁，进而对社会行为乃至社会发展产生更大更深的影响。具体而言，优良的社会风气是社会发展的动力，是社会进步的表现；而丑恶的社会风气是社会发展的阻碍，是社会落后的表征。正如郑仓元在其著作《社会风气论》中所认为的，在政治领域中，优良的风气有助于政治组织的成长和政权的稳定，而腐朽的风气则会导致政治组

① 黄颂杰：《哲学：走向真善美的统一》，《社会科学战线》，1995年第1期，第33—35页。

织的衰落、合法性的缺失、政权的威信丧失与解体；在经济领域中，优良风气对经济发展产生正面价值，而腐败风气则破坏经济秩序，阻碍经济发展；在社会意识领域，社会风气引导艺术、道德、政治法律制度、宗教、哲学的发展；在精神文明建设领域中，良善之风促进精神文明进步，腐朽之风则妨碍教育科学文化的发展，导致人民道德的堕落与退化[①]。为此，从社会发展的一般规律来看，社会政治、经济、文化、文明的进步与发展都与社会风气的兴衰荣辱息息相关。对社会风气的影响视而不见是错误的，我们必须正视社会风气对社会发展的影响，确立正确的社会风气导向，引导社会风气在社会发展的各个领域发挥出积极的作用与价值。

二、社会风气导向是维护主流意识形态的需要

唯物主义理论告诉我们，社会存在决定社会意识，社会意识是对社会存在的客观反映。意识形态是社会意识的重要组成部分，是“一定社会的阶级、集团基于自身利益对现存社会关系自觉反映而形成的认知体系，由一定的政治、法律、哲学、道德、艺术、宗教等社会学说及观点所构成”[②]。主流意识形态则是一个社会中占统治地位的阶级对现存经济基础、上层建筑及其他社会关系的自觉反映，是统治阶级自身利益、情感、意志、价值、观念的综合。马克思恩格斯曾强调，“统治阶级的思想在每一时代都是占统治地位的思想。这就是说，一个阶级是社会上占统治地位的物质力量，同时也是社会上占统治地位的精神力量”[③]。所以意识形态具有阶级性，主流意识形态是为统治阶级利益服务的。

社会风气是社会意识的外在表现，社会意识形态作为社会意识的重要组成部分，必然在现实中为社会风气所反映，并且社会风气在社会意识形态的形成与发展的过程中还承担着重要的中介作用[④]。社会意识形态与社会

① 郑仓元，陈立旭：《社会风气论》，浙江人民出版社1996年版，第214—226页。

② 张雷声：《论社会主义社会主流意识形态》，《马克思主义研究》，2008年第4期，第37页。

③《马克思恩格斯选集》第1卷，人民出版社1995年，第98页。

④ 郑仓元，陈立旭：《社会风气论》，浙江人民出版社1996年版，第8—9页。

风气之间极强的关联性为我们进一步理顺二者关系开辟了必要的空间。一方面，社会意识形态的发展与丰富需要以现实的感性的社会心理为基础和素材，而社会心理内含在广大的社会民众的心理活动之中，难以直接被觉察、被发现，难以为社会意识形态的进一步发展提供直接的养料与素材。但是社会大众的社会心理最终必将体现为民众的社会行为，对社会产生直接或间接的社会影响，且能够为社会所感知、察觉。而那些能被国家和社会所重视的，能对社会产生较大甚至是重大影响的社会行为，在多数情况下则是为社会心理所外化的流行性社会行为，即社会风气。所以主流意识形态发展的内在逻辑要求社会心理外化为社会风气并引导社会风气朝着主流意识形态的价值领域发展。另一方面，对社会风气的引导是维护和实现反映主流意识形态利益的必然要求。一般情况下，社会风气对社会产生影响的性质取决于社会风气自身的性质，即优良风气对社会产生积极影响，是社会意识形态的新增长点，这些行为将得到进一步的鼓励和引导；恶劣社会风气则消极地影响社会，本身就与主流的社会意识形态不相容，必将受到主流意识形态的限制与规避。

在中国，作为社会主义意识形态的马克思主义，既是社会主流意识形态的内容，又是主流意识形态发展的根本指南。同任何一个阶级社会中主流意识形态一样，社会主义意识形态也从未放松对社会成员的价值灌输工作，力图让社会成员达成对社会主义制度、政权和政策的共识与理解，形成对无产阶级政党一致的拥护和支持，同时极力消除和削弱敌对势力意识形态的破坏与影响，维护社会主义社会的根本利益。这既是社会主义意识形态的革命性和战斗性的重要体现，也是社会主义意识形态强化对社会风气引导的重要原因。当前，社会主义意识形态正面临诸多冲击与挑战，集中反映在社会心理层面，直观地体现在社会风气层面。例如，社会主流意识形态领域中遭遇的信仰危机、道德伦理滑坡、责任意识淡化和诚信意识匮乏等现象，国外新自由主义、历史虚无主义和民主社会主义等不良思潮也在国内暗流涌动。推进我国意识形态建设，加强马克思主义在意识形态领域的指导地位要求我们必须学会正确引导社会风气的发展，为优良的社会风气注入马克思主义的理论精髓，保持社会主义优良风气的蓬勃生机和旺盛的生命力，同时有效地抵制丑恶的社会风气，减少其对社会主义事业和人民利益的危害。

三、社会风气导向是实现个体全面发展的需要

马克思在其光辉著作《1857—1858年经济学手稿》中提出了个人的自由全面发展的重要论述。西方进入中世纪后，神性论占据统治地位，人性发展受到严重的制约。自文艺复兴开始，西方思想家不断致力于推动人性的解放，以期获得人性的自由、独立，确证人的自我价值，彰显人的主体地位。马克思从哲学的角度，从历史唯物主义的高度，提出了个人的自由全面发展的论述。马克思不同于西方其他思想家尤其是代表资产阶级立场的思想家，他把“人的发展”这一命题建立在彻底的批判资本主义社会的基础上，把“人的发展”命题从抽象的理论论证泥沼中剥离出来，放置于现实的社会物质条件的基础上，找到了实现个人的自由全面发展的客观道路，把这一问题的研究推向了科学的领域。马克思揭示了个人的自由全面发展的内涵，包括现实个人自由的发展、全面的发展。“作为人类社会的理想和最终目标的个人的全面发展，应该包括个人能力的全面发展，人的需要的全面发展和个人全面关系的发展”①，“个人的全面自由发展体现了价值判断与事实判断的统一，内含自由、正义、幸福的统一”②。

马克思的个人的自由全面发展论述告诉我们，“自由”和“全面”是衡量人类发展的两个重要尺度，其中必然蕴含着人的意识自由和行为自主的要求。从社会运行和社会发展的角度看，社会意识和社会行为分别是由个体的意识和行为的自由有机结合而成。个体的发展必然是个体意识的自我发展和主体行为实践的结果，社会的发展则应是个体发展有机聚合的结

① 陈芬，田梦非：《个人的自由全面发展——马克思〈1857-1858年经济学手稿〉的伦理解读》，《伦理学研究》，2016年第2期，第4页。

② 陈芬，田梦非：《个人的自由全面发展——马克思〈1857-1858年经济学手稿〉的伦理解读》，《伦理学研究》，2016年第2期，第5页。

果，个体意识和行为是形成社会意识和行为的重要基础。不同的社会意识与行为对人类社会产生的影响不同。社会也必须要引导个体意识和行为向良善的社会意识和正确的社会行为发展、转化，对那些不符合社会自身发展规律的个体意识和行为，则应采取否定的态度和措施，这既是社会发展的规律要求，也是人的自由全面发展的规律要求。

从社会风气的角度看，社会风气是社会意识的外化表现，是社会性的群体行为，必然对实现人的全面自由发展产生重要的影响，因此必须对社会风气给予必要的调控，将社会风气对人的自由全面发展的作用控制在积极影响方面。

首先，社会风气是人活动的现实产物，从社会风气的性质与状况可以探究出人的全面自由发展的状况。社会风气作为社会意识的一种表现，是社会存在的产物，是人的社会实践的产物。个体意识是社会意识的起点，也是社会风气的起点。因为个体的多样性和个体对社会认识的差异性，同个体意识一样呈现出多样性。个体意识的多样性形成不同种类的社会风气，呈现出不同的善恶状态。优良的社会风气与健康的个体意识和正确的个体行为密切相关，丑恶的社会风气则来源于错误的个体意识和行为。优良的社会风气是个体全面自由发展的必然体现，而丑恶的社会风气则表明个体在自由全面发展的道路上出现了曲折、倒退，甚至走上了歧路，所以错误的个体行为和不正确的个体意识是人走向自由全面发展的阻碍，必须对个体意识及社会风气进行调节、引导。

其次，产生于人的现实活动的社会风气有着相对的独立性，对人的活动有着一定的现实张力，这种张力反过来影响人的下一步意识与行为，对人的未来产生新的影响。从个体意识为起点到真正形成社会风气是一个现实的运转过程。有学者认为其中包含了一个形成社会风气圈的过程，即由社会个体意识形成社会风气起点，在经过社会交往形成社会风气圈，形成在一定范围内流行的社会风气，然后通过扩大交往与传播，形成整体性的社会风气。[①]从这一过程可以看出，社会风气的形成过程与个体意识发展成

① 郑仓元，陈立旭：《社会风气论》，浙江人民出版社1996年版，第78—88页。

为社会意识的过程是一致的。个体的意识与行为可能成为优良社会风气的起点，也可能成为丑恶社会风气的源头。同时由此产生的一定范围内的良善或丑恶的风气会加剧个体意识的坚定性和个体行为的固化程度，致使良善之风盛行、丑恶之风泛滥。前者是个体自由全面发展的良性状态的表现，后者则是个体自由全面发展停滞甚至倒退的表现。为此，鉴于社会风气对个体意识和行为的反作用，为促进个体的自由全面的发展，我们有必要对社会风气的形成与发展确立正确的发展方向。

最后，社会风气的扩散效应对其他社会主体也会产生影响，进而促进或阻碍其他社会主体的自由发展和整个社会的自由全面发展。社会风气一旦形成就会因为其群体性特征与各类社会主体产生密切的联系，即使他们并不是某一类社会风气的最初形成者或倡导者。对社会各类主体产生的效应取决于社会风气的自身性质。例如，雷锋自身的个体意识和行为形成的雷锋精神对社会大众产生了巨大的积极影响，这种影响甚至超越了时间的限制和空间的阻隔，成为具有时代精神的社会风气，对社会主体的自由全面发展起到了积极的促进作用。相反，从李登辉、蔡英文等人的个体意识和行为中形成的“台独”意志对台湾同胞产生了恶劣的影响，形成了破坏祖国统一、隔断炎黄血脉的“台独”之风，妄图把台湾同胞引向了脱离祖国、背弃民族的不归之路，在一定范围内形成了破坏祖国统一和民族团结的极其恶劣的社会风气。

综上所述，社会风气必须引导，在社会风气的发端、形成、发展等各个环节都要有正确的导向。从我国的现实来看，对社会风气的引导，首先，应发挥马克思主义理论的导向作用。马克思主义理论作为无产阶级科学的世界观和方法论，是关于自然规律、社会规律和思维规律的科学知识，社会主义社会风气的培育自然离不开马克思主义的科学指导。这是宏观层面对社会风气的导向。其次，要发挥党和国家在社会风气形成与发展过程中的导向作用。一方面，要发挥党和国家的价值观导向作用。党作为社会主义政权的执掌者，国家作为人民群众利益的代表者和维护者，无疑代表着社会前进与发展的方向。党和国家是优良社会风气形成与发展的中流砥柱，党和国家所倡导的社会价值就是社会风气发展的风向标。当前，社会主义核心价值观无疑是指导我国社会风气发展的核心依据。这是中观层面对社会风气的导向。另一方面，要发挥党和国家的政策导向作用。理论导向和价值观导向是较为抽象的，并非具体的，缺乏可操作性。政策导向是对价值观导向的深化、细化和具体化。政策导向是微观层面的导向，可操作性和时效性较强。制定正确的政策、落实科学的政策制度，是社会风气导向的重要途径。最后，要发挥公众舆论的导向价值。公共舆论对社会风气的导向实质是公共舆论中内含的价值观念对社会风气主体的思想理念发生作用，进而改变其言行，影响社会风气的运转。需要注意的是，必须先有正确的公共舆论，才能引导社会风气走向正确的轨道。坚持马克思主义理论的科学指导、发挥党和国家的价值观导向和政策导向作用、发挥正确公共舆论的导向价值是当前优良社会风气建设的必经之路。

第二节　社会风气导向机制的主要内容

社会风气的导向方式是多种多样的，有学者研究认为主要有以下几个层面的导向方式：第一个层面是政府的号召与倡导，第二个层面是政策与制度，第三个层面是传统与教育，第四个层面是艺文与宣传媒体，第五个层面是公德与舆论。[①]这一研究为我们提供了很好的研究思路与基础。社会风气导向方式主要应包括理论导向、价值观导向、政策导向和舆论导向四个方面。

一、理论导向

改善社会风气，引领风气优良化发展，离不开科学理论的指导。辩证

① 冷树青，等：《百年中国社会风习寻脉》，社会科学文献出版社2016年版，第3页。

唯物主义和历史唯物主义是无产阶级的世界观和方法论，是关于自然法则、人类社会发展规律和人类思维发展规律的科学，是人类社会观察、了解、分析和解决一切问题的根本性指导方法。作为科学理论的马克思主义理论对社会发展有着巨大的历史价值与时代价值。马克思在《关于费尔巴哈的提纲》中指出："哲学家们只是用不同的方式解释世界，而问题在于改变世界。"[①]因此，当代中国优良社会风气培育工作必须坚持以马克思主义理论为根本指导思想，引导社会风气朝着健康的方向发展。清除腐朽的社会风气，树立优良的社会风气。

（一）坚持以马克思列宁主义为理论导向

坚持以马克思主义作为当代中国优良社会风气培育的根本导向，是因为马克思主义不仅有着关于优良社会风气培育的重要论述，更有优良社会风气培育的实践与重大成果。马克思恩格斯虽然未直接提出社会风气的概念，但是在其伟大的理论体系中却包含着丰富的优良社会风气培育的重要论述。列宁继承了马克思恩格斯关于优良社会风气培育的重要论述，并在俄国的社会主义建设和国家发展的过程中进行了具体的实践探索，形成了具有符合俄国国情的优良社会风气培育的重要论述，并较为成功地推动了俄国社会风气的改善工作。当然，由于列宁因病过早离开人世，其关于优良社会风气培育的许多措施并没有得到有效的贯彻落实。然而这并不妨碍我们学习列宁的思想，学习列宁同志对社会风气发展规律的把握与揭示，学习列宁同志培育优良社会风气的方法与决心。因此，培育优良社会风气必须坚持以马克思列宁主义为理论指导。

（二）坚持以毛泽东思想为理论导向

毛泽东思想是以毛泽东同志为主要创造者所形成的马克思主义理论，是辩证唯物主义和历史唯物主义普遍原理和中国革命、建设的具体实践相结合的产物，是实践证明了的适合中国革命和建设的正确理论原则和经验

①《马克思恩格斯选集》第1卷，人民出版社1995年版，第61页

总结，是中国化的马克思主义。毛泽东在领导中国革命和建设的过程中同样重视社会风气的治理与改善。在中华人民共和国成立前，毛泽东就主张改造旧风气，培育新风气。毛泽东还领导开展整风运动，以此改造党风和军风，形成了优良的政治风气。中华人民共和国成立后，毛泽东更是领导了新中国的优良社会风气培育实践，基本消除了旧社会遗留下来的娼妓、赌博等丑陋现象，根除了旧社会的坏习惯、坏制度以及腐朽之气。可以说，毛泽东思想蕴含着丰富的优良社会风气培育的重要论述，今天，我们依然要坚持以毛泽东思想为理论导向来开展优良社会风气培育工作。

（三）坚持以中国特色社会主义理论体系为理论导向

中国特色社会主义理论体系是马克思主义基本原理同中国特色社会主义建设伟大实践相结合的理论产物，是马克思主义中国化的重要成果。从邓小平、江泽民、胡锦涛到习近平，党的每一代领导人都坚持以马克思列宁主义、毛泽东思想为指导开展中国优良社会风气培育实践，在不同时期采取了各有侧重的治理举措，取得了与时俱进的重要成绩，推进了中国社会风气的持续改善。因此，我们要坚持以邓小平理论、“三个代表”重要思想和科学发展观为社会风气发展的重要理论导向，尤其是要坚持以习近平新时代中国特色社会主义思想为新时期社会风气发展的理论导向。

2017年10月18日召开的党的十九大上，习近平同志郑重宣布了我国已经进入中国特色社会主义新时代，提出了习近平新时代中国特色社会主义思想，并写入党章，成为新时期中国特色社会主义建设的指导思想。2018年3月11日，习近平新时代中国特色社会主义思想被写入宪法，从国家根本大法的层面明确了习近平新时代中国特色社会主义思想作为党治国理政和发展中国特色社会主义伟大事业的根本指导地位。习近平新时代中国特色社会主义思想是我党继续坚持马克思主义、开展理论创新的伟大成果，是指导中国全面建成小康社会、基本实现社会主义现代化和建成富强民主文明和谐美丽的社会主义现代化强国的重要思想保证。另外，习近平同志高度关心和关注优良社会风气培育工作，在不同场合多次强调社会风气建设的重要性和必要性，并提出了具体的治理方略和治理措施，习近平新时代中国特色社会主义思想本身就蕴含着丰富的关于优良社会风气培育的重要论述。因此，优良社会风气培育作为中国特色社会主义伟大事业的一个重要组成部分，其实现过程也就必须始终坚持以习近平新时代中国特色社会主义思想为理论导向。

二、价值观导向

社会价值观是社会风气的核心要素。价值观是人们在长期的社会生活实践中形成的比较稳定的关于价值的认知、理解、判断与态度，集中体现在人们对自身、对其所在社会结构与社会规范、对人与社会之间关系、对自身价值和社会价值的实现方式等问题的看法与观点上。价值观具有主观性、稳定性、传承性与历史性等基本特性。价值观作为一种意识形态潜藏于人的精神理念当中，决定着一个人的内在本质及其精神气质，进而决定一个人的社会意识与社会行为。而社会价值观则决定着社会的内在本质与精神面貌，决定着一个社会的意识形态、社会规范与社会变迁，从而决定了社会风气的性质与变迁。

(一)价值观培育社会主体的社会认知

对社会主体而言，价值观所提供的是一种基础性社会认知，这种基础性的社会认知是一定社会风气形成与发展的先决条件。“一种行为的普遍流行，又是建立在人们对社会中善恶、优劣、利害、吉凶、美丑、荣辱、得失、尊卑、祸福、苦乐等社会事务和现象的判定、选择、认同的基础上的。这种选择、判断，又是通过价值观作出的。”[1]所以人们在形成社会价值观后，就会通过社会价值观来评判社会事物的性质与发展趋势，评价社会事物发展变化与自身利益的关系，进而采取一定的社会行为，一旦这种社会行为被众人所接受，就开始形成了一定范围的社会风气。

① 郑仓元，陈立旭：《社会风气论》，浙江人民出版社1996年版，第51页。

（二）价值观引导社会主体的行为动机

动机是社会主体行动的起点、发端，是激励、导向和推动社会主体行为的重要内驱力，动机是社会主体个体能动性的主要体现。良好的充足的动机有助于提高社会主体的行为效率。正确价值观的重要作用在于通过主体的社会认知确定主体自身在社会结构中的位置，廓清主体在社会交往中遭遇的价值迷雾，让社会主体把握自身的存在意义与社会使命，进而激发社会主体对自身和社会的责任意识，形成正确的社会行为目的，即正确社会价值观以价值目标来引导社会主体确立正确的社会行为动机。正确的社会行为动机与正确的社会行为并非一一对应的关系，即正确社会动机也有可能会促发不良的社会行为，错误的社会动机也有可能会促发正确的社会行为，但是从总体上看，正确的社会动机有助于有效地实现优良的社会行为。所以，我们必须要用正确的价值观来引导主体的行为动机，引导人们正确的社会行为。

（三）价值观规范社会主体的社会行为

价值观不仅会为社会主体提供基本的社会认知与判断，还能给社会主体提供必要的社会行为导向，指引人们朝着预定目标采取努力行为。社会价值导向不仅告诉我们应该怎么看问题，更告诉我们应当如何去做，如何去解决问题，这是社会价值导向的根本性价值所在。社会价值观通过其所主张的社会行为规范来引导社会主体采取合乎其要求的社会行为，达到社会价值观所推崇的社会目的。例如，资本主义社会的价值观是自由主义的价值观，主张鼓励和扩大建立在私有制基础上的市场竞争，实现社会主体个体的利益最大化。然而这种个体利益的最大化并不是以所有社会主体利益的非零和博弈为前提的，而是一种零和博弈状态下的竞争，必然导致社会不公正的扩大化、结构化和凝固化。而我们社会主义社会的价值观是强调实现竞争与平等的有机统一，既要通过竞争来激发社会主体的能动意识、效率意识，最大限度地激发社会主体的聪明才智，激发社会主体的创造性能力，推动社会的快速健康发展，也要通过合理的制度、体制、机制来保护社会的公正与平等，消解社会主体之间存在的不和谐因素，充分调动和利用一切有利于社会发展和文明进步的积极因素，进而促进社会主体自身的全面发展，也推动社会主体之间关系的和谐发展，达到构建社会主义和谐社会的目的。

（四）价值观约束社会主体的社会行为

社会价值观有规范、约束的功能。“价值观是人们在价值选择、价值评价和价值创造中表现出来的取向准则。价值观的对象化就是社会规范、行为操作规则”[①]，这种操作规则能为社会主体提供“价值轨道”，引导社会主体在这条预设的轨道上开展社会活动，当社会主体的行为偏离社会规范或脱离社会规范时，这条价值轨道就会发出约束、牵引作用，对这些“偏轨”“越轨”“脱轨”行为进行调整纠偏。通俗地说，社会价值观不仅会告诉人们应该做什么，而且还会告诉人们不应该做什么。对已发生的“不应当行为”进行规制和纠偏，使其回归正轨，对可能发生的“不应当行为”进行思想观念层面的预制和约束，减少、降低甚至消除其发生的概率。所以为了使人们的社会行为符合社会规范，需要有一种力量来进行调节和控制，因为“任何在总的趋向上偏离价值观所指引的方向的行为，都会给实现实践目标造成不必要的麻烦，甚至造成全局性的失误”[②]，而“价值观便具有这样的功能，它能指导和规范人们的社会行为”[③]。

因此，我们认为，社会风气是内化价值观的流行性群体行为，价值观是决定社会风气性质的核心要素。要改善社会风气，首先要确立正确的社会价值观，并发挥社会价值观在社会风气形成、发展和变迁过程中的重要作用。

① 郑仓元，陈立旭：《社会风气论》，浙江人民出版社1996年版，第54页。
② 郑仓元，陈立旭：《社会风气论》，浙江人民出版社1996年版，第55页。
③ 郑仓元，陈立旭：《社会风气论》，浙江人民出版社1996年版，第54页。

三、政策导向

这里所说的政策主要指的是党政机关根据其所代表的阶级利益为达到一定的政治目标、经济目标和社会目标而制定的行为准则、行动步骤和工作方式，等等。政策是国家治理的重要政治手段，是对国家法律法规的重要补充，且具有灵活性和及时性的优点，能对现实社会行为进行有效的调控和引导。为此，政策导向在优良社会风气培育工作中的作用也不能忽视。

（一）政策导向对社会风气的作用依据

为什么政策能起到调控社会行为，引导社会风气发展的方向呢？

首先，政策是以一定的道德规范为基础的。基于道德规范形成的社会政策是党和国家管理社会的一种重要手段，自然也是培育优良社会风气的必要途径。这种公共政策基于道德，但其效力却高于一般的道德规范，因为其产生主体是基于维护公共利益的执政党和执政党领导的国家机关，具有不容抗辩、不可抗辩的权威性和约束性。“尽管公共政策是以道德价值为基础而制定的，但公共政策一旦被制定出来以后，就成为现实生活中社会用来判断是非善恶的最终标准，比道德具有更大的现实权威性，并使政策法规成为先在性的社会条件。”[①]因此，政策既有基于道德规范的德性导向，也有基于政治权力的权威力量，故而能引导社会主体的动机和行为，影响社会风气的发展。

其次，政策能调控社会风气，除了政策背后的国家强制力的约束外，一个重要的原因是政策与利益是紧密相连的。换句话说，政策导向实质是一种利益导向，政策调整人们的社会关系，实质是调整人们的利益关系。从一般意义上来说，个体按照国家政策采取社会行为，有助于扩展其个人利益，反之，违背国家政策开展社会行为，则会因违背国家政策被党政机

① 李耀锋:《论公共政策的价值导向与道德治理——以新加坡社会公共政策的道德引导为例》,《上海交通大学学报》(哲学社会科学版),2014年第22卷第3期,第53页。

关给予相关的惩罚导致其利益受损。因此，政策对社会行为具有较强的导向作用，那些与道德价值相关的、流行性群体行为的相关政策能对社会风气的发展起到导向作用。例如，为了维护城乡社会秩序，促进社会主义精神文明建设，不同地方的政府都会制定禁止赌博、禁止燃放烟花爆竹、禁止领导干部违规操办婚宴酒席等政策；有的地方为了遏制过分的请客送礼之风，还明文规定除了婚丧嫁娶之外，禁止民间摆酒收礼金，其他一切聚众饮酒行为被视为违规，并将对违规者从重从严处理。“对关注利益的理性社会成员而言，利益分配过程中体现出的这种导向比任何其他形式的导向更具有现实意义，故对其价值标准和选择倾向的实际影响力最大。”[①]由于政策是事关个人自身利益的，人们就不得不关注政策，政策就可以在优良社会风气培育中起到重要导向作用。这正如郑仓元所言，“正是人们对政策的敏感和关注，使得政策对人们的价值观、思想观念的变化将具有很强的导向性，直接调控着社会风气”[②]。

（二）政策导向作用发挥需要注意的问题

在优良社会风气培育领域中发挥政策导向作用的时候，必须要注意以下几个问题。

第一，并非所有的政策都能调控社会风气，必须是调控与人们的道德、社会价值观有关联行为的政策才是优良社会风气培育的导向性政策。只有当与社会价值观念、道德规范相关联的政策得以实施以后，“其内在包含的道德价值理念也就成为公共权力部门和社会公众应当遵守的道德价值理念和行为规范，其必然对社会公众的道德价值观念和社会道德风尚产生直接的积极或消极的巨大影响。道德作为内化性的规范与公共政策相结合，可以外化为具体的政策措施，进而指导广泛的公民道德实践，最终产生更广泛的社会效用”[③]。那些秉承着历史优良文化传统、体现时代道德取向的

① 王春城：《公共政策引人向善的社会价值导向》，《行政论坛》，2013年第20卷第2期，第78页。

② 郑仓元，陈立旭：《社会风气论》，浙江人民出版社1996年版，第249页。

③ 李耀锋：《论公共政策的价值导向与道德治理——以新加坡社会公共政策的道德引导为例》，《上海交通大学学报》（哲学社会科学版），2014年第22卷第3期，第52页。

公共政策，不仅能获得社会主体的广泛认同，更能因社会主体的认可而产生自觉的践行，推动社会主体行为朝着优良规范的方向去发展，能有效地引导社会风气达到和善的状态。因此要发挥促进社会道德进步的公共政策在优良社会风气培育中的重要作用。

第二，并非所有的政策都能对社会风气发展起到正向导向作用。个别地方政府可能会因为各种原因出台某些不合理的政策，甚至是错误的政策，这将会对当地社会风气的发展起到负面影响。例如，“我国目前一些地方的房产政策，导致‘政策性离婚’（也称假离婚）等不良现象屡屡出现。夫妻双方通过假离婚等方式来规避政策，以达到逃避税款、获取优惠购房、房贷利率利益等为目的”[①]。更有甚者，一些夫妻为钻国家政策的漏洞以假离婚的方式获取不当利益，但却被别有用心的一方欺骗和利用，达成其中一方既能套取国家财富，又能实现其真离婚的不良居心。而遭受情感欺骗的一方却无法通过法律来维护自己的权益，因为其“假离婚”在法律上是“真离婚”，其所谓的“假离婚”是受法律保护的。这种“假离婚”的恶性事件不仅侵害了国家利益，也破坏了社会信任与社会情感，败坏了社会风气。因此政府要制定有效的政策来规避、遏制这些不良风气的产生与扩散。再如2008年，当时还是国家级贫困县的河南省鲁山县耗资12亿建造大佛，这里虽有商人投资逐利的影响，但也有政府政策的不良导向——2008年河南省政府正式批复《河南鲁山大佛景区总体规划》，这一规划的编制为大佛景区的科学建设和国际化品牌塑造提供了有力保障。然而建造之后的大佛却因无法明晰管理权，被商人当作营利的工具，将票价由66元提到199元。其结果不仅没有起到通过旅游业促进经济发展和改善人文风貌的作用，反而对当地的社会风气产生了不良影响。因此要防止出现错误的政策，以免对社会风气发展形成负面影响。

第三，政策具有时代性。某些政策在制定时是合理的，但是随着社会的发展、环境的变化，可能就不再具有效力了。如果还继续沿用以往的政策，则不能有效地调整人民群众的社会行为。正如有些学者指出的那样，

① 李耀锋：《论公共政策的价值导向与道德治理——以新加坡社会公共政策的道德引导为例》，《上海交通大学学报》（哲学社会科学版），2014年第22卷第3期，第57页。

"一定时期的公共政策即使是最优化的，也会随着社会条件和环境的变化而失灵。创建一种高效、稳定、公平和能够为广大公众认同的公共政策，需要创新性变革，不断调适公共政策及其政策目标乃至于改变公共政策过程和实现的方式，从而最终实现社会的长远利益，促进社会整体道德的向善性"[①]。因此，必须根据时代的变化，与时俱进修改和制定出新的政策，才能有效地调整社会主体行为，达到改善社会风气的目的。

四、舆论导向

在中国古代，舆论与民谣、清议和谏诤等词义相通[②]。在今天的社会中，舆论指的是社会中多数公民对某一特定事情或某一特定话题公开表达意见而形成的一致性看法与态度的总和，这种总和性意见对社会主体的思想和行为将产生一定的精神和心理层面的影响。舆论在人们的社会实践中有着重要价值，甚至有人认为"对于中国人而言，舆论似乎携带着某种不言自明的力量，甚至一种反抗政治腐败与社会不公的民间权力"[③]。舆论不仅包括党和国家在文件、会议上的决定、政策和意见的宣传与传播而形成的政治舆论，也包括社会组织如新闻媒体传播信息而形成的新闻舆论，还包括公民个体在社会实践中表达观点和看法而形成的公民舆论。因此，在优良社会风气培育过程中，我们不仅要重视党和国家的政治舆论中的优良化风气导向，也要重视新闻舆论和公民舆论中的优良化风气导向。本书此处着重讨论的是新闻舆论对社会风气的影响。"任何新闻工具都是特定舆论代表者，都代表一定阶级的、集团和群体的利益，为此，新闻媒体在传播新闻信息时，都自觉或不自觉地以维护自身利益为准则，传播和扩大对自身有利的信息，抑制不利的信息传播。新闻媒体这种带有倾向性的事实

① 李耀锋：《论公共政策的价值导向与道德治理——以新加坡社会公共政策的道德引导为例》，《上海交通大学学报》(哲学社会科学版)，2014年第22卷第3期，第58页。

② 史文静：《近现代中国"舆论"语义内涵的演变》，《国际新闻界》，2015年第2期，第78页。

③ 史文静：《近现代中国"舆论"语义内涵的演变》，《国际新闻界》，2015年第2期，第84页。

传播，就造成了带有倾向性的新闻舆论。”①这种带有倾向性的新闻舆论对社会风气的形成与发展产生了特定的影响。

（一）舆论导向对社会风气的影响

各级各类新闻媒体有着不同的定位与侧重，有的侧重经济信息，有的侧重政治信息，有的侧重社会信息，有的侧重娱乐信息，有的侧重国际信息，等等。虽然媒体信息传播各有不同，但都是向民众和社会传播信息。然而对不同信息的不同评判，或者即使是对同一信息的不同评判都会影响受众的意见和情绪，进而影响到受众的思想观念与社会行为，对社会风气产生重要的影响。所以我们要正确认识新闻舆论对社会风气变迁的作用。

1.正确的舆论导向对社会风气的健康发展有促进作用

一直以来，我国新闻媒体都始终坚持正确的媒体舆论导向，十分重视发挥媒体舆论对社会问题的揭露与批判，对社会主义先进文明的传播。在政治原则上，我国媒体坚持宣传马克思主义理论，宣传马克思主义中国化的最新理论成果，宣传党的路线、方针、政策和党的重要会议精神等，在全社会范围内营造学习马克思主义，掌握正确的世界观和方法论，唱响主旋律，服务国家和社会大局的良好氛围，引导人民群众积极向上参与、服务中国特色社会主义建设事业的伟大实践。在社会生活领域，媒体通过传播正确生活理念、养成健康生活方式，促进了优良社会风气的生成与发展。

2.错误的舆论导向对社会风气的健康发展有阻碍作用

虽然总体上我国的新闻媒体都坚持正确的舆论导向，对社会文明进步起到了重要的推动作用，但是由于信息化时代的来临，网络信息传播以人类意想不到的速度和规模在扩散和增长，导致人类信息爆炸式涌现，使得新闻舆论传播出现了一些不可控因素：一些虚假信息肆意泛滥；低俗化、媚俗化和庸俗化的信息不断出现在公众的视野中；甚至还有一些突破伦理底线的暴力新闻、情色新闻在网络上传播。极小部分新闻媒体因为没有坚

① 曾盛聪：《新闻舆论导向与社会价值取向》，《新闻与传播研究》，1999年第1期，第42页。

持正确的舆论导向，使得这些信息的广泛传播对社会风气的发展产生了极坏的影响。研究指出，当前一些不良媒体的错误舆论导向主要有以下几种类型：（1）玩数字暴力，夸大或歪曲新闻事实；（2）偏听偏信，武断结论；（3）牵强附会，标签化报道。这些不良的媒体舆论导向“既违背了新闻的真实性原则，又放大了事件的负面效果，不利于良好社会风气的形成”①。可见，错误的舆论导向阻碍着社会风气的健康发展。

（二）以正确的舆论导向引导社会风气发展

1.正确的舆论导向是正确的价值观和道德观的反映

优良社会风气的形成重在引导，为此媒体舆论的导向作用是推动优良社会风气形成的关键要素。通过前文可知，新闻媒体舆论有正反两种导向作用，因此发挥舆论导向在优良社会风气培育中的重要作用的关键在于如何形成正确的媒体舆论。有了正确的媒体舆论，才会有正确的媒体舆论导向，而正确的媒体舆论的真正要义是坚持正确的价值观和道德观。新闻媒体在处理信息、评判信息和传播信息的过程中，每时每刻都应该以一定的价值观和道德观为依据和基础。所以新闻媒体在传播信息的时候，实质是在传播价值观和道德观。因此，我们的新闻媒体一定要坚持社会主义核心价值观和道德观，并以此为获取、评判和发布一切新闻信息的根本依据。通过文字化、图片化、视频化的方式来展示信息，借此传播和灌输社会主义社会的主流意识形态与价值观念，发挥社会主义意识形态与价值观念在人们精神领域的主导作用，进而教化人们的社会行为，形成正确的社会风气。“各级新闻单位应重新认识媒体在社会道德建设中应发挥的作用，要努力发挥社会主义和谐文化的教化功能，把社会效益与经济效益有机结合起来，并且要坚决的把社会效益摆在第一位，从而为广大社会成员营造一个和谐美好的精神家园。”②新闻媒体绝对不能为了片面追寻经济利益而放弃政治立场，放弃道德底线，破坏社会主义精神文明。

2.正确的价值观和道德观在舆论传播中具有旗杆效应

① 吴献举：《道德争议事件的舆论误导与媒体责任》，《湖北社会科学》，2012年第9期，第179页。

② 于智勇，于波，尚晓光：《引领社会风气，媒体必须勇于担当》，《才智》，2012年第36期，第207页。

自媒体时代的来临进一步加快了信息化社会的发展，社会个体对信息的可及性已经不是以往任何一个时代所能比拟的。在自媒体时代，信息的覆盖面几乎扩大到了每一个拥有自媒体终端的个体身上，带有价值取向的信息对社会个体来说有着极大的影响力。而且与传统媒体时代不同的是，社会个体不仅可以借助媒体客户端来获取信息，还能借助智能手机里面的各种App来传播、推送各种信息，例如微博、微信等。在这种情况下，一则信息传播后，就可以通过个体之间的传播网络得到快速地扩散，进而影响到个体所在群体的社会行为。所以，我们应该利用新时代的媒体工具来传播正确的价值观和道德观，将社会主义意识形态传输到每一个拥有智能终端的个体手中，再通过个体之间的交流与互动产生更大范围的影响，形成一种旗杆效应，进而形成优良的社会风气。这是新闻媒体的政治责任，也是新闻媒体的职业责任，因为一旦放松了政治要求和道德价值要求，那些非社会主义的意识形态、落后腐朽的社会价值、媚俗、低俗和庸俗的垃圾信息就会充斥整个自媒体市场，对社会风气产生巨大的冲击，这是我们所不愿看到的。

第三节　社会风气导向机制的完善路径

从导向主体上看，国家、政府及有关部门、下属机构是社会价值导向的主导者，社会组织、媒体等也是社会价值导向的重要力量。因此要确立政府导向为主、社会导向为辅的社会风气导向机制。以政府政策为保障，以正面社会舆论为支撑，充分依托网络新媒体的传播优势，弘扬传播主流价值，升华主流价值观的现实合法性与价值合理性，并以此为基础，发挥社会主义核心价值观的精神引领作用，确立优良社会风气的核心内容，奠定优良社会风气的实质性基础。

一、坚持和发展马克思主义

在优良社会风气培育领域中我们始终坚持正确的理论导向，实现和保持了马克思主义在意识形态领域中的主导地位。但是在坚持以马克思主义为理论导向的过程中，还存在马克思主义时代化、大众化和通俗化不足的问题。这应该是我们努力的重要方向。

（一）继续深入推进马克思主义时代化

1.马克思主义时代化是马克思主义理论的内在品质要求

从世界社会主义五百多年的历史宏大视野来看，我们今天正处于马克思主义理论所指引的历史方位。马克思主义理论为我们认识世界、改造世界和推动社会进步提供了不可替代的真理力量。我们坚持和发展马克思主义理论，不是死守马克思恩格斯和列宁等经典作家的“经典语录”，而是要坚持马克思主义基本原理，坚持马克思主义世界观和方法论。所以，我们要深入推进马克思主义时代化，要将马克思主义基本原理与我们当前的历史方位、历史任务与历史使命有机结合起来，运用马克思主义的世界观和方法论来观察时代、解读时代和引领时代大踏步向前发展。习近平强调，“世界格局正处在加快演变的历史进程之中，产生了大量深刻复杂的现实问题，提出了大量亟待回答的理论课题。这就需要我们加强对当代资本主义的研究，分析把握其出现的各种变化及其本质，深化对资本主义和国际政治经济关系深刻复杂变化的规律性认识”①。马克思主义理论不是一个僵化的理论体系，而是一个不断发展的实现自我完善的理论体系，与时俱进是马克思主义理论的内在品格，这就为我们实现和推进马克思主义时代化奠定了逻辑基础。

2.马克思主义时代化是解决中国特色社会主义时代新课题的必然要求

一个多世纪以来，中国人民在中国共产党的领导下完成了新民主主义

①《习近平谈治国理政》第2卷，外文出版社2017年版，第66—67页。

革命、社会主义革命，建立社会主义制度，实行改革开放，改变了旧中国贫穷落后的经济社会面貌，使中国人不仅站起来了，而且还富裕起来了，如今更是快步迈向强起来的伟大时代。但这也意味着中国将继续独立面临和解决中国所要面对的时代课题与社会难题。今天中国的发展已经远超世界人民的预期，甚至超越国人的预期。我们实现中华民族伟大复兴的目标越来越清晰，但我们完成社会历史任务的难度却越来越大。因此，这就迫切要求我们在继承马克思主义基本理论的基础上，发展马克思主义，以最新的反映中国时代需要的中国化马克思主义理论来指导我们进行新的伟大斗争、推进伟大工程、建设伟大事业，实现伟大梦想。因此，习近平指出，“新中国成立以来特别是改革开放以来，中国发生了深刻变革，置身这一历史巨变之中的中国人更有资格、更有能力揭示这其中所蕴含的历史经验和发展规律，为发展马克思主义作出中国的原创性贡献”①。为此，在党的十九大上提出了习近平新时代中国特色社会主义思想，为我们完成和实现新时代的伟大历史使命奠定了主要理论基础和思想基础。

3.马克思主义时代化是培育中国优良社会风气的必然要求

中国优良社会风气的培育工作需要正确的理论引导，尤其需要反映我们中国时代需求的中国化的马克思主义理论的指导。今天中国社会发生了深刻的社会变革，从社会的物质结构变迁到人们内在心理的变化，都是以往任何时代没有出现过的。今天中国社会中出现的社会风气不良问题，也有着一定的时代因素和外部因素。例如，今天中国的食品安全隐患仍令人忧心，商家为了获得高额利润不惜违背诚信原则掺假、卖假，甚至还售卖对人体健康有害的产品。人们不禁要问，古语所言的“衣食足而知荣辱”的道德价值观难道变了？中国的经济总量近年来稳居世界第二，中国也基本实现了小康社会，正处于迈进全面建成小康社会的关键时刻，为什么还会出现这些危及大众健康的食品安全事件？食品安全事件表面上是物质层面的问题，实质还是人们价值观层面的问题，与中国当前的社会风气问题是紧密相连的。对这些问题都必须要以时代化、中国化的马克思主义理论

①《习近平谈治国理政》第2卷，外文出版社2017年版，第66页。

为指导进行深入的探究分析后才能找到正确的答案。

（二）继续深入推进马克思主义大众化

社会风气是社会主体在群体分化过程中所形成的流行性行为。因此，优良社会风气培育必须着眼于对社会主体群体化问题的研究。优良社会风气培育的重要内容是对社会群体行为的治理与规范。然而，社会主体所构成的社会群体不仅包括了作为工人阶级先锋队、中国人民和中华民族先锋队的中国共产党，还包括了由中国人民所构成的各级各类社会群体。一般而言，中国共产党作为以马克思主义理论为指导而建立的政党，在实践中不断地进行党的理论创新，形成了毛泽东思想和中国特色社会主义理论体系两次伟大理论飞跃。可以说，中国共产党具有强大的理论思维能力和理论创新能力，党的各级组织和党员个体也都有着深厚的马克思主义理论素养，能够以马克思主义理论来引导党风的健康发展，也能对其他群体的社会风气发展起到示范作用。但是对于不在国家党政机构和事业单位范围内的普通群众而言，其所在的群体和个人的马克思主义素养则是参差不齐的。中国的农民工群体是一个庞大的社会群体，据“《2015年农民工监测调查报告》显示，2015年农民工总量为27747万人”①。农民工在我国社会主义现代化建设中已经发挥并还将继续发挥着不可替代的重要作用，他们为中国城市化建设和经济发展默默地贡献了青春与力量。但农民工群体所呈现的各种道德行为却有些良莠不齐。在现实中我们也会经常看到，有极少部分农民工在工作中偷工减料、弄虚作假、侵吞公共财富等，在工作之外的社会活动中存在损坏公共物品乃至偷盗他人财物等，这些都在农民工群体中产生了不良的风气影响。这当然与农民工自身素质和受教育程度有直接关联。据《2015年农民工监测调查报告》显示，“未上过学的占1.1%，小学文化程度占14%，初中文化程度占59.7%，高中文化程度占16.9%，大专及以上占8.3%”②。因此要加强道德教育与价值引导，使各类社会群体

① 王晓丽：《山西省城镇化进程对农村妇女发展的影响及对策研究》，《中共山西省直机关党校学报》，2017年第3期，第105页。

② 王晨倩：《“双创”背景下返乡农民工创业培训研究》，《职教通讯》，2017年第7期，第50页。

都能接受到马克思主义教育，增强马克思主义理论教育对各类群体影响的深入性、全面性和彻底性，才能真正做到以马克思主义来指导和规范社会群体行为，进而达到改善社会风气的目的。

（三）继续深入推进马克思主义通俗化

推进马克思主义中国化、时代化和大众化，其目的是为了让人民群众掌握科学的理论。因为理论只有被群众掌握，才能发挥出巨大的理论力量。为了让群众更好地学习和掌握马克思主义理论，以马克思主义理论来指导思想与行动，必须要努力做到马克思主义的通俗化。关于马克思主义通俗化，列宁说过一句发人深省的话："最高限度的马克思主义＝最高限度的通俗化。"[①]所谓通俗化，就是以老百姓所喜欢的语言、所熟悉的形式、所感兴趣的方式将马克思主义的基本原理传播开来。这就要求我们不仅要向全体人民宣传马克思主义的基本原理与基本方法，更要将这些理论、方法、原则转化为人民群众所能听得懂的内容。如邓小平为了深入推进改革开放，打消人们对计划经济时代所形成的"姓资姓社"的观念顾虑，解放群众思想，激发人民群众的劳动积极性，提出了"猫论"，有力地推动社会形成了敢于创新、敢于拼搏、力争上游的社会风气。在2017年的十九大报告中，习近平总书记大量运用了平易近人的白话语言，让坐在电视机前的老百姓都能明白无误地听懂和接受中国化马克思主义的最新理论和党的最新方针、政策等。如习近平在强调"什么是民主"的时候，指出"在中国社会主义制度下，有事好商量，众人的事情由众人商量"[②]，这就是社会主义民主的真谛。一句简单明了的大白话，有力地揭示了民主真理的科学内涵，这必将有助于推动中国人民彻底摆脱旧社会遗留的臣民意识，树立起社会主义社会的人民当家做主的民主之风。因此，要改善与所有普通群众息息相关的社会风气，必须要加强马克思主义的通俗化进程，让全体人民群众都能理解和掌握先进的马克思主义理论，并以此来引导社会风气的进步。

① 邓剑秋：《马克思主义中国化思想》，人民出版社2009年版，第368页。
② 《习近平谈治国理政》第2卷，外文出版社2017年版，第292页。

二、大力弘扬社会主流价值观

价值观是社会风气的核心要素，社会群体价值观的形成、践行过程也是社会风气的生成与发展过程。因此，培育优良的社会风气需要正确的发挥社会主流价值观的导向作用。

(一)共产主义价值观是主流价值观

社会主义社会的建立和市场经济的发展，打破了中国传统社会的“熟人社会”的道德规范，然而新的社会道德规范却并未成熟到道德自觉和行为自觉的层次，社会道德陷入一种“旧规则逐渐衰落、新规则尚不完善”的“破立交织”的状况中，这“共同导致了‘道德真空’地带的出现，进一步造成社会成员行为上的失范”[①]。因此，加强人民的共产主义价值观教育，确立完善的价值规范与道德规范是培育优良社会风气的重要任务之一。

我们要牢牢树立和传播共产主义价值观，以共产主义价值观来教育和引导人民群众，帮助人民群众规范其社会行为，形成优良社会风气。共产主义价值是人类历史上最高尚的价值，是人类社会价值的最高形式。它是在生产资料公有制为基础的社会形态中从无产阶级整体利益中引申出来的，是以实现共产主义为最高目标，以集体主义为基本原则的价值与道德体系。共产主义社会价值有其产生、形成和发展的过程，其发展是与无产阶级自身的发展和成熟相伴随的，总体上可分为三个阶段，分别是：“作为被统治阶级道德时期的共产主义道德，是共产主义道德产生、形成和作为无产阶级革命精神武器和行为规范的阶段；作为统治阶级或领导阶级时期的共产主义道德，是共产主义道德得以普遍发展，并且，逐步在全社会取得领导和支配地位的阶段；作为未来的全社会最广大的成员都能自觉遵

① 周大鸣，龚霓：《文化转型视域下的社会风气——文化转型研究之三》，《思想战线》，2017年第43卷第3期，第82页。

守、成为共同行为准则时期的共产主义道德。”[1]当前，我们仍然处于社会主义初级阶段，同样要以共产主义价值观为准则指引人民群众的思想与行为。

（二）准确把握共产主义价值观的现时形态

共产主义价值观贯穿于无产阶级革命、建设、改革与发展的全过程，它不是一个静止的概念，而是不断发展变化的，在不同时期的内涵与要求必然具有相应的时代性。当前处于社会主义初级阶段的中国，就是要以体现现实内涵的社会主义道德观来指导优良社会风气的培育。

首先，大力弘扬社会主义荣辱观，为社会风气发展强筋壮骨。社会主义荣辱观是2006年3月4日胡锦涛在参加全国政协十届四次会议民盟、民进界委员联组讨论时提出的，主要内容包括，“以热爱祖国为荣、以危害祖国为耻，以服务人民为荣、以背离人民为耻，以崇尚科学为荣、以愚昧无知为耻，以辛勤劳动为荣、以好逸恶劳为耻，以团结互助为荣、以损人利己为耻，以诚实守信为荣、以见利忘义为耻，以遵纪守法为荣、以违法乱纪为耻，以艰苦奋斗为荣、以骄奢淫逸为耻”[2]。社会主义荣辱观是社会主义核心价值体系的重要组成部分，是我国传统美德的现代化与时代化表征，是我们加强爱国主义教育和集体主义教育的重要指针，是我们培育良好社会公德、职业道德、家庭美德和个人品德的重要依据。社会主义荣辱观是社会文明发展水平的判断标尺，是社会主义核心价值的集中导向。社会风气作为外化价值观的社会行为，直接受到社会荣辱观的导向作用，换句话说，社会风气的好坏与社会主体的荣辱观是直接关联的。社会主义荣辱观鲜明地宣告了我们社会主义国家的人民必须坚持什么样的价值观与道德观，必须反对哪些错误的价值观与道德观，鲜明地宣告我们要正确区分美与丑、是与非、善与恶，并同丑陋社会风气进行坚决的斗争，反对腐朽、落后、消极的社会风气。

其次，全面弘扬社会主义核心价值观，为社会风气发展固本培元。中

①周原冰：《共产主义道德发展的三个基本阶段》，《哲学研究》，1984年第9期，第14页。

②《胡锦涛文选》第2卷，人民出版社2016年版，430页。

国共产党高度重视社会主义道德对于社会风气培育的核心价值，并在党的十八大明确提出社会主义核心价值观，在全社会范围内“倡导富强、民主、文明、和谐，倡导自由、平等、公正、法治，倡导爱国、敬业、诚信、友善”[①]。从社会风气导向内容上看，国家和社会的价值引导机制的实质是国家积极地向社会传播和灌输主流意识形态，其关键要素是传播社会主义核心价值体系，尤其是要弘扬社会主义核心价值体系之核心——社会主义核心价值观。社会主义核心价值观作为社会主义核心价值体系的高度抽象后的“总纲领”，是引领优良社会风气，正面教化丑恶社会风气的关键所在。习近平同志特别强调，“积极培育和践行社会主义核心价值观，全面提高公民道德素质，培育知荣辱、讲正气、作奉献、促和谐的良好风尚”[②]，因为“核心价值观，其实就是一种德，既是个人的德，也是一种大德，就是国家的德、社会的德”[③]。为此我们要充分发挥社会主义核心价值体系在引领社会思潮中的重要作用。当前“作为社会主义意识形态本质体现的社会主义核心价值体系，在引领社会思潮上愈加明晰化、科学化”[④]。

习近平还指出，“人类社会发展的历史表明，对一个民族、一个国家来说，最持久、最深层的力量是全社会共同认可的核心价值观”[⑤]。我们要把“培育和弘扬社会主义核心价值观作为凝魂聚气、强基固本的基础工程”[⑥]，“高度重视和切实加强道德建设，推进社会公德、职业道德、家庭美德、个人品德教育，倡导爱国、敬业、诚信、友善等基本道德规范”[⑦]。因此，在共产主义社会的第一阶段——社会主义初级阶段中，我们必须积极培育和大力践行社会主义核心价值观，为改善社会风气奠定坚实的思想基础和价值支撑。

---

①《十八大以来重要文献选编》上，中央文献出版社2014年版，第25页。

②《习近平谈治国理政》，外文出版社2014年版，第154页。

③《习近平谈治国理政》，外文出版社2014年版，第168页。

④赵永明，闫成俭：《唯物史观视野下社会风气的引领》，《阜阳师范学院学报》（社会科学版），2015年第3期，第93页。

⑤《习近平谈治国理政》，外文出版社2014年版，第168页。

⑥《习近平谈治国理政》，外文出版社2014年版，第163页。

⑦《习近平谈治国理政》，外文出版社2014年版，第159页。

（三）发挥社会主义核心价值观对社会风气的引领作用

我们务必要以社会主义核心价值观为标尺来推动社会风气建设，发挥其在价值领域的示范引导作用，带动社会风气的健康发展。这就是要坚持社会主义核心价值观在意识形态领域的主导地位，用社会主义核心价值观引领社会风气、思潮和文化发展，不断增强社会主义意识形态的生命力、凝聚力和吸引力，为社会主义现代化建设提供强大的精神动力和精神支柱。2014年5月，习近平在上海考察时强调，要努力“把社会主义核心价值观日常化、具体化、形象化、生活化，使每个人都能感知它、领悟它，内化为精神追求，外化为实际行动，做到明大德、守公德、严私德”①。为此，我们必须认真学习马克思主义理论和马克思主义中国化的最新理论成果，要引导人民群众用爱国主义的无限热忱，用改革创新的巨大勇气，践行社会主义荣辱观，为实现中国特色社会主义共同理想而奋斗终生。因此，要加强社会主义核心价值观教育，充分发挥其在凝聚力量、引领风尚、教育人民方面的重大作用。

要坚持社会主义核心价值观在精神文化领域的斗争性，使其成为我们防止西化、分化、分裂思想的锐利武器。一直以来，西方敌对势力从未停止过西化中国、分化中国战略图谋，国内的分裂、独立势力也未停止过分裂中国的险恶阴谋。在新的历史条件下，这两种势力相互勾结，互相利用，不断渗透到我国价值观念和意识形态领域中，并呈现出种种愈来愈强大的攻势。同时由于互联网的应用，西方敌对势力凭借其先进技术对我们进行价值观念和意识形态的渗透，其手段愈来愈多、方式愈来愈隐蔽，影响面愈来愈广，尤其是对于分辨能力不高的青年人，产生了较为严重的后果，对社会风气产生了负面影响。一小部分“90后”“00后”已被贴上“垮掉的一代”的标签。因此，加强青年的社会主义核心价值观教育已是国家当前的迫切任务之一。

要通过社会主义核心价值观教育，使青年自觉地发挥社会主义意识形

①《习近平关于全面建成小康社会论述摘编》，中央文献出版社2016年版，第116页。

态的斗争性，积极反对和抑制西化、分化、分裂意识的影响，主动地维护社会主义主流文化、价值观念和民族精神，使青年从“垮掉的一代”迅速地振作、成长、成熟起来，成为中华民族21世纪里的“有为的一代”。我们还要以社会主义核心价值观为思想武器，同社会上各种不良思潮（包括传统的封建思想、西方新自由主义、历史虚无主义、普世价值和市场化带来的纯粹的逐利主义思想等）作坚决的斗争，荡涤不良思潮带来的污泥浊水。为此，习近平总书记明确指出，“要加强道德建设，弘扬中华民族传统美德，提升全社会思想道德素质……要深入实施公民道德建设工程，深化群众性精神文明创建活动，引导广大人民群众自觉践行社会主义核心价值观，树立良好道德风尚，争做社会主义道德的示范者、良好风尚的维护者”①。

三、完善优良风气的政策导向

社会风气不正，其实质是社会主体价值观念与道德意识层面的问题。尤其是中国进入转型时期以来，旧的社会价值观念与道德规范正在逐步从社会生活中退出，但并不彻底，新的社会价值体系与新的道德标准虽已建立起来，但并未全面普及渗透每一个社会主体的内心世界，在社会价值观和道德意识层面呈现出一种“旧的破除不彻底、新的普及不深入”的尴尬局面，因而造成一些社会道德波动的问题。所以有人认为，“引发当前各种社会道德问题的本质根源不完全在于公民道德水平问题，而在于社会转型期政治、经济、法律等制度建设的不完善性……社会道德问题根源于社会现实问题，现实问题的解决要依赖于各种制度、法律的完善”②。为此，我们必须要制定出引导人民群众崇德向善的公共政策，促进社会公序良俗的健康发展。

①《习近平谈治国理政》第2卷，外文出版社2017年版，第135页。

② 冯叔君，陆军荣：《中国社会道德问题面临的形势与对策建议》，《光明日报》，2011年11月23日，第003版。

(一)制定引领社会风气发展的公共政策

公共政策作为“党和政府用以规范、引导有关机构团体和个人行动的准则或指南”[①]是调整社会主体社会行为的重要手段，对社会风气的发展与变迁有着重要的作用。公共政策的公共性与权威性决定了公共政策必须以公共利益为价值导向，发挥公共政策在社会风气领域中的治理作用，使政策所致力实现的利益追求与人民群众对“真、善、美”的价值期待高度契合。一般情况下，这两者是一致的。所以，我们党和政府在制定公共政策的时候，必须充分考虑到公共政策的政治价值、经济价值，也要充分考虑到公共政策的社会价值与道德影响。因为“公共政策引人向善的前提是政策本身遵循了善的社会价值，而且具备以善的社会价值引导公众行为的效能。公共政策能否引人向善以及社会公众对这种引导的反应，核心在于对政策价值的判断。当一项公共政策蕴含的社会价值是善的且得到公众普遍认可时，其善的政策目标才会实现，即达到按照善的方向来规范公众行为的客观效果，实现引人向善”[②]。公共政策对社会风气的导向价值在于其政策内部蕴含的“公共善”的作用。所以，党和国家在制定公共政策时必须根据社会实际情况，追问人民群众在现实中需要什么样的美德，营造什么样的社会风气，并以此为依据来出台公共政策。例如，2014年7月广东省通过《关于进一步改善环卫工人待遇的意见》，明确提出要切实提高环卫工人待遇，保障环卫工人合法权益。2015年重庆市市政管理委员会、重庆市人力资源和社会保障局、重庆市财政局共同发布《关于进一步提高环卫工人待遇的通知》(渝市政委〔2015〕108号)文件，要求进一步提高环卫工人待遇、推动环卫事业持续健康发展。这些政策的出台不仅体现了对社会底层劳动者的尊重，对环卫工作职业的尊重，对环卫工人辛苦劳动、甘于奉献的精神的尊重，营造了热爱劳动的良好风气；还体现了要求社会尊重他人劳动成果，共同维护社会卫生秩序的良好习惯，营造人人关心环卫事业、关爱环卫公共卫生的良好社会氛围。因此，公共政策应当是基于社

① 张金马:《政策科学导论》,中国人民大学出版社1992年版,第19页。

② 王春城:《公共政策引人向善的社会价值导向》,《行政论坛》,2013年第2期,第78—79页。

会价值和道德规范制定的。

（二）落实引领社会风气发展的公共政策

良好政策对社会风气的发展有着重要的导向价值，但是关键在于如何在实践中有效地将公共政策落地生根。可见，公共政策的生命力在于得到有效的落实与执行。2015年12月21日，中共中央政治局常委、国务院总理李克强在北京接见全国政府秘书长和办公厅主任会议全体代表时强调，好政策千条万条不落实等于白条。有好的政策不抓落实，本身就是官僚主义这种不良风气的表现形式，而好政策不落实还会让人民群众对美好生活的期待落空，无法发挥公共政策在优良社会风气培育中引人向善的应有作用。我国一直倡导殡葬移风易俗，但是仍然有不少地方违背有关法律政策，继续沿用传统的土葬习俗，甚至不惜毁田毁林造坟，既不利于环境的保护和资源利用，也不利于人们文明意识的进步。还有的人为了尽孝大肆操办丧事，更有甚者还借机敛财，不少商家也趁机巧立名目诱导消费，造成殡葬奢侈浪费和盲目攀比之风愈演愈烈。对于这些情况，除了国家政策外，各个地方也根据实际出台了相关政策。如广东省为在全省摒弃旧社会遗留的土葬传统，宣传和普及新社会的火葬方式，出台了《关于全省城乡居民殡葬基本服务由政府免费提供的实施方案》，明确在2015年年底前全省全面实现城乡居民殡葬基本服务免费，并规定对工作落实不到位、造成严重后果或恶劣影响的，按有关规定问责，并向社会公开。据民政部门统计，2016年广东省各地共提供免费殡葬基本服务34.8万宗，免费总额约4.4亿元。这些政策的有效落实不仅打击了不良商家，也节约了社会成本，保护了生态环境，还理顺了人们的社会价值观念，树立了良好的社会风气。现在越来越多的人认同火葬，一改传统土葬才能“入土为安”的心态，一改大肆操办丧事才显孝心的心理，甚至有不少人开始树葬、草坪葬、花葬、海葬等方式，日益体现出文明之风、环保之风和节约之风。所以，引导社会风气趋善向良，必须要有效地贯彻落实基于“公共善”的公共政策。

四、完善社会舆论导向

优良社会风气的培育是一个综合复杂的工程，社会媒体舆论导向是其中一个重要且不可或缺的环节。马克思曾指出："报刊最适当的使命就是向公众介绍当前形势，研究变革的条件、讨论改良的方法、形成舆论、给共同的意志指出一个正确的方向。"[①]然而在自媒体时代，社会媒体舆论导向不当或不良社会媒体的错误导向也时有发生。所以，强化对社会媒体的监督与管理，引导媒体形成正确的媒体舆论导向，进而在全社会范围内发挥旗杆效应，形成正确的包括政治舆论、新闻舆论和公民舆论在内的社会舆论，形成优良的社会风气。要实现这一目标，我们必须完善媒体舆论导向机制。

（一）要引导新闻媒体坚定正确政治方向

在任何社会，社会组织与个体都必然会有政治立场，并受到相应政治立场的支配。新闻媒体同样有自己的政治立场，并对其社会价值传播有着根本性的影响。新闻媒体要坚持正确的政治立场，这是现代政治发展对媒体传播的必然要求。"任何时候的任何阶级，都要掌握一定的新闻舆论工具，为其倡导的政治价值取向鼓与呼，同时采取强制性措施来封锁、抨击相反的舆论。"[②]不坚持正确政治方向的媒体，必然不能与其所在社会的政党和国家政权相适应，必然被其主流社会所不容。中国媒体不能传播有损党和国家利益、党和国家形象的信息，不能传播西方的新自由主义、民主社会主义、历史虚无主义等错误的社会思潮。要用社会主义核心价值体系来与不良的思潮作坚决的斗争，占领意识形态的高地，因为"社会主义思想不去占领，资本主义思想就必然去占领。这是一个真理，应该成为我们所有新闻工作者和宣传工作者的座右铭"[③]。

①《马克思恩格斯全集》第43卷，人民出版社1982年版，第489页。

② 曾盛聪：《新闻舆论导向与社会价值取向》，《新闻与传播研究》，1999年第1期，第48页。

③《江泽民论有中国特色社会主义（专题摘编）》，中央文献出版社2002年版，第407页。

（二）要引导新闻媒体把握正确道德原则

新闻媒体要传播社会认同的道德规范和优良习俗，这是新闻媒体及其媒体工作者的职业道德。社会认同的价值观念、道德规范和优良习俗不仅能有效地约束和引导社会成员的行为，而且通过媒体的传播之后还能进一步增强和扩大公众的自觉认同。因为人是社会的一分子，人要适应社会，就要融入社会。要融入社会就要接受社会的普遍规则。所以新闻媒体作为社会组织的一种，作为社会的一个组成部分，自然要遵循这种原则。因为“新闻活动是组织行为而非个体行为，当它发展成为制度化、组织化的新闻传播活动时，顺理成章地承担起它作为社会一个部门的职责，也要把自身的价值系统与社会一般的价值要义统一起来”[①]。新闻媒体不仅要客观公正地报道社会事件，还要从新闻事件的社会影响出发，从合理的角度分析新闻内容，引导公众正确认识新闻事件，力图消除公众对新闻事件的误解，对新闻信息本身的误读。消除社会事件及新闻报道对公众的不良影响，必须高度重视新闻媒体对社会重要事件的正确解读与宣传，发挥媒体舆论对人民群众的思想澄清、价值引导和凝心聚力的作用，因为“在潜移默化中，新闻舆论能逐步改变人们固有价值认知，树立起群体的新的价值取向的共识，这尤其突出表现在移风易俗的运动中和社会变革与转型时期”[②]。

（三）要引导新闻媒体同陋风旧俗作斗争

新闻媒体承担着摒弃陋风旧俗、抨击社会丑恶现象的社会责任。当一些丑恶的社会现象发生时，新闻媒体应当本着为社会公众利益服务的原则，勇敢地揭露丑恶现象的本质、形式与危害，通过曝光社会不良行为事件来引起公众的注意，甚至是引起国家相关职能部门对社会违法犯罪行为的注意。另外，还有一些社会丑恶现象十分隐蔽，常人不易察觉，但无时无刻不在对社会产生危害。这种情况下，不少新闻媒体的记者甚至会冒着

① 曾盛聪：《新闻舆论导向与社会价值取向》，《新闻与传播研究》，1999年第1期，第47页。

② 曾盛聪：《新闻舆论导向与社会价值取向》，《新闻与传播研究》，1999年第1期，第47页。

生命危险去揭发社会不良行为，并勇于同那些错误的不良行为斗争，弘扬正气，营造健康向上的社会舆论环境。可见，“新闻舆论在社会转型、移风易俗、确立新型生活价值观中的作用是其余传播方式无法比拟的”①。因此，党和国家相关部门要积极引导社会媒体同丑恶社会现象作斗争，要使社会媒体在是非、善恶、美丑等问题面前时刻保持清醒的意识和正确的立场，要“坚持原则，提倡什么、允许什么、限制什么、反对什么，必须旗帜鲜明。那些散布否定党的领导和社会主义制度的东西，散布腐朽思想、颓废情绪以及传播封建迷信、渲染色情暴力的东西，危害我们的事业，损害人们特别是青少年的身心健康，群众十分不满，不能任其泛滥”②。总之，媒体因其传播的迅捷性、覆盖的广泛性和信息获取的良好性使得媒体舆论对移风易俗、扬善弃恶方面有着不可替代的作用。但是，由于媒体自身的价值偏好和利益偏好具有多元化发展的趋势，所以必须加强党和国家对社会媒体的正确引导。

① 曾盛聪：《新闻舆论导向与社会价值取向》，《新闻与传播研究》，1999年第1期，第49页。

②《江泽民论有中国特色社会主义（专题摘编）》，中央文献出版社2002年版，第387页。

第八章　健全社会风气示范机制

社会风气的形成与发展离不开社会主体对外在典型行为的跟随与模仿，因此，外在典型行为在优良社会风气的培育中就具有了示范意义。社会风气示范机制的价值在于能满足主体的物质或者精神方面的需求，这是示范机制的内在驱动因素，其实践过程包括接触、感染、模仿和散播等基本环节。社会风气示范机制有群体性与个体性、正向性与反向性、内生性与外生性等不同的分类与特性。在健全和落实社会风气示范机制的过程中需要科学地选择先进的典型示范主体、辩证地对典型主体进行宣传报道、创新典型示范行为的宣传方式方法、保护先进典型以保障社会良善意志。

第一节　社会风气示范机制的基本原理

要弄清社会风气示范机制的基本原理至少要回答清楚两个方面的问题：一是为什么社会风气示范机制能起作用；二是社会风气示范机制如何产生效应。弄清楚这两个问题有助于我们深刻认识和充分利用社会风气示范机制来改善社会风气状况。

一、示范效应的内在驱动力：满足主体需要

人类社会一切交往活动和生产实践活动的目的在于满足社会主体的需要，人类社会文明的进步也都是以满足人类需要这一目标为内在驱动力的。马克思曾指出人类的需要在社会发展中的重要作用，他认为，“已经得到满足的第一个需要本身、满足需要的活动和已经获得的为满足需要用的工具又引起新的需要。这种新的需要的产生是第一个历史活动”[①]。可见，需要是促进人类社会历史形成和发展的内在因素。美国人本主义创始人马斯洛（1908—1970）提出了著名的需要层次理论，认为人的行为是在人的需要驱动下产生的，并将人类的需要分为生理需要、安全需要、归属和爱的需要、尊重的需要和自我实现的需要，这些需要作为“类本能”不同于动物先天遗传所得的行为形式，而是潜伏存在于人类物种之中，在社会环境的影响下表现出来[②]。因而社会行为或社会事件能对社会主体产生示范效应，其内在根据就是这种行为或事件能给社会主体带来一定的需求满足，且主体能自觉地意识到其自身行为的重复会增加满足感，因而才能推动某一行为的重复性发生，进而才能实现行为的示范价值。例如，在学校食堂吃饭的学生看到有人将餐盘里的饭菜吃完，实行光盘行动，或者看到有人将吃不完的饭菜打包回去留待下餐食用等行为时，从而意识到节约是一种人人应当遵守的美德，认识到树立节约的意识、营造节约的风气是当代大学生的基本责任，进而督促自身在就餐过程中适量取食、定量食用、杜绝浪费，并将这种行为和意识传播给自己身边的同学，不断扩大节约行为的影响。这种意识的树立及其辐射就与典型行为示范机制的作用密不可分，其深层次原因则是重复典型行为能为主体带来价值实现和道德修养提升的满足感，能够增强社会群体间的认同感，进而巩固社会主体的节约行为模式，最终使得这一行为习惯在一定范围内蔚然成风。

我们还需要注意的是，典型事件或行为的示范效应的发生与形成需要

① 《马克思恩格斯选集》第3卷，人民出版社1960年版，第32页。

② 王育民：《社会风气心理学》，长城（香港）文化出版公司1991年版，第91页。

同时满足以下两个条件：第一，典型行为必须能真实满足社会主体的需要。满足需要的范围可以是物质需要层面，也可以是精神需要层面。典型行为所能带来的需要满足程度与社会主体对自身需要渴望实现程度之间的契合度越高，典型行为的示范效应越容易发生。反之，若两者之间的契合度很低，则较难激发社会主体接受和扩散典型行为，典型行为的示范效应则较难发生。第二，社会主体必须能意识到典型行为对满足自身需要的价值。要实现社会主体对社会典型行为价值的认知，一般来说有两种途径：一是依靠主体自身的认识能力。在人类的社会认知过程中，人们依靠自身的感觉、知觉、记忆能力来把握社会实践，接受社会实践反馈的信息，经过大脑的想象、分析和理论思维加工之后形成一定的观念和看法，从而为人们形成社会选择提供意志支撑。社会主体凭借其自身认知能力来对典型行为进行评判，获得对典型行为价值与自身需要的关联性认知，进而形成新的社会行为。二是依靠外界的灌输和感染作用。当社会主体无法用自身的认知能力和思维能力来从纷繁复杂的社会现象中去把握典型行为的社会价值时，必须通过挖掘、加工和推广典型行为，帮助社会主体了解典型行为的价值。简言之，必须让社会主体充分认知到典型行为能满足主体自身的需要。这种认识的程度越深，越有利于社会主体重复典型行为，进而在一定范围内形成新的社会风气。

二、示范效应的作用机制：接触—感染—模仿—散播

众所周知，典型的社会模范道德行为将对社会风气的发展起到良好的推动作用。这是因为典型行为内含的社会价值能满足主体的价值需要而被主体接受、重复和推广，能够产生示范效应。那么这种示范效应产生的具体过程是怎样的呢？搞清楚这一过程有利于我们更好地利用典型行为的示范机制来服务社会风气的培育工作。大体看来，典型行为示范效应的作用过程主要包括四个部分：接触、感染、模仿、散播。

（一）接触

接触，本意指的是碰上、挨着、交往等，在社会风气领域中，接触指的是社会主体了解和接受典型社会行为。只有当典型社会行为在时空特征上与社会主体发生关联性，社会主体才会了解、认知、理解某一社会行为，社会主体才会主动或者被动地感知到社会典型事件的发生及其影响，才有可能发挥典型行为对社会主体产生的示范性影响。从社会心理学的角度看，接触环节实际是要创设社会主体心理调节的场景。因为社会主体行为的场景性与社会主体行为的聚众性密切相关，而社会主体行为的聚众性是社会主体行为流行的基础，即：使社会风气形成与发展的基础。通过社会主体行为场景性的创设，实现了社会主体在时间或空间上的聚众性，实现了社会主体思想观念上的聚众性，进而才能实现社会主体行为上的聚众性，为新的流行性群体行为的生成奠定基础。有学者指出“没有场景因素就难以形成群体行为；没有群体行为就等于群体心态失去了其形成、存在和作用的载体和方式”[①]，也就无法促进社会风气的变迁。

通过接触来创设“场景”的例子有很多，比如我们通过评选和表彰“感动中国”的年度人物，目的就是为了彰显正面典型人物先进事迹中蕴含的价值力量和精神力量。而评选和表彰只是针对先进人物本身的肯定与认同，还需做的是让社会主体深入参与其中，接受先进人物的事迹信息中传播的社会价值。这就是一种群体行为场景的创设。有时我们还会通过各种方式提升社会主体在场景中的存在感与参与感。因此，有的媒体在评选先进人物活动的初期会通过热线电话或网络渠道让群众参与评选，在评选活动结束后再通过各种媒体进行宣传，如在电视上、报纸上、网络上和社区公告牌上广泛宣传，还有的是有组织性地或自发性地召开学习先进人物的动员会、座谈会，观看先进人物的纪录片，等等。这些都是在增加典型行为与社会主体的时空接触，提升社会主体对所宣传的典型行为内蕴价值的认同感，进而为典型行为的示范效应打下基础。

① 黄建钢：《群体心态论》，浙江大学出版社2004年版，第200页。

（二）感染

社会心理学家卢因提出了一个著名的人的行为公式：B = F(P、E)。这一公式中B指的是个人行为的方向和强度，F是“function”（函数）的缩写，P代表着个人内部动力和内部特征，E代表着个人所处的群体的环境。这个公式告诉我们，社会主体的社会行为是主体性格与主体所在社会环境相互作用的结果。[①]这就直接说明了社会环境对社会主体行为的形成与发展有着重要的作用。

感染原指病原微生物侵入机体并生长繁殖引起的病理反应，后被引申应用到人际交往互动领域中，指人们通过文字、语言、行为引起别人相同的思想感情，激发社会主体间的共鸣，催发类似社会行为的效应。在社会风气语境中，感染指社会主体被其所在社会环境中的典型行为的价值所感染；典型的社会行为发生后会对其他社会主体产生影响，这种影响首先就表现为感染作用。典型行为感染作用的深层表现在对社会主体的价值观念、道德意识和社会规范意识等方面的影响上，典型行为感染作用的表层体现为社会主体的情绪影响方面。情绪感染在社会主体行为的发生过程方面有着重要作用。弗洛伊德曾指出，“当我们意识到别人情绪的信号时，我们身上所存在的东西往往使我们陷入同样的情绪”[②]，进而发生和别人类似或者相同的行为，在社会风气领域中，情绪的这种感染价值是有助于促进风气变迁的。况且，典型行为的感染作用是先从情绪情感等感性层面的影响，到价值观、道德观等理性层面的影响这样一个由表及里、由浅入深的过程，即通过情绪的感染带动社会主体在价值观、道德观上受到更深层次的感染，使典型行为的感染性更深刻，以促进社会主体改变社会行为或形成新的社会行为，并保持着一定的稳定性。

我们都曾听过歌手丛飞的典型事迹。丛飞（1969—2006），男，原名张崇，生于辽宁省盘锦市大洼县田庄台镇，中国内地男歌手。丛飞在工作期间，演出费高达万元，但是其家庭却一贫如洗，因为他将劳动所得都悉数

① 参见黄建钢：《群体心态论》，浙江大学出版社，2004年版，第207—208页。

② 车文博，主编：《弗洛伊德文集》第4卷，长春出版社1998年版，第71—72页。

奉献给社会。在长达十年的时间里，他义演400余场，捐款、捐物价值达300万元，扶持了178个孩子。2004年，当他被查出身患胃癌时却无钱医治。2005年1月，丛飞抱病参加了为东南亚海啸灾区的6场赈灾义演，并将用于治病的1.5万元捐献了出去。去世前，丛飞还立下遗嘱将眼角膜捐献出去。丛飞的行为感染了无数人，人们被丛飞乐于奉献的精神所感动，越来越多的人参与爱心活动，许多人还曾表示：在他们的心目中，钱并不重要，更重要的是要弘扬丛飞精神。时任广东省委书记张德江曾强调：丛飞是践行社会主义荣辱观的杰出典范。因此，典型行为对社会风气产生良好的导向作用与其所内含的价值感染性是分不开的。

（三）模仿

模仿是指社会主体因与典型行为的价值取向相近或契合而对典型行为进行效仿。正面典型行为的示范效应之所以有助于社会风气的优良化，一个重要原因就是“模仿”在传播正面典型行为的社会价值中和在优良社会风气形成和发展中都是不可或缺的重要一环。社会风气的形成起点是个体的社会行为，经过不断演变与发展，个体行为形成小群体行为，再经过演变与发展，小群体行为变成大群体行为，乃至社会总体的行为，这就形成了新的社会风气。而从个体行为到小群体行为，再到大群体行为乃至社会总体行为，其中一个关键途径就是社会主体之间的模仿。可以说“正是通过仿效，少数人所倡导的价值观和行为方式，才可能演化为某一群体成员所共同追求的、认同的价值观和行为方式，即形成一定的风气圈”[①]，进而形成社会风气。弗洛伊德也认为，之所以我们会被其他社会主体行为所感染，与其他社会主体在情绪上达到“同频共振”的效应，且我们很少能“成功地抵抗这一过程、抵制这种情绪并以完全相反的方式作出反应”，我们之所以屈从于这一感染的原因是“模仿”在“迫使我们服从这种倾向”[②]。

所以只有社会主体进行模仿，才有可能实现典型行为的示范效应，也

① 郑仓元，陈立旭：《社会风气论》，浙江人民出版社1996年版，第84页。

② 车文博，主编：《弗洛伊德文集》第4卷，长春出版社1998年版，第72页。

只有社会主体进行模仿，才能形成一定范围的社会风气。当然，这里的模仿，不但指模仿典型行为的具体行为，更强调的是模仿典型行为中凸显出来的社会价值与道德理念。例如，《感动中国》2005年度人物邰丽华的例子。相信一提到邰丽华大家都会不由自主地想到2005年央视春节联欢晚会上演绎的那场震撼人心的舞蹈——《千手观音》，但更令人震撼的是他们竟然是一群聋哑人。在这个典型行为中，我们要学习和效仿的并不是精妙的舞蹈，不是动人的音乐和华丽的外衣，而是洋溢在这群女子身上的不与厄运妥协的坚强意志，是她们为社会奉献出华丽的奇迹背后所付出的那不为人知的异常艰苦卓绝的不懈努力，是不畏厄运、勇克艰难、敢于拼搏、乐于奉献、乐观向上的精神气质。因此，典型行为的示范效应能够通过模仿展现出来，进一步推动社会风气的良性发展。

（四）散播

散播指的是社会主体将从其接触的典型行为中所感受和习得的社会价值与道德规范通过自己的社会网络体系传播和扩散出去，进而使自己所认同的社会价值与道德规范在更大的范围获得更多的认同与支持，从而形成群体性的社会认识和社会行为，推动社会风气的发展。从信息散播的程度上看，散播有两种形式：一是主体不自觉或自觉的传播典型行为。社会主体接受了典型行为的价值理念，有可能就会采取效仿行为，并且会在其社会交往圈内传播和交流与典型行为有关的信息。二是主体积极主动地扩散典型行为。扩散意味着社会主体高度认同典型人物的价值与行为，并主动地承担推广典型行为价值的社会责任，以期获得更多社会主体对典型行为的接受、认同、效仿和传播，在全社会范围内形成学习先进人物、传播和践行真、善、美的优良社会风气。不管是传播还是扩散，其共同特点是主体传播典型行为的主动性。主动性意味着接受和认同，能够从点到面，从少到多，由浅到深，从慢到快地去把典型行为中蕴含的优良价值散播出去，在社会道德与社会风气发展中产生越来越大的影响，到最后甚至会产生滚雪球一般的扩散效应。

第二节　社会风气示范机制的基本类型

社会风气示范从不同的角度看，有着不同的类别。值得我们关注的主要有以下三种：一是从示范主体类型的角度看，社会风气示范可以分为群体性示范与个体性示范；二是从示范性质类型的角度看，社会风气示范可以分为正向性示范与反向性示范；三是从示范产生来源的角度看，社会风气示范可以分为内生性示范和外生性示范。

一、群体性示范与个体性示范

群体性示范指的是一个典型群体的社会行为会给社会风气带来重大的推动作用，甚至影响社会风气发展的方向。个体性示范指的是单个的典型社会主体对社会风气产生的重要影响。

(一)群体性示范

在中国，最大的群体性示范主体是中国共产党。中国共产党在社会风气方向的贡献主要表现在：首先，中国共产党的为民服务之风。这一优良作风渗透在党的各个方面。中国共产党是以全心全意为人民服务作为根本宗旨的，其立党初心为公，执政宗旨为民，并在实践中领导和团结中国人民实现了中华民族的独立自主，使中国实现了从站起来到富起来再到强起来的伟大历史转变。在党的历史使命的指引下，中国共产党正带领中国人民不断进行着实现中华民族伟大复兴的社会实践。其次，中国共产党实事求是的优良作风。这一优良作风为中国取得伟大成就奠定了科学的认识论基础。中国共产党始终坚持实事求是的优良工作作风，尤其是改革开放以来，继续坚持解放思想，求真务实，立足中国实际，杜绝各种虚假浮夸之风，从政治、经济、文化、和谐社会和生态文明等各方面踏实苦干、艰苦创业，开创了中国特色社会主义的伟大局面。最后，中国共产党廉洁爱民的优良风气。这一优良风气也对社会风气发展起到了重要的示范作用。纵观中国共产党的发展历程，中国共产党始终将人民的利益放在第一位，领导人民捍卫了国家主权，建立了中华人民共和国，建立了人民民主专政为国体和人民代表大会制度为政体的现代国家民主政治制度，从根本上保障了人民的权益。正因为中国共产党将人民的利益放在首位，将自身锻造成了一个完全没有私利性的政党，清正廉洁成了中国共产党自然的道德品性。诚然，在党的组织里确实混进了一些心术不正的人，他们为了私人利益不惜侵害党和人民的利益，但极少数私立者的品性并不能影响党的性质与本质。我们党也时刻直面自身的问题与缺点，坚持全面从严治党，不断将这些蛀虫从队伍中清除出去。所以，从整体上看，中国共产党时刻都是我们社会风气最为重要的行为示范群体。

除了中国共产党这个最大的示范群体外，中国还有无数的示范群体。例如，各级各类组织（包含其他政党组织、政府组织和非政府组织）集体、在中国革命、建设和改革过程中涌现出来的大量奉献社会、服务人民的群体。这里的集体、群体可以细分为很多具体的种类，有领导群体和普通干部群体，有工人群体和企业家群体，也有教师群体和学生群体，还有志愿者群体等。这些群体分布在不同的行业和工作职位上，但他们的思想与行为都因为在社会价值和社会道德上具有广泛的认同性而具有传播价值，因而具备了行为示范功能。有研究认为，“示范的主要群体是社会精英阶层，就是说，社会精英阶层的行为最容易成为大众的示范。这里面包括政府公职人员，包括知识界的高层人士、大知识分子，包括各种明星名流、大商人、大企业家和富豪等。对某一个组织来说，组织中各级领导干部的行为最容易成为示范”①。

当然，那些不是社会精英阶层的群体同样也可以成为社会的示范主体。例如，有人认为“自古至今，我们中华民族从来不缺少可歌可泣的先进典

① 冷树青，等：《百年中国社会风习寻脉》，社会科学文献出版社2016年版，第4页。

型，大学生先进典型亦是如此。从2005年起，教育部连续参与指导评选中国大学生年度人物，向社会推出了一大批大学生先进典型"，并认为"大学生先进典型形成群体示范效应，对于传播社会主义核心价值体系，弘扬时代精神，构建社会主义和谐社会意义重大"，因为"这些先进典型群体，来自生活，充满真情实感，与党的意志和人民的心声相应，与时代精神相吻合，与明礼诚信、奉献大义、崇尚和谐的时代主题相契合，体现了社会的价值导向"①。在各级各类组织中，每年也都会评选出本组织、本单位的先进集体，这实际就是对典型群体优良行为的一种自我认同与肯定，也是对典型群体行为的一种自我发掘、认知与传播，既让典型群体备受鼓舞，继续以更加昂扬的斗志和精神面貌开展工作，又能鼓舞人心，调动和引导更多的人加入先进行列，激发社会主体接受正确的社会价值观，进而采取正确的社会行为，形成优良的社会风气。

（二）个体性示范

个体性示范指的是在中国革命、建设和改革的过程中大量涌现出来的为人民服务、为社会奉献的个人，如刘胡兰、董存瑞、黄继光、邱少云、雷锋、焦裕禄、孔繁森、任长霞、李素丽等。他们有的为革命牺牲了生命，有的为社会主义建设与发展牺牲了自我，有的日复一日年复一年地在平凡的工作岗位上奉献自己的毕生精力。他们的崇高革命精神、忘我的职业奋斗精神、矢志不渝的为人民服务的精神推动了社会文明进步，促进了社会主义社会的和谐发展，他们成了中国人民道德与文明发展进程中的重要楷模，具有典型示范意义。这些先进人物已经成为我们的行为榜样，但是我们清楚地知道，在这样一个近14亿人口的大国里还有着无数像他们一样无私奉献的人，曾经或正在平凡岗位上默默地奉献着。只不过通过每年的道德模范评选、感动中国年度人物评选和其他的评选活动我们才对他们有了详细的了解。他们都是社会发展过程中出现的重要典型行为主体，对社会风气发展起着重要的引导和示范作用。他们"身上体现着马克思列宁

① 何照清，袁以明：《大学生先进典型形成群体性示范效应研究》，《长春教育学院学报》，2013年第29卷第11期，第61页。

主义的世界观和人生观，社会主义、共产主义的理想、道德和信念，主人翁意识和集体主义思想，同社会主义政治制度相适应的权利义务和组织纪律观念，为人民服务的献身精神和劳动态度，爱国主义和国际主义等”①。

所以，这些个体性示范身上展现的精神气质与道德品质，无一不体现了中华民族的传统美德，无一不反映了社会主义社会公民应有的精神风采。因此，他们的精神气质与道德品质有着深厚的民族基因和群众基础，天然地与人民群众亲近，能有效地引导人民群众向上从善。这种“榜样示范使广大人民群众的人生观、世界观有了明确的目标，即追求社会主义和共产主义的美好社会，这是一种民族自主意识觉醒的体现……因此，我们不仅要大力提倡和坚持榜样示范，而且要将这一活动卓有成效地开展下去，逐步形成社会主义市场经济所应具备的平等竞争、互助合作的文明环境，以及自立、自强、诚实、守信的道德品质和健康向上的社会主义新风尚”②。

二、正向性示范与反向性示范

从示范性质的角度来区分社会主体行为，社会风气示范可以分为正向性示范和反向性示范。社会风气领域中的正向性示范能有助于促进社会正面价值的增长与扩散，而反向性示范则是会推动社会负面价值的繁殖与弥散。因此要注意区分这两种不同性质的示范。

（一）正向性示范

正向性示范是具有正面价值的典型行为经过传播扩散后产生正能量，对社会发展和文明进步有积极贡献的示范方式。正如上文所提到的群体性示范和个体性示范中的例子，都是正向性示范。把握正向性示范的根本标尺在于典型行为的产生是基于正确的社会价值观和道德观念，是符合时下的国家法律、政府政策、传统习俗规范和社会公共道德的，并且对典型行

① 宋玉蓉:《论榜样示范的思想政治教育功效》,《南京政治学院学报》,2006年第A1期,第51—52页。

② 宋玉蓉:《论榜样示范的思想政治教育功效》,《南京政治学院学报》,2006年第A1期,第51—52页。

为的宣传有助于这种正确价值观念和道德观念的传播、渗透，从而促进社会风气的良性发展。因此，党和国家在优良社会风气培育的过程中，特别重视正向性导向对社会优良道德风尚培育的重要作用，尤其是改革开放以来，“我们党和政府就特别善于利用主流媒体的舆情传播效应，充分发挥正面典型的示范、引领作用”[①]。通过正向性示范的发挥，能够使人民群众感受到榜样的鼓励与号召，能激发人民群众内心潜在的良善意志，唤起人民群众对“真、善、美”的追寻与实践。宣传这些直观的具体的道德模范与优秀人物的先进事迹，远胜于空洞晦涩的思辨说理与枯燥无味的道德说教，更易于人民群众学习、理解与内化，能有效地调动起人民群众的生活热情，自觉地弘扬正气，宣传正能量，抵制错误思想和负能量，促进社会风气的不断改善。如今“全国道德模范评选已经形成了有效机制，持续不断地激发出人们景仰模范、爱护模范、争当模范的热情。社会良善风习犹如一股正能量，正弥散到社会生活的各个领域，有力地推动了社会主义社会精神文明的建立，社会主义文明之花正开遍中华大地”[②]。所以，积极有效地开展正向性示范是党和国家培育优良社会风气的重要手段之一。

（二）反向性示范

反向性示范与正向性示范相对，指的是那些违反党纪国法的，违背社会公德和社会公共舆论的，破坏优秀传统美德和公序良俗的典型不良行为在传播中所形成的扩散效应。这种反向性示范会给社会带来极大的负面影响。正如俗语所言“一粒老鼠屎，坏了一锅粥”。有人甚至认为反向性示范的作用往往大于正向性作用，因为“它传播得更快，更容易被别人仿效”[③]，这就是所谓的“好事不出门，坏事传千里”。可见不良的示范效应或反向性示范不利于社会正能量的传播与扩散，这是优良社会风气培育工作中需要予以高度重视和警惕的。例如，曾轰动一时的“彭宇案”对当代中国社会风气就产生了极难估量的负面影响。

① 冷树青，等：《百年中国社会风习寻脉》，社会科学文献出版社2016年版，第244页。

② 冷树青，等：《百年中国社会风习寻脉》，社会科学文献出版社2016年版，第244页。

③ 冷树青，等：《百年中国社会风习寻脉》，社会科学文献出版社2016年版，第4页。

从事实来看，彭宇案并不是一个被错判的案件。2015年的央视《焦点访谈》披露彭宇案真相——彭宇也在案发六年后承认撞人。2017年法制日报发表题为《十年前彭宇案的真相是什么?》的文章，也披露了彭宇承认撞人。但是由于案件判决后彭宇本人的不实自辩和社会媒体的未加证实的报道，导致了社会公众“对于该案的误解、误读越陷越深,至今仍然有不少人坚信着彭宇仅因施救而被判赔偿的假象。”①

虽然彭宇案已经真相大白，但是其所产生的负面影响也不容忽视。彭宇案最大的负面影响在于导致了一个不该是问题的问题产生了——老人跌倒该不该扶，要不要扶？社会主体之间的互帮互助本是社会基本道德规范，更何况摔倒的是年迈老人。这个问题本身就是一个伪问题，然而却困扰了以尊敬老人为荣的中国人。这不得不说是一个令人无奈的笑话。在现实中，确实不少人因怕麻烦而将自己变得更加冷漠，在遇到老人摔倒时不敢扶、不去扶。这就出现了不少老人摔倒没有人去及时扶起来而受伤的事情，甚至发生老人摔倒却无人扶起送医救治而死亡的情况。如2016年11月19日，患有心脏病的宜宾高县文江镇58岁进城务工人员罗某，在回家途中突发心脏病倒地，无人帮扶就医，急救医生和民警赶到时已经死亡。得知罗某去世的消息，宜宾网友“宜宾江哥”非常自责。因为他是第一个看到罗某倒地的路人，但几番纠结却未及时施以援手②。因此，有人戏言，彭宇案使中国道德水平倒退50年。对于老人跌倒的问题，2011年9月6日，卫生部还曾公布《老年人跌倒干预技术指南》，提出在遇到老人跌倒时不要急于扶起，要分情况进行处理。这种干预指南，或许在社会管理和社会扶持的技术上行之有效，但是却在推进社会道德和社会文明建设方面落了下乘。

单纯技术上的改进是难以弥补灵魂与道德层面的倒退。从彭宇案件中，我们要认真吸取教训，认识到反向性示范在社会风气发展中的巨大不良影

①《法制日报：十年前彭宇案的真相是什么?》，http://opinion.people.com.cn/n1/2017/0615/c1003-29340731.html

②《宜宾跌倒老人死亡目击者自责：如果不冷漠他不会死》，http://sc.sina.com.cn/news/m/2016-11-23/detail-ifxxwrwk1709782.shtml

响。反向性示范越多，社会风气就越容易变坏，甚至坏到难以控制的地步，会严重阻碍社会主义精神文明建设和优良社会风气的形成。为此，我们在社会风气示范机制的构建过程中，就要大力挖掘、推广正向性示范，竭力消除或减少反向性示范及其影响。因为“当反导向示范行为的收获大于其代价时，该示范的影响力就会成为社会风气改变的力量，选择同样行为的个体和频次，可能呈现几何级数的增加。当这种行为增加到一定规模的时候，就可能成为社会顽疾。”[①]同理，只有当正向性示范成为社会主要示范形式后，这种示范将成为社会风气改变的主要力量，并当同样行为达到一定的频次和规模时，优良的社会风气才能全面代替不良的社会风气，整个社会才能更加风清气正。

三、内生性示范与外生性示范

按照典型行为示范效应产生的来源看，分为内生性示范和外生性示范。当然，这种划分并不是说内生性示范与外界因素无关，外生性示范与内部因素无关，任何事物的发展都是内外因共同作用的结果。此处的划分旨在强调内部因素和外部因素在典型示范产生过程中何者在发挥着主导作用，有利于更清晰地认识典型示范行为，以便更好地利用典型示范效应来促进优良社会风气的形成。

（一）内生性示范

如果一个典型行为主要是基于社会主体内部因素产生、形成的，那么这种典型行为称之为内生性典型行为。内生性典型行为所形成的示范性就是内生性典型示范，其主要的特征就是自发性。自发性典型行为是指社会主体自觉地开展基于一定社会价值观和道德观的社会行为，并对社会发展产生较大的影响。例如，曾有一名近90岁高龄的正处级离休老干部，每天上午9点以后出门捡废品，在19年的时间里，他用省下的离休金及变卖废

① 冷树青，等：《百年中国社会风习寻脉》，社会科学文献出版社2016年版，第4页。

品的钱，先后资助了32个孩子上学。再如白芳礼老人，十几年顶风冒雨奔波在街头蹬三轮车，积攒近35万元资助了近300名贫困学生，而他省吃俭用，其个人私有财产账单上是一个零。这些行为都是典型的内生性示范，是社会个体主动为社会奉献，体现了社会主体的社会责任意识和社会担当意识，也体现了社会主体充满爱心的人性关怀。正因为这些典型行为是自发性的，所以更显得可贵可敬，更值得人们学习和效仿。

（二）外生性示范

如果一个典型行为主要是基于社会主体外部动力触发和驱动而成的，那么这种典型行为就称之为外生性典型行为。外生性典型行为所形成的示范性就是外生性典型示范，其主要特征就是被动性或外力驱动性。外力驱动性典型行为实质上是国家或社会在对行为主体的导向过程中，甚至是在压力状态下产生的行为。内生性典型行为虽然可贵，但是正面价值的内生性典型行为相对于整个社会行为来说还是少数，需要社会给予关注和挖掘。因此，通过外力驱动来培育具有正面价值的典型行为就成为引导和规范社会行为、促进社会风气文明的重要手段。例如，党和国家为推进农村现代化，建设优良风气的农村面貌，实施了目标为“生产发展、生活宽裕、乡风文明、村容整洁、管理民主”①的社会主义新农村建设工程。在这一外力的驱动下，广大农村形成了大量的外生性典型行为，有效地促进了农村社会发展与风气进步。对此，有学者研究指出，“有效运行的‘示范’机制能够成功地穿透科层链条并实现对乡土社会的动员，或者说借助于‘示范’机制，国家能够有效地实现内部的科层动员和向下的社会动员，最终形成一股让政策落地并开花结果的制度势能”②。国家政策的有效执行，社会道德规范的有序推广，都需要以人民群众的实际行动来落地生根。因此，国家必须大力推动外生性典型行为的形成，努力实现外生性典型行为的扩大化，并积极促进外生性典型行为带动内生性典型行为的形成

①《胡锦涛文选》第2卷，人民出版社2016年版，第412页。

② 叶敏，熊万胜：《“示范”：中国式政策执行的一种核心机制——以XZ区的新农村建设过程为例》，《公共管理学报》，2013年第4期，第24页。

与推广，有效地传播文明道德理念和价值观念，进而实现培育优良社会风气的根本目标。

第三节　社会风气示范机制的优化策略

符合优良社会风气标准的社会行为是主流价值观与主流意识形态的实践载体。要充分发挥典型正面行为的表率作用，带动和促进优良社会风气，并从侧面感化丑恶社会风气，其实质是彰显人类的趋善本性。

一、要科学地选择先进的典型示范主体

典型示范主体实际是典型行为的载体。典型示范主体可以是个体，也可以是组织性的群体，但是选择其作为典型行为示范主体时必须把握其代表性。这里的代表性有两层含义：

一是指典型行为主体出身的代表性。随着中国社会主义现代化事业进程的不断加快，中国现代化程度愈来愈高，社会分工也越来越精密，社会对各行各业各岗位各工种的要求也越来越精细化，而其他领域的专业技术要求在本领域的适应性已经朝着越来越小的趋势发展。因此，人们对自己所在领域的典型行为具有天然的亲近性。这是因为自己所在领域或者相近领域的典型示范行为更具有易操作性和易认同性，利于典型行为的重复化出现。因此，国家选择先进的典型示范主体也要走“从群众中来”的群众路线，要尽可能地发掘或推出属于各个阶层、各个领域、各个行业内自己的典型示范行为。

二是典型行为主体所张扬价值观的代表性。选择具有代表性的典型示范主体是获取社会认同的必要条件。只有能广泛代表人民群众共同价值观的行为主体，其行为效应才能更好地被人民群众认可与接受。这就要求我

们选取的必须是坚持和弘扬社会主流价值观的典型社会行为，因为这种典型示范主体及其行为是贴近人民群众生活实际的，是有助于维护和实现人民群众根本利益的。典型示范要发挥引领作用，不仅需要国家政治力量的推动，更需要社会主体的高度认同，甚至可以说“社会的认同对道德示范效果的影响力并不弱于政治的维系，相反，政治对道德示范的维系如果没有社会力量的支持，没有被社会所接受，其所发挥的作用也会受到限制”①。

二、要辩证地对典型主体进行宣传报道

推广先进典型示范的意义在于为人民群众树立起道德与文明的榜样，彰显契合社会道德与社会价值的主体行为的教化意义，激发人民群众争学典型、争当典型的兴趣与意愿，促进社会优良风气的生成与扩大。要做到辩证地对典型主体进行宣传报道，一方面我们必须把握舆论宣传的尺度，既要能彰显先进典型中的优良道德品质和科学的价值观念，又必须实事求是，不能过分包装或过分夸大，使典型示范主体脱离生活，走向“神化”之路，那因为脱离实际或本身的虚假性必将被人们所厌恶、抵制。另一方面要科学地宣传典型示范主体对自我价值和社会价值的认知及其实践经历。在这方面，我们要明确的是必须将个人的自我价值与社会价值有机结合起来，要承认人民群众追求正当个人利益的合理性与合法性，也要彰显人民群众服务社会价值的崇高性与必要性。我们必须明确地揭示只为个人利益而不顾社会利益的行为，甚至是损公肥私行为的错误本质，但我们也要客观地广泛地宣传公而忘私的优良道德行为。我们要谨防进入一种误区，这就是“在‘文革’中，由于林彪‘四人帮’集团极‘左’路线的误导使人们的思想深处形成一个误区，自我价值不敢提，自我价值越少越先进，以致于今天的很多人物典型报道还有这方面的痕迹。总是铁面孔、无情郎，如父母病重三过家门而不入，全心全意干工作置妻子生小孩子不顾

① 李辉：《论道德示范的现代可能及其实现》，《中山大学学报》（社会科学版），2005年第45卷第5期，第34页。

等等，看似‘伟大’实则‘望而生畏’”。“典型人物报道要把社会价值与自我价值辩证地结合起来，树立一个让人们感到可亲可信、有血有肉的一个真实的‘人’，切勿失人之常情”[①]，太超脱的人物事迹会让大众觉得不可思议，难以引起共鸣。因此，宣传报道典型示范行为既要把握其崇高性，也要立足其现实性。虽然说“榜样的力量是无穷的”，但是倘若榜样只是高悬空中供人顶礼膜拜，而无法在人们心中和实际生活中落地生根，则会失去榜样的内在价值和示范意义。

三、创新典型示范行为的宣传方式方法

好的方法是办好事情的重要基础。在宣传典型示范行为的过程中，我们也必须要有足够的方法论意识，以扩大典型行为的示范效应。第一，要继续用好传统的宣传方法。传统宣传方法包括期刊、电视、广播等宣传渠道，这些渠道依然有着广大的受众，仍然是我们宣传典型示范行为的重要阵地。传统的方法还包括召开学习会、动员会、座谈会，发放宣传资料和学习手册等，能直接地与人民群众面对面地交流，能更直观地感受到人民群众对先进典型行为的认同状况和接受程度，有利于把握典型示范行为的宣传节奏与宣传效果。第二，要充分利用现代社会涌现的新媒体技术来宣传典型示范行为。新媒体技术的不断进步，尤其是自媒体时代的到来，极大地提高了人民群众获取社会信息、扩大社会交往圈的能力。在这个自媒体时代，每个人都是信息接收的终端，也是信息新一轮传播的起点或中转站。因此，我们必须拓展传统媒体的宣传阵地与范围，占领自媒体信息传播渠道的高地，掌握自媒体信息传播领域的话语权，便于有效地传播典型示范行为。例如，各党政机构、企事业单位、各大媒体以及社会组织，甚至个人都开通了自己的微博、微信、公众号，甚至还发布了自己的客户端，及时向公众推送信息，这都为我们宣传典型示范行为提供了良好的平台。第三，在宣传典型示范行为的方式上，可以直接印制和传播典型主体

① 王克俭，夏芳：《典型人物的选择与写作技巧》，《新闻传播》，2003年第8期，第56页。

的事迹材料宣传手册，也可以录播典型主体先进事迹的纪录片，还可以通过话剧、舞台剧、音乐剧、相声、小品等多种艺术形式来再现典型主体行为，让人民群众更好地感受榜样的力量，激发人民群众学习典型的积极性和实践典型主体精神的主动性，进而在全社会形成学习先进模范人物事迹，将先进人物所承载的价值理念与道德精神应用到自己的生活中去，推动优良社会风气的生成与发展。

四、保护先进典型以保障社会良善意志

我们不仅要树立先进典型，还要保护好先进典型。对于那些为国家和社会做出贡献的个人和集体，我们不仅应当给予物质和精神奖励，激励其先进行为，肯定其进步精神，也要根据实际情况，对典型行为主体给予适当的保护。如有媒体曾报道，一些社会主体因为见义勇为或保护公共利益而导致身体受伤入院，有的却无钱医治也无人问津，甚至因没有及时获得好的治疗而落下残疾，影响了典型行为主体的长远生活。在这样的情况下，国家应当负担起维护先进典型人物利益的责任，设立相关的见义勇为奖励基金，迅速提供治疗，帮其快速康复起来。同时，国家还应当健全社会保障体系，对见义勇为者今后的生活给予必要的保障。要使先进典型行为主体的“善意良行”得到社会的认可、回馈与保护，绝不能让好人心寒。

2010年3月29日，49岁的史凤霞因救护一位抱着孩子的母亲被从17层楼坠落的塑钢窗户砸伤。事发近一年内，由于出事房屋的租户推责，房东出国，获救者家庭困难，出现了即使通过法律途径短期也无法有结果的窘境。这让史凤霞一直无法维护自己的合法权益，史凤霞也因无钱支付医疗费而被迫中断手术。其见义勇为所得的就是一个红皮本——北京市见义勇为人员证书，确认了史凤霞挺身救助小女孩的事实，还有一个绿皮本——中华人民共和国残疾人证，确证了她已经丧失劳动能力的残酷现实。单亲母亲史凤霞没有想到，因为这次见义勇为，让自己本已贫困的家庭陷得更

深，她已独木难支。就此例中的情况而言，笔者认为，当事故发生责任难以认定或者需要等待较长时间来确定责任以及实施具体的赔偿时，政府应当担起主要的先行救济责任。政府不仅要为见义勇为的伤者提供治疗费用，还要为其今后的工作和生活提供基本的保障。这种救济和保障实质是对社会良善意志的保护，是对社会优良风气的保护。相反，如果政府在这个时候不能起到担当作用，不能有效地保护正向性的典型行为，那么必然会使得典型行为的主体对其原来所尊崇的社会价值与道德规范产生怀疑，也会使得社会公众的公共价值观受到冲击，产生所谓的“好人没好报”的错误思想和不良情绪，而一旦这种情绪得到扩散，就会冲击现有的道德秩序，对社会风气形成恶劣的影响。那是我们都不愿意看到的结果。因此，保护先进人物的典型行为，是彰显社会公平正义的内在要求，是对社会良善意志的呵护与培植，是培育优良社会风气的重要基础。

总之，培育优良的社会风气需要发挥正面社会行为的示范价值。邓小平曾指出，要搞好社会风气，需要注意发挥典型行为的示范作用，他强调，“特别是要求党的各级领导同志以身作则。党是整个社会的表率，党的各级领导同志又是全党的表率”①。当然，不仅是党员干部，社会中符合主流价值观的具有典型意义的社会主体及其行为对社会风气的健康发展都有着重要的示范意义。因此，要“充分利用改革开放以来所取得的辉煌成就、优秀成果，激励人们，形成一种人人所向往美、崇尚美、学习道德模范的社会氛围”②。

①《邓小平文选》(第2卷)，人民出版社1994年版，第177页。

② 杨松菊：《社会主义核心价值观对社会风气治理的引领》，《求索》，2016年第6期，第22页。

第九章 健全社会风气约束机制

从一般意义来看，社会风气约束机制也包括很多种，如法律约束、制度约束、舆论约束和道德约束等。但是法律约束主要是由法律的强制性惩戒功能发生作用，因此法律约束实际是法律惩戒的副产品。执政党的党纪因其地位的特殊性，其党纪约束作用也可以看成是党纪惩戒功能的表现。这两点将在第十章详述。本章将重点探讨如何发挥公民道德约束、组织制度约束和社会舆论约束在改善社会风气过程中的重要作用。

第一节 社会风气约束机制的主要内容

约束，就是“限制灌输使其不超越范围”①。社会风气约束机制意在对社会主体行为进行约制管制，以防止出现社会不良行为导致社会风气变坏。“约束使人们对自然和对社会产生‘敬畏感’，没有敬畏感，社会风气就不可避免地会发生失范，一个社会缺乏约束，社会风气必然会出现大规模的失范”②。总的看来，约束可以分为硬约束和软约束两大类。有学者认为硬约束指法律形式的约束，软约束是非法律形式的约束，并以“道德底线”作为两种约束区分点，认为“道德底线”以下的由法律手段约束，

① 冷树青，等：《百年中国社会风习寻脉》，社会科学文献出版社2016年版，第269页。

② 冷树青，等：《百年中国社会风习寻脉》，社会科学文献出版社2016年版，第269页。

"道德底线"以上的由道德、舆论等手段约束[①]。这种观点不无一定的道理，但笔者认为，硬约束和软约束的区分还可以进一步具体化。硬约束和软约束的根本区分应在于约束机制对社会主体的制约力度的不同。依据制约力度的强弱可将约束机制分为道德约束、制度约束和舆论约束。

一、道德约束

个体道德约束也是一种典型的软约束。相对于社会主体而言，社会媒体舆论约束是由外在力量发挥作用的一种约束机制，而个体道德约束则是社会主体内在力量发挥作用的一种约束机制。与外在性社会舆论约束作用下的被动认同与接受不同，在个体道德约束机制中，主体是先理解和认同社会规范要求的，并将这种认同意识贯彻到自己的社会行为中，对自身社会行为的合道德性、合社会价值性、合社会规范性进行自我识别、自我判断和自我纠偏。个体道德约束机制的实现可以从两个层面来理解：一是个体对社会道德规范的认可程度；二是个体对社会道德规范的内化程度。个体对社会道德规范的高度认可，是其自觉维护社会良善秩序和良善行为的基础性前提；而个体将社会道德内化其心，便能以社会道德规范来自觉地约束自己，社会主体将道德规范内化的程度越高，其自我道德约束能力就越强，个体道德约束就越容易实现。

二、制度约束

从制度内涵范畴上看，这里指的制度是广义上的制度，包括组织制定的纪律、制度、规则等。从制度效能范围上看，这里指的制度主要是针对制定制度的组织成员有作用效率的内部制度。而对那些能对组织外部成员作用制度，如政府制定的规章、条例等因其具有一定的强制性，可以视为社会风气惩戒机制的范畴。

① 冷树青，等：《百年中国社会风习寻脉》，社会科学文献出版社2016年版，第270页。

从社会整体意义上看，中国共产党的党内制度约束和国家机关的制度约束属于硬性约束。中国共产党党内党纪党规对全体党员也有着强力的制约作用。虽然党内党纪党规是对党员才有约束作用，但是因为中国共产党是中华人民共和国的缔造者，是中国唯一合法的长期执政党，是中国特色社会主义伟大事业的开创者和中华民族伟大复兴中国梦的践行者，对中国社会发展有着深刻的不可替代的影响力。今天，近9000万的中国共产党员分布在国家机构的各个岗位上，包括国家的最高领导人和最普通的底层员工。所以对党员有约束力的党纪党规虽然只能管束党员，但却能影响到整个中国社会。因此，党纪党规的约束具有广泛性和深刻性的影响。这是由中国共产党的执政地位所决定的，其他政党与组织都不能与之相提并论。

一般而言，在社会风气培育过程中，组织的制度约束作用主要集中在内部成员身上，如果所有成员都能按照组织制度的要求开展社会活动，则有助于形成组织所希望形成的组织精神、组织面貌。例如，学校的规章制度、劳动纪律只能针对本单位范围内的教职工，学校通过纪律约束使教职工按照学校规范要求完成工作，否则就可以在学校范围内给予惩戒，甚至是开除职位。这种制度约束力虽只能局限在本单位范围内，但是却能有效地维护组织的风气与面貌。

三、舆论约束

社会舆论约束是一种典型的软约束。人的本质是“各种社会关系的总和”，人是社会的一分子，不能脱离社会而生活。因此就必然要与社会其他行为主体发生各种各样的关系，要遵守社会主体所认同的社会规范。而那些不愿意遵循社会共同规范的，甚至是破坏社会规范，做出有损社会公序良俗行为的主体就必然会被媒体舆论所评论、批判甚至谴责，进而发挥舆论的约束功能。一般而言，社会舆论约束还可以细分媒体舆论约束和公民舆论约束，本书主要探讨的是媒体舆论约束。媒体舆论本质上是公民舆论的一种表现，公民舆论需要通过媒体舆论表现出来。虽然媒体舆论不像党纪国法那样具有权威性和强制力，但也有着深刻的广泛性影响力。“一方面，社会舆论对偏离行为的谴责并不排斥道德劝说；另一方面，它不像法律那样精确刻板，它可以渗透到法律无能为力的角落和缝隙，它也不像法律那样必须等待‘行为明显’才予以制裁，而是能在任何时刻干预人们的行动，能运用逐渐增加的氛围压力预先调控、制约那些可能发生的越轨行为”[①]。尤其在自媒体时代，舆论约束借助信息技术广泛渗透到人们的社会生活中，将牵涉其中的社会主体全方位地包裹其中，发挥着令现代社会主体难以抗拒和难以摆脱的约束力，影响着社会主体的价值预期和行为抉择。

当然，除了上述三种约束之外，还有一种约束，即法律约束。法律约束是一种硬约束。基于国家机器而产生的法律法规因其权威性和强制性对社会主体具有广泛的约制力，并对不遵循法律法规的社会主体有着强大的约束功能。法律本身就包含社会需要遵循的基本道德规范，包含人类社会的道德底线。当社会主体行为突破了社会道德与伦理底线规范时，社会主体不仅受到社会道德规范的反作用，同时也会受到社会法律的反作用，这实际是法律约束作用的表现。法律发生约束功能的过程实质上是社会依据法律规范扬善抑恶的过程，法律约束的实施也就有助于社会道德的增长，有助于维护社会秩序和促进社会风气的有序发展。法律的惩戒功能是法律约束机制发挥作用的基础，法律如果没有权威性的惩戒功能，就不会对社会主体产生约束力。因此，笔者认为法律约束功能实质上是根源于法律的惩戒功能，在本章不做深入探讨。

形成优良的社会风气，关键在于要维护良好的社会道德与社会价值观念，规范社会主体行为。社会风气约束机制就是要从各个层面来帮助和督促社会主体遵循社会道德与价值规范，对那些不良的道德行为进行约制。从强制性的法律约束、党纪约束，到非强制性的组织制度约束、社会舆论约束和个体道德约束，都是意在推动社会主体接受和践行社会公共价值与道德规范。

---

① 郑仓元，陈立旭：《社会风气论》，浙江人民出版社1996年版，第250页。

第二节 完善社会风气约束机制之个体道德路径

建立有效的道德约束机制，通过体现人类道德要求的社会规范来保护优良社会风气，通过人类道德内在的柔性自律来限制丑恶社会风气，其实质是社会主体自由相对性的体现。基本要求是实现个体伦理化，这是优良社会风气培育的主体道德内控机制。增进社会主体德性教育是优良社会风气培育合规律性与合目的性的重要保证。在社会风气领域中，实现社会主体的德性化、伦理化，确立社会主体个体的责任意识是确保社会公共价值优先性的必然要求。因此，社会主体需要将符合社会价值规范和社会伦理精神的观念“内化于心”“外化于行”，实现对社会主流价值的认知、认同，并内化、融合为个体自身的人格品质与道德素养，进而转化为自觉的主体行动，以形成和维护以社会公共利益为核心的个体德性伦理意识。

一、个体道德约束机制的结构

首先，社会主体个体伦理是一种“信念意识”。信念意识实际上是个体对其社会行为的一种深层次的价值认知和道德追求，即作为社会组织的一员，其所承载的重任不仅仅是实现其个人的利益诉求，而是有张扬公共利益的责任与义务。人一旦作为社会主体，其完全私利性思维方式和行为模式就应该被摒弃，应该被公利性或者至少是不损公肥私性的思维方式和行为模式所取代。当实现传统社会个体向现代社会主体的身份转变时，他就必须确认对公共利益的承认，确立致力于维护和增进公共利益的信仰，充满对公共利益的恒定激情，并使之成为自己所有恪守的伦理准则和义务。普通公民如此，作为公共职位的党和政府官员更应当如此，“行政人员不是简单的为自我实现而工作，而是以增加公共福利的方式为公民服务，他们是公民利益的真实代表，一切以公众的福利为重……只要你选择了公务员这一职业就必须为公共利益献身”[①]。实现公共利益是公职人员天然的价值操守，维护公共利益也是全体公民的责任和要求。从应然的角度看，“信念意识”的责任驱动机制是社会主体道德化的“源动力”。如果人人都能恪守“公共性”使命的职责要求，必然能更好地促进公共利益的实现。但从实然的角度看，“信念意识”责任机制因其趋善的抽象性和不可测量性，常常无法有效地保证进入公职领域的人都是热衷于实现公共利益、具有奉献精神的。因此，“信念意识”的责任机制在现实中的作用是有限的。

其次，社会主体个体德性化是一种“自律意识”。个体伦理可以在主体行为过程中发挥个体伦理“自律意识”的调控功能。这种内控机制除了对主体提出服务于人民公共利益的指向之外，更注重引导主体对社会行为过程和效果的关注，强调社会主体对实现“公共性”使命的道德感和责任感，对行为及结果合法、合理、合目的的自豪感和荣誉感，对行为及结果的非法、不当和反道德的内疚感和压抑感。通过个体内在自律意识的控制机制，可以在一定程度上规避社会主体的“无所作为”“胡乱作为”和“损公肥私”等现象。因此，个体伦理的“自律意识”表现为主体在社会行为过程中的一种内在品质力量，促使主体把追求公共利益作为实践指南，同时赋予了公共权力道德化的“善性”前提。反之，若是社会主体违背自身的“信念意识”和“自律意识”，就会遭到个体伦理无情的反噬和惩罚，当然其作用大小因行为主体道德水平的差异而有所不同。例如，有的杀人犯会在事发后因后悔而自杀，有的贪污官员曾坦诚在受贿过程中感受到心惊胆战和坐立难安，而有的人损害了公共利益却能坦然处之。

二、个体道德约束作用的方向

个体道德约束作用的方向主要是促进公民道德意识觉醒。主要体现在以下三个方面。

① 特里·L.库珀：《行政伦理学：实现行政责任的途径》第4版，张秀琴，译，中国人民大学出版社2001年版，第15页。

一是主体家庭美德意识觉醒。家庭是社会的细胞，家庭道德规范是社会道德规范的基础，只有每个家庭通过家庭道德规范形成良好的家庭风气，进而形成品性优良的道德主体，在社会中形成道德合力，才能为社会道德规范风气发展奠定良好的基础。家庭美德失范必将直接影响家风，带坏整个家庭成员（尤其是未成年子女）对社会价值和道德规范的认知，进而影响家庭成员的价值认知与行为选择，不仅对邻里社区的风气产生负面的作用，也会对整个社会的风气发展起到不好的影响。家风虽小，影响却大，因此，要高度重视家庭美德建设，培育良好家风。

二是主体社会公德意识觉醒。当社会主体公德意识觉醒不足时，就会导致社会公德出现一定程度的失范，主要表现为社会主体对社会行为缺乏责任意识，导致个体行为的失范性；对社会发展缺乏担当意识，社会不公正现象凸显，人人自危、忧心忡忡却手足无措；对社会关系缺少人性温暖情怀，人与人之间变得冷漠无比，社会疏离感加剧。社会公德不足的实质是社会主体对社会公共利益享有权上的积极主张，在对社会公共利益维护责任上的消极应付，甚至为了让自己获取好处而损害公共利益。因此要及时实现社会主体公德意识的彻底觉醒，发挥主体的社会公德的正面价值，这既能引导社会风气的良性发展，也是社会风气发展的必然目的。

三是主体职业道德意识觉醒。职业是社会主体实现个人价值和社会价值的重要平台。每个人都希望能获得个人价值的实现，就必须为自己的劳动找到可以实践的平台，这一平台就是职业岗位。要想使自己的劳动价值能为社会所接受，多数人都会选择自己所喜欢的职业。例如，有的人选择教师，有的人选择公务员，有的人选择律师，有的人选择商人，还有人选择成为自由职业者。不管是何种职业，最终的结果都是由社会来认可的。所以每一个职业都必须有相应的工作规范和道德规范，才能在促进社会和谐的同时生产出社会所需要的物质产品或精神产品。每一个行业都有基本的道德规范，各个行业职业道德规范有共性的要求，也有个性的差异，但都是从业者所必须遵循的。但是从现实状况来看，每一个行业中都有一些违背共性职业道德和特性职业道德的行为，对社会道德发展形成了挑战，对社会风气发展产生了不良影响。例如，新闻记者制造虚假新闻或者夸大新闻事件的内容；会计从业人员为企业做假账，不仅帮助企业偷税漏税，而且自己也从中获利；教师在课堂上教学不认真却在课堂之外要求学生交钱补习；教师利用手中的学生成绩评判权向学生索要财物，甚至逼迫学生与之保持不正当男女关系；公职人员不作为，或利用权力开展寻租活动；商人为了获利售价卖假，甚至出售有毒商品，坑害人民身心健康，等等。可见，我们必须要高度重视公民职业道德素养的培育，否则人们所赖以获得社会产品的各个行业各个职业将会被不道德不文明风气所污染，加上现代社会交流的密切性与迅捷性，不良的职业风气可能很快会侵染整个职业市场，对社会风气产生难以挽回的恶劣影响。而社会风气的恶化则最终会制约着人的全面自由发展目标的实现。

三、个体道德约束机制的培育

总的来说，个体道德的信念意识和自律意识的约束作用对规范个体行为、优化社会秩序的影响是值得我们重视的，我们要充分认识并高度重视养成社会主体优良的个体伦理德性对培育优良社会风气的的重要作用。

亚里士多德认为“德性非生于天性”[①]，麦金泰尔也指出，德性是一种获得性人类品质。因此，德性在本质上是养成的。从实质上看，社会主体个体伦理德性养成的过程是主体接受德性教育和将德性运用公共行政实践的过程。所以，社会主体个体伦理德性养成需要从以下三个层面着手：一是健全对主体的道德教育体系。一般而言，我们要建立健全思想道德教育体系，需要从家庭、学校和社会等多方面入手。社会主体个体伦理德性的养成也是如此。二是要优化道德教育的内容。要在继承优良传统道德资源的基础上，弘扬和传播以社会主义核心价值观为主要内容的社会主义道德规范，为个体伦理德性化发展提供丰厚的道德资源和道德土壤。三是要完善道德教育方法。社会主体个体伦理德性养成是一个潜移默化的过程，绝

① 周辅成:《西方伦理学名著选辑》上卷，商务印书馆1964年版，第291页。

非一蹴而就就能完成的。所以要杜绝填鸭式的道德理论灌输，也要避免抽象空洞的理论说教，而是要将道德理论与现实实践结合起来，让主体在理解道德理论、接受道德规范的基础上积极参与社会实践，在社会实践中真正领悟和内化社会道德规范，实现社会主体的道德自觉性。

“信念意识”与“自律意识”是相互依存、相互促进的关系。这既如麦金太尔所言的只有那些具有正义德性的人才有可能知道怎样运用法律，又如康德理解的一个有道德的人，有良心的人，即使是在法律松弛的国度里也不会胡作非为，因为有道德信仰的人“他会为自己订出立法者所忘记订的法律”[①]，社会面貌也能随之风清气正。又如佩利·伦敦所言：“正是通过意识——这种大脑中的更高级的思维过程，我们才意识到自己是自我的人，也正是通过它，我们获得了人类的特殊的控制力”[②]，那些违法乱纪、违背社会公德的不良社会行为也会随之减少，乃至消失，进而推进社会风气的优良化。

综上，我们要重视人的主体道德自律作用，将法律制度“禁于已然之后”的外部控制与“禁于已然之前”的内部控制结合起来，使社会风气的社会主体行为既能符合法律制度刚性化的“合法性”要求，又能满足“道德伦理”主观性的“合道德”的内在价值期待，进而达到以法律的公正来净化社会风气、以道德伦理之善意来升华社会风气之目的。

第三节 完善社会风气约束机制之组织制度路径

社会是由个体组成的有机体，但个体并非完全是一个个的生命个体，也包括了由生命个体构成的社会组织。在社会风气培育过程中，我们尤其需要注意到，社会组织因其结构性、群体性、价值趋同性等基本特征，决

① 黑格尔：《法哲学原理》，范扬，张启泰，译，商务印书馆1982年版，第141页。

② 特里·L.库珀：《行政伦理学：实现行政责任的途径》，张秀琴，译，中国人民大学出版社2010年版，第216页。

定了由生命个体组成的社会组织将对优良社会风气的培育产生极为重要的作用。社会组织的制度约束功能是其培育优良社会风气的重要途径。

一、组织制度的伦理内核是维系优良社会风气的重要基石

社会风气本是立足于社会价值观的流行性群体行为，风气状况与社会群体的道德认知水平与道德实践能力密切相关，所以从组织制度的角度引导社会主体形成优良的社会风气，其目的就在于使社会主体形成正确的道德伦理意识，其关键在于确立具有伦理精神的组织制度。习近平同志曾指出，“以法治承载道德理念，道德才有可靠制度支撑”[①]。这就意味着不仅要在国家法治层面融入道德伦理精神，在社会实践中，各级各类组织的制度建设中同样也要遵循这一要求。只有在社会中广泛存在的组织在制度制定过程中明确社会主义道德精神导向，在组织制度的执行过程中体现社会主义道德要求，将社会主义核心价值观贯穿组织制度中，并将实践中广泛认同、较为成熟、操作性强的道德要求及时上升为组织制度，才能更好地引导全社会崇德向善，弘扬真善美、打击假恶丑。

因此，具有伦理精神的制度安排是社会和谐、政治进步和经济发展的充分必要条件，伦理精神与社会制度的设计必须是有机契合的，这恰如罗尔斯所言“社会正义原则的首要问题是社会的基本结构，是一种合作体系中的主要的社会制度安排”[②]。所以“只有当社会宏观结构、制度性安排是基本公正、是建立在德行有用这一基础之上时，社会成员才能从生活中体悟到德行是有用的，也只有此时，这个社会才有可能是趋于健康有序且充满生机与希望，也只有在这个基础之上，社会才有可能在大众层面上引导社会成员普遍向善”[③]。可见，组织制度中所含的伦理价值能引导社会成员体悟道德价值，敦促社会成员遵守社会规范，形成优良的社会风气。

---

①《习近平谈治国理政》第2卷，外文出版社2017年版，第134页。

② 约翰·罗尔斯：《正义论》，何怀宏，何包钢，廖申白，译，中国社会科学出版社1988年版，第54页。

③ 高兆明：《制度公正论：变革时期道德失范研究》，上海文艺出版社2001年版，第180页。

二、推进组织制度伦理化是培育优良社会风气的重要途径

组织制度伦理化指的是组织制度的制定、评价和目的都应该体现“公共善”的道德价值与要求，并且在实践中不断地趋向公平正义的伦理原则。罗尔斯曾指出，“一个人的职责和义务预先假定了一种对制度的道德观，因此，在对个人的要求能够提出之前，必须确定正义制度的内容”①。所以制度伦理化——赋予规则、制度伦理精神应该成为当下组织制度改革的风向标。组织制度伦理化的目的在于通过内嵌伦理精神来优化制度安排，使制度设计更好地实现组织的社会利益，与培育优良社会风气在本质上是一致的。这就能从根本上促进组织自身形成良好的政风，并以此为原则治理社会不良风气，培育优良社会风气，从制度伦理的角度推动社会风气的良性发展。

组织伦理制度化是伦理道德要求的规则化，是外在于主体内化于组织制度的道德价值。以政府组织为例，当前政府组织伦理制度化主要表现在行政职业伦理的制度立法方面。以“责任中心主义”为精神要义的现代行政伦理向我们揭示了“责任伦理”作为行政主体职业道德要求的合理性和必要性。目前，西方许多国家都在这方面做了大量努力并取得重要成果，例如，美国有《从政道德法》《政府道德法案》《美国行政部门雇员道德行为准则》，加拿大有《公务员利益冲突与离职后行为法》，日本有《国家公务员道德法》，英国有《荣誉法典》，韩国有《公职人员道德法》，意大利有国家公务员《道德法典》等。目前我国公务员道德法律规范在实践上较为薄弱，只有个别地方政府出台了地方性相关法律，如四川省于1997年颁布了《四川省国家公务员职业道德规范（试行）》，海南省于2011年颁布了《海南省行政机关公务员职业道德规范》，尚无全国性的类似法律规范。所以应当尽快出台专门法，从制度层面约束、惩治不良风气，抑制不良风气的产生。

① F.H. 布拉德雷：《伦理学研究》第2版，克莱伦顿出版社1927年版，第163—189页。

另外，非政府组织的制度伦理化也是改进社会风气的一个重要途径。要重视非政治组织在优良社会风气培育中的重要作用。当前，非政府组织已经成为社会发展过程中一个不可忽视的重要力量。所以在优良社会风气培育过程中，不仅要发挥党纪国法的约束作用，要发挥媒体舆论和公民舆论的监督约束作用，要发挥企事业单位组织制度的约束作用，还要发挥非政府组织的制度约束作用。社会组织主要是指民间组织，又称非政府组织（NGO），可以分为学术性团体（如研究所）、行业性团体（如行业协会）、专业性团体、联合性团体（如工会、妇联）等，涉及教育、医疗、社会工作、社区服务、文化休闲、慈善活动、环境保护、权利维护、社会救济、动物保护等多个方面。其典型特征是正规性、民间性、非营利性、自治性、志愿性、公益性和非政治性①。有学者研究指出，“广大社会组织发挥其优势，在教育科技、文化卫生、社会管理、社会福利、慈善公益等方面发挥了重要作用。据不完全统计，全国6万多个行业协会联系会员2000多万家（含个体工商户），447364个基层老年协会覆盖了广大城市社区和农村、有1.1亿老年人参与，4万多个学术社团联系专家学者500多万人，4万多个农村专业经济协会联系农户1000多万个，各类职业性社会组织的会员超过1亿人。2012年社会组织吸引、凝聚了2500多万名志愿者活跃在公益慈善领域”②。由此可见，当代中国已经形成了政治主体、经济主体和非政府组织主体三个相对独立的社会主体，各个行为主体都在优良社会风气培育与治理中占据了重要位置。对于如此庞大且正在日益增长的非政府组织，这个群体本身的优良风气培育工作就是值得我们探究的重要话题，而如何发挥非政府组织这一群体在整体社会风气培育中的建设性作用更是需要我们努力去探索和推进的。

① 林修果，主编：《公共管理学》，吉林人民出版社2006年版，第95—96页。

② 任泽涛，严国萍：《协同治理的社会基础及其实现机制——一项多案例研究》，《上海行政学院学报》，2013年第14卷第5期，第72页。

第四节　完善社会风气约束机制之社会舆论路径

社会舆论对社会风气具有重要的约束作用。一方面，我们要坚持以正确的社会舆论斥责、鞭挞不良的甚至是丑陋的社会风气，另一方面我们还要以正确的社会舆论来引导社会主体树立正确的价值观念，有效地规制那些不良的社会行为，达到培育优良社会风气的目的。

一、坚持社会舆论对不良社会风气的斗争性

当社会出现不良风气时，媒体和公众都不能视而不见，而应该积极地与不良风气作斗争。这种斗争首先就表现在媒体舆论和公民对不良行为的评价与谴责上。通过社会舆论的评价与谴责，迫使不良风气行为主体纠正自己的错误观念和错误行为，减少其行为所产生的不良影响，改善社会风气。例如，当发生子女不赡养老人的事情时，其周边的邻居获悉之后就会在一定范围内对这种行为进行评价，甚至是直接与双方进行交流和劝导，疏解不良情绪，化解矛盾，帮助当事人恢复正常的家庭关系。这就是公民舆论的价值体现。当然，社会上的其他公众也同样可以对这种事情发表看法，形成更大范围的舆论意见，进而影响当事人改变其不良社会行为。再例如，共享单车已经成为中国的“新四大发明”之一，对人们的社会生活产生了巨大的影响。共享单车的推行符合了时下倡导的绿色低碳的社会发展理念，也有利于提高人民身体健康素质，也为人民生活工作提供了便捷的服务，因而受到广大人民群众的青睐。但是却发生了不少违背社会道德，用各种方式和手段将共享单车这一“准公共性物品”据为己有，或者是乱停乱放共享单车，给他人使用共享单车造成困难，甚至还有人偷盗共享单车以获私利等不良行为。这些不良行为对社会风气产生了极大的负面

作用，影响社会秩序的有序运行。对于这些损公利己的错误行为，媒体和公众应当给予严厉的舆论批评，对不良行为进行曝光，防止不良风气蔓延。

二、坚持社会舆论对优良社会风气的导向性

社会舆论必须坚持正确的价值导向，保证社会舆论自身的正向性，即要发挥正确的社会舆论对社会风气的引导和约束作用。社会舆论对社会生活影响意义重大，有人甚至把社会舆论看成是一种新兴的社会权力。所以正确的媒体舆论和公民舆论能对社会优良风气培育起到促进作用，而错误的媒体舆论和公民舆论对社会不良行为不仅不能起到约束作用，反而会起到阻碍、破坏作用。媒体对“八卦”新闻的推波助澜，不仅没有起到价值导向和约束不良行为的作用，反而加剧了不良风气的影响。如在对彭宇案沸沸扬扬的报道中，就出现过多种不同的版本，谁是谁非都没弄清楚就开始道德评价。“严格意义上,我国司法实践中，也并未发生过一起仅因扶人而让扶人者担责的判例，或许也正因此，每每发生类似事件,一些人只能拿出一件十年前被误读的‘彭宇案’来唏嘘不已，感叹世风日下，乃至为冷漠寻找借口与出口。”①但是有些媒体在新闻报道中为了博人眼球而不加证实地以讹传讹，导致公众对事实的错误认识不断加深。有报道统计，“在153个叙事类样本中，其中有101篇的新闻报道主题是关于各地不同版本‘彭宇案’的，在这101篇报道中排除相同事件后剩下67篇完全独立的报道，而这67个版本的‘彭宇案’报道中绝大部分的新闻标题中有‘地方+彭宇案’‘××版彭宇案’……这就给受众营造了‘彭宇案’全国‘开花’的印象”②。“报道内容在‘彭宇案’造成的影响和道德教化方面呈现比较多，对类似事件的预防救治以及受害人保护等相关专业知识传播较少……

①《法制日报：十年前彭宇案的真相是什么？》，http://opinion.people.com.cn/n1/2017/0615/c1003-29340731.html

② 黎妙娟：《道德缺失事件中的媒体报道方式研究——一个道德恐慌研究的视角》，暨南大学硕士学位论文，2013年，第19页。

很多报道都先入为主地把事件划入有关社会道德方面来讨论，而没有把原本应该属于法律的问题纳入法律的角度探讨，这在一定程度上存在先入为主的嫌疑。”①

再如明星王某某、马某事件对社会风气形成了较大的影响，从2016年王某某、马某事件爆发以来，各大媒体铺天盖地的新闻报道、小道消息的披露就未曾停止过。当然对于家庭不道德的行为，媒体有权而且应当去评论、评判和谴责，但是媒体往往为了吸引公众眼球而过分挖掘当事人隐私信息，甚至是报道莫须有的花边新闻，除了满足一些人的嗜好外并没有多少正面价值，反倒是将一件不道德的行为反复炒作，让公众对当前的社会道德状况形成误判，甚至造成公众的“道德恐慌”。有学者认为，社会不时地受道德恐慌周期的影响。这是一种状态、一个事件、一个由个人或由个人组成的群体表现出被定义为对社会价值和利益构成威胁的性质；它的本质被传媒以一种类型化的刻板方式所报道；道德争议领域被编辑、主教、政治家和其他有正确思想的人所控制；社会认可的专家们宣示他们的诊断结论和解决方案；处理问题的方式在演进过程中不断地被借助；它的条件在消逝、湮没、退化、解体中并变得更加明显。有时候，恐慌的对象如此新奇；而在其他场合，此对象已经存在了相当长的时间，却在众人的注目中心突然消逝。有时候，这种恐慌过季或被遗弃，只存在于民间或公众的语汇之中，而在其他时间，它有更加重要和持久的回声并且可能引起法律和社会政策方面的变化，甚至引起社会自我想象方式的变化②。所以，社会媒体不能过分地夸大某一道德事件的不良影响，而是要通过批判不良道德事件来维护社会道德规范，维护社会优良风气。

三、发挥社会舆论约束机制的协同约束功能

要将社会舆论的约束作用同其他约束机制结合起来，为社会优良风气

① 黎妙娟：《道德缺失事件中的媒体报道方式研究——一个道德恐慌研究的视角》，暨南大学硕士学位论文，2013年，第19—20页。

② 伊冯·朱克斯：《传媒与犯罪》，北京大学出版社2006年版，第172页。

培育形成约束合力。社会舆论对社会风气的约束没有强制性，为了使社会舆论给社会主体在心理上有效地形成更大的心理压力和道德压力，可以将社会舆论约束与党纪国法约束、组织纪律约束结合起来。当社会不良行为出现时，社会舆论通过曝光和评论这种不良行为，往往能够对社会个体产生一定的约束作用，但也有可能产生不了太大的约束作用。如果能将不良行为的个体与其所在组织的纪律约束结合起来，则将对不良行为个体产生较大的约束作用。如近年来发生一些幼儿园教师虐待幼童事件，涉事幼师严重违背了教师职业道德，被广大媒体舆论和公民舆论强烈谴责。例如，2017年11月23日有媒体曝光有“多名家长反映，北京市朝阳区管庄红黄蓝幼儿园新天地分院出现虐童事件，老师喂幼童白色药片、幼童身上有针孔，且有孩子疑似遭猥亵”[①]。事发后，涉事幼儿园基本都开除了虐童幼师，并对有关负责人进行组织纪律处理，这种处理方式就是社会舆论约束和组织纪律约束相结合的作用下形成的。并且因为情节严重，家长报警后，警方介入，对涉事幼儿园教师刘某某因涉嫌虐待被看护人罪已被依法刑事拘留。这一处理方式是社会舆论约束和国家法律约束机制合力的结果。在这一案件的处理过程中，媒体与公众舆论监督与约束在和其他约束机制共同发力的过程中也获得了高度的认同，这种合力机制也推动着舆论约束持续深化发展，对社会不良行为产生了巨大的约束作用。2017年11月25日，北京市教委发声对事件涉案人员予以“强烈谴责”，北京朝阳区政府责成立刻免除该幼儿园园长职务。娱乐界众多明星纷纷发表言论谴责虐童事件，中国学前教育研究会也就虐童事件多次发表声明，强调“虐童行为违反了幼儿园老师的职业道德，严重伤害了孩子的身心健康，伤害了家长，辜负了社会的信任和期待，也极大地伤害了广大热爱儿童、热爱幼儿教育事业的老师们的专业感情”，提出“要明确管理责任，形成具体的管理政策和举措，实行问责制度”[②]。联合国儿童基金会也表示对政府部门将

①《红黄蓝幼儿园虐童事件：一教师被刑拘 责成园长免职》，http://news.china.com.cn/2017-11/25/content_41943870.htm

②《中国学前教育研究会关于近期发生的多起虐童事件的再次声明》，http://www.cnsece.com/KindTemplate/MsgDetail/49821

进行调查，开展幼儿园规范办园行为专项督导检查工作。在各方舆论的监督和约束下，虐童事件得到了一个公正合理合法的处理，给了社会一个满意的交代。但更重要的是，我们要通过舆论约束机制形成强大的约束力量，有效规制那些不良社会行为，消除那些丑恶社会风气。

第十章 健全社会风气惩戒机制

如同国家治理过程中不仅要重视道德教育等软约束机制的作用，也要积极发挥法律纪律的硬约束机制的作用一样，在优良社会风气培育中也必须充分发挥社会软约束功能和硬约束功能（惩戒机制）的重要作用，实现优良社会风气培育软约束与硬约束的有机统一。如果说，社会风气软约束机制是在人类社会文明发展和社会主体内在德性的信任基础上对美好社会风气的憧憬与期待的话，那么社会风气硬约束机制就是在人类社会发展的前进性与曲折性、人类社会主体的道德本性的辩证关照基础上，对社会优良风气底线的守护与捍卫。在新的历史时期，我们要继续全面推进从严治党，完善党内法规体系，健全党内法纪执行机制与制度，有效改善党内风气，以带动社会风气健康发展。我们要继续坚持全面依法治国，健全中国特色社会主义法律体系，提高社会主义法律执行能力，全面普及法治理念，促进全体社会主体守法、用法、护法意识的生成与发展，形成依法培育优良社会风气的客观环境，为社会风气改善提供良好的法治保障。

第一节 社会风气惩戒机制的主要内容

社会风气惩戒机制主要包括国法惩戒和党纪惩戒两个方面，具有权威性、严肃性和公正性等基本特征。优良社会风气的培育任务要求我们进一步完善社会风气惩戒机制，发挥社会风气惩戒机制在优良社会风气培育中的重要作用。

一、社会风气惩戒机制的主要手段

社会风气惩戒机制指的是通过惩罚惩处机制来改善社会风气。其主要手段包括两个方面，一是国法惩戒，二是党纪惩戒。当然，从组织的角度来看，一个单位内部的规章制度对其成员的行为具有惩戒功能，对其单位范围内的优良风气培育有重要作用，甚至对优良社会风气的养成也具有一定的积极意义。但鉴于本书讨论的重点是全社会范围的社会风气，在分析社会风气惩戒机制时，笔者着重分析国家惩戒机制和党纪惩戒机制这两种社会风气惩戒机制。

国法惩戒是通过发挥具有国家强制力的法律制裁作用来对不良社会风气行为进行惩罚、惩处，以直接遏制已经出现的社会不良行为，防止社会不良风气或行为的扩大化，减少不良行为或风气的负面影响。通过法律惩戒机制作用的发挥，也对发生不良行为的主体起到教育作用，防止其不良行为的复发。同时社会风气惩戒机制的作用还能对有类似行为尚未被发觉的行为主体或有类似行为动机的人起到警戒作用，对一般的社会主体也能起到教育作用。国法包括所有的国家法律，“由法律、行政法规、地方性法规三个层次，宪法及宪法相关法、民法商法、行政法、经济法、社会法、刑法、诉讼与非诉讼程序法七个法律部门组成”[①]。这些法律涵盖了社会生活的方方面面，促进社会严格依照法律运作，有助于社会秩序的稳定，有利于社会风气的改善。利用法律作为武器来治理社会不良风气，也能因法律效力的权威性和法律执行的强制性获得显著效果。

党纪惩戒，即中国共产党的党纪具有优良社会风气培育方面的惩戒作用。中国共产党作为中国唯一的长期执政党，其党纪惩戒功能不仅关系到党的自身建设，更关系到整个社会的建设与发展。党纪惩戒功能的发挥不

① 杨礼宾，成云雷：《简明廉政文化词典》，山东人民出版社2015年版，第35页。

仅会直接推动党风建设，也能通过党的各级组织将党纪惩戒机制的影响力、渗透力贯穿到整个社会中去，从而对社会风气的改善起到重要的带动作用。党纪的惩戒作用实际上是通过党内法规来实施的。党纪的惩戒作用实际上是党内法规的惩戒作用。党内法规是党各级组织制定的规范党组织的工作、活动和党员行为的党内规章制度的总称，主要包括党章、准则、条例、规则、规定、办法、细则等。其中党章是党内权力最高的法规，是党内最根本最基础的法规，为党内“宪法”，是党内其他一切法规制定的依据。

二、社会风气惩戒机制的基本特征

社会风气惩戒机制对社会风气的发展有着至关重要的作用。近些年来社会风气局部呈现道德滑坡现象的一个原因就是对社会风气中的不良行为的惩戒还不够深入、不够全面。因此，培育优良社会风气的一个重要渠道就是要不断健全和实施社会风气惩戒机制。那么，什么样的社会风气惩戒机制是我们需要的呢？一般而言，健全的社会风气惩戒机制必须具有权威性、严肃性和公正性等基本特征。

（一）惩戒的权威性

无论是国法惩戒还是党纪惩戒，都具有权威性。国法惩戒机制的权威性来自包括宪法在内的国家法律体系。法律是全体人民的意志，经过国家权力机关制定发布，因此代表了人民意志和国家意志，并依据国家暴力机器为基础进行全面实施，对社会主体行为起到规范、引导、制约和惩戒作用。优良社会风气培育要求重视对社会中不文明、不道德的行为进行治理，其中有一部分不文明、不道德的社会行为不仅违背了社会公序良俗的基本规范，甚至违反了国家法律。对这种社会风气的治理就必须依据国家法律法规给予严惩。党纪惩戒机制同样具有权威性，一方面党纪党规是中国共产党全面从严治党的基本手段。中国共产党作为中国的长期执政党，在政治生活中起到了领导核心作用，与坚持人民群众当家做主和坚持依法治国是有机统一的。中国共产党的领导地位是人民群众的自觉选择，是国家宪法法律明确规定的，因此中国共产党的党规党纪也就有着政治权威性。虽然党纪法规是针对内部党员和组织的，但是党纪党规是党的整体意志的集中体现，是工人阶级先锋队的意志体现、是中华民族和中国人民先锋队的意志体现，在党组织内部具有政治权威性。

（二）贯彻的严肃性

权威性的国法惩戒和党纪惩戒必须依靠严肃的贯彻机制才能得到有效的维护，因此社会风气惩戒机制还需具备严肃性，这一点是毋庸置疑的。“社会规范的神圣性、严肃性、威慑性是由惩戒手段来保证的。规范实施的外力系统一旦软化，违法越轨行为不能受到应有的惩罚，社会规范的神圣性、权威性就会受到极大的损害。社会规范权威一旦丧失，大量的社会失范行为的产生一定会不利于优良社会风气的确立与发展。”[①]我们不仅要制定良好的法律与严明的党纪，更需要将党纪国法真正贯彻执行，以对社会不良风气进行最为严厉的制裁，彰显社会风气惩治与戒除的严肃性。如果社会法律和党纪得不到有力的贯彻，即使法律和党纪是公正的，也无法对社会失范行为进行有效的约制与惩处。那么，社会中那些损害人民利益的贪官污吏，那些破坏社会主义社会道德规范的害群之马就会变得越来越猖狂，其不良行为会变本加厉，导致整个社会歪风邪气盛行。因此，优良社会风气培育的惩戒机制必须要坚持贯彻的严肃性，绝不能对不良社会行为放任自流或惩治不严，绝不能对不良社会风气惩戒“失之于宽，失之于软，失之于轻，失之于松”[②]。

（三）目的的公正性

旌善惩恶是党纪与国法的刚性价值，即通过强制性的惩处措施来消除社会风气的丑陋、邪恶部分，保护社会风气中的良善部分，促进社会风气

① 冷树青，等：《百年中国社会风习寻脉》，社会科学文献出版社2016年版，第278页。

② 冷树青，等：《百年中国社会风习寻脉》，社会科学文献出版社2016年版，第5页。

朝着清朗的方向发展。党纪国法对社会风气的治理，表面上是对社会主体行为的调整与规范，实际上是对社会价值观、社会行为规范和社会道德规范的维护。而社会价值、社会行为规范和道德规范都是在维护和实现人性善、制约和遏制人性恶的过程中形成的。所以社会风气惩戒机制实质上是对人性善的守护和对人性恶的制约，而这正是社会发展公正性的本质要求。因为不保护人性善，与不制约人性恶一样，都会对社会产生破坏性影响，都是导致社会不公正的因素。因此，对社会风气惩戒机制的严肃贯彻恰好就是维护和实现社会的公正性目的。一旦社会风气惩戒机制不能有效地维护其公正性目的，必然导致惩戒失灵。但社会惩戒机制失灵时，人们无法通过制度内的渠道实现公平正义，就会去寻求制度化的渠道来获取利益，则必然会“导致权力寻租、投机取巧、蝇营狗苟仗势欺人等歪风邪气盛行”[①]。例如，“南京国民政府在大陆统治后期，政治腐败、纲纪废弛，其社会惩戒机制旨在维护专制独裁统治，全无保障国民利益的愿望”，使其社会惩戒机制的公正性丧失殆尽，不仅失去了民心，削弱了其执政合法性，也“严重削弱了优良社会风气的运行发展，而歪风邪气却甚嚣尘上”[②]。所以，执政党和国家机关基于促进社会公正为目标的以党纪与国法为依据的旌善惩恶是社会风气优良化的根本屏障。

三、社会风气惩戒机制存在的问题

当前，随着我国全面依法治国和党的建设伟大工程的深入推进，我国的社会风气惩戒机制已经不断健全，但是与实现优良社会风气的要求相比，社会风气惩戒机制还有待进一步完善。

首先，从客观层面来看，社会风气惩戒机制的不足表现为：一是良法优规建设仍需加强。尤其是直接针对丑恶社会风气的法律尚有缺位之处，不利于通过法律途径和纪律途径来治理社会不良风气。当然，良法优规之所以不足有其现实原因，主要是我们建立社会主义国家的时间并不长，法

① 冷树青，等：《百年中国社会风习寻脉》，社会科学文献出版社2016年版，第247页。

② 冷树青，等：《百年中国社会风习寻脉》，社会科学文献出版社2016年版，第272页。

制建设的时间较短。中华人民共和国成立至今也仅仅70年，我们真正开展法治建设的时间并不长，尤其是同西方发达国家几百年的法律发展史相比，我们尚处于幼年时期。另外，我国正处于社会转型的关键时期，各种社会问题也随着社会结构的转换而不断涌现，不少社会利益关系是以前所没出现的。因此，针对调整新生的社会利益关系的法律法规建设还需要一定的时间。二是法律贯彻落实机制发展略显滞后。在现实生活中，确实存在着一些政府机构或党的基层组织在落实国家法律和党内法规时有法不依、执法不严、敷衍塞责的行为，甚至还有执法机构“执法犯法”的现象。这种行为不仅破坏了党纪国法在人们心中的权威性和严肃性，而且直接纵容了不遵守社会法律、党内法律和社会道德规范的人，败坏了社会风气。虽然这种情况并不多见，但其危害甚大，影响甚远，必须引起警惕和重视。

其次，从主观层面来看，主要是勤勉公正的执法主体建设仍有待加强。勤勉公正的执法主体的不足对优良社会风气培育的不良影响非常大。一是因为勤勉公正的执法主体本身是推进社会风气发展的重要力量，是社会优良风气的重要承载者、宣传者和示范者。所以勤勉公正的执法主体的不足必然不利于社会风气的良性发展。二是极少数执法主体不仅没有成为社会优良风气的行为示范者，反倒堕落成贪污腐败违法犯罪分子、奢侈浪费拜金享乐分子，退化为不良风气的行为主体，不仅损害了人民群众的根本利益，给人民群众带来了错误的影响，更是直接破坏了社会优良风气。三是一小部分执法主体法治意识不强，执法能力不足。因为执法主体法治意识不强，就会导致执法不严，甚至是执法不公；因为执法主体执法能力不足，则会导致执法效果不佳。两种情况都可能会导致对社会不良风气的治理不严、处理不妥，会进一步导致社会风气的恶化。这里需要指出的是，为了便于论述，此处没有严格区分行政执法主体与一般司法主体的区别，而是都视为执法主体。有学者研究指出，“在整个国家机关序列中，行政机关所占比例、比重最大，执法涉及面最广，在我国约有80%以上的法律和法规是由行政机关来执行的。执法的主体还包括司法机关，司法腐败是我国吏治腐败的一个重要组成部分，又因为司法是维护社会公正的最后一道屏障”[①]，如果司法不正、执法不公，那必然会导致不良的社会行为、甚至违法犯罪行为得不到应有的惩罚，则法律公义不彰，社会道义不显，社会风气将继续恶化。

所以，要发挥社会惩戒机制在优良社会风气培育中的重要作用，就必须完善社会风气惩戒机制。要根据时代发展要求，加快完善我国社会主义法律体系，完善党内法规体系，为培育优良社会风气提供完善的党纪国法依据；要加强执法主体队伍建设，提高执法主体的法治意识和纪律意识，增强执法主体的执法执纪能力，有效遏制和消除社会丑恶行为，培育出一个风清气正的社会环境。

第二节　完善社会风气惩戒机制之党纪路径

培育优良社会风气，必须完善社会风气惩戒机制。这要求我们要全面推进从严治党，完善党内法规体系，做到依规治党。要健全党内监督制度，提高党自身治理不良党风的能力。党风是社会风气的主心骨。优良社会风气培育首要任务是治理不良党风，培育优良党风。全面从严治党是当前优良党风建设的重要举措。

一、现实依据：充分认识全面从严治党以培育优良党风的紧迫性

当代中国社会确实存在着一些不良社会风气，这些不良风气在社会各个领域都有所表现。培育优良社会风气的一个努力方向也就是要着力消除各个领域中存在的不良风气。在当代中国政治领域中的不良风气主要表现为极少数人政治信仰淡化、极少数人贪污腐败严重、极个别地方“四风”

① 孙来清：《论执法不公的危害、成因及对策》，《克山师专学报》，2003年第22卷第4期，第35页。

问题突出等情况。

(一)极少数人政治信仰淡化

改革开放以来，随着西方各种社会思潮的涌现，社会价值观多元化趋势的深入发展，对我国社会主义意识形态建设形成了重要挑战，对马克思主义信仰产生了一定的冲击。“马克思主义信仰首先是一种世界观的信仰”，是一种对共产主义的信仰，“对共产主义信仰的追求体现了政治信仰的价值意义”，为“人类社会政治生活的重要精神支柱”，否则“人们在社会政治生活中就会迷失方向”。[①]

在具体的实践中，信仰淡化首先集中体现在政治信仰缺失方面，而政治信仰缺失则体现为对共产主义最高理想的不坚定，甚至否认共产主义这一社会发展目标；体现为对社会主义道路的不自信，表现为对中国特色社会主义道路和中国特色社会主义制度的否定，甚至要回走僵化封闭的老路，或是要走改旗易帜的邪路，这都是极度危险的事情。其次是政治信仰的边缘化。这种情况主要表现为对国家利益和人民利益漠不关心，对国家事务缺乏应有的政治责任感，对社会工作缺少应有的参与积极性。关心国家和人民的利益是每个公民的基本责任和义务，但是政治信仰的边缘化则使得包括一小部分公职人员在内的少数个体只愿意关心其个人利益的得失，对待工作敷衍了事或者置之不理，把国家和人民的利益抛之脑后。这种“信仰淡化”之风必须及时刹住。

“政治信仰在精神统摄、价值评价、社会控制和审美定向等一般信仰的价值功能基础上，还表现出强烈的政治性，使其带有‘强制性’和公众性色彩的意识形态特征，不仅在国家治理、政党奋斗和地区发展中具有全局性、战略性和根本性的意义，还在政党治理现代化中表现出逻辑和历史的统一性。”[②]政治信仰对国家独立存续、政党奋斗事业、社会和谐稳定都有

① 张连:《马克思主义信仰危机辨析——关于马克思主义信仰内涵的再思考》,《长白学刊》,2010年第3期,第36,38页。

② 刘先春,李亚:《政治信仰:政党治理现代化的精神内核》,《中共浙江省委党校学报》,2017年第2期,第58页。

着重要的支撑价值。因此，树立民众的正确政治信仰，即坚定的马克思主义信仰，并坚持马克思主义信仰的主流化、中心化和主导化，是中国特色社会主义伟大事业发展的必由之路，是实现中华民族伟大复兴中国梦的精神支撑。同时，马克思主义政治信仰越坚定，社会政治心理就越成熟，政治精神的价值功能就越强大，才能有效彰显马克思主义政党的优良传统与优良作风，并在全社会形成忠诚于党、忠诚于国家、忠诚于人民的高贵品行与风气，引领人民群众形成爱党、爱国、爱人民的优良社会风气。

（二）极少数人贪污腐败严重

因为极小数人政治信仰的淡化与缺失，国家政治监督制度的不健全，社会贪污腐败现象仍然存在，严重侵害了国家和人民的利益。具体的表现有：个别干部利用手中权力在选拔干部上任人唯亲，破坏了党的任人唯贤、德才兼备的基本原则，把一些无德无才的蛀虫选到公职岗位甚至是领导岗位上来，给党和国家事业带来了严重危害。部分干部在物质利益问题上注重享受，甚至不惜违纪贪污受贿。当前腐败分子贪污的手段越来越隐蔽化，越是高级别的官员堕落成贪腐分子后，其贪腐行为越难以被察觉。这些贪腐分子“总是打着各式各样的旗号以种种理由欺骗组织，蒙蔽群众，以这样那样的借口中饱私囊，增强了腐败的欺骗性；甚至有些腐败分子以各种借口美化自己的腐败行为，以便蒙蔽组织和群众”[①]；贪污的主体越来越群体化。贪污腐败分子为了保障自己的地位与利益，扩大自己的利益范围，会不断以官职、金钱或美女来引诱其他官员，将那些政治信仰不坚定、政治觉悟不高的官员拉下水，以形成利益一致、官官相护的贪腐利益集团。另外，由于高级官员的腐败行为，也会给部门内部及下级官员带来错误的示范效应，让更多的官员上行下效，集体堕落为贪腐分子。有研究指出，“20世纪70年代前，特大经济犯罪基本属个体犯罪；20世纪80年代后，群体腐败越来越多，贪污、受贿、渎职等案件许多是窝案、大案、串案，往往是‘拔出萝卜带出泥’。近年来出现的腐败大案，很多是以群

① 熊光清：《当前中国的腐败问题与反腐败策略》，《社会科学研究》，2011年第5期，第54页。

体腐败形式出现的”[①]。

十八大以来，党和国家加大了治理贪污腐败工作的力度，有效地遏制了贪腐之风。自2012年以来，李春城、刘铁男、倪发科、王素毅、蒋洁敏、李东生、周本顺、周永康、令计划、令政策、苏荣、杜善学、令政策、万庆良、郭伯雄、申维辰、金道铭、杜善学、万庆良、谭力等一批部委和地方高官落马，案件查办“零容忍”态势明显。在2017年10月召开的党的十九大会议上，十八届中央纪律检查委员会向中国共产党第十九次全国代表大会作的工作报告中指出，“2014年以来，全国共有7020个单位党委（党组）、党总支、党支部，430个纪委（纪检组）和6.5万余名党员领导干部被问责”，“党的十八大以来，经党中央批准立案审查的省军级以上党员干部及其他中管干部440人，其中，十八届中央委员、候补委员43人，中央纪委委员9人。全国纪检监察机关立案154.5万件，处分153.7万人，其中厅局级干部8900余人，县处级干部6.3万人，涉嫌犯罪被移送司法机关处理5.8万人”[②]。这些数据说明了我们党和国家治理腐败取得了重要成绩，但也反映了党政机构仍然存在严重的贪污腐败风气，虽然目前反腐败工作已经取得压倒性的态势，但是隐藏在党政机构中的贪腐分子并没有完全消除。贪腐之风直接侵害了人民利益，危害深重，所以从严治党永远在路上，要通过坚定的彻底的反腐工作，还政治领域一片廉洁自律之优良风气，还人民群众一个风清气正的政治生态。

（三）极个别地方“四风”问题突出

“四风”是指形式主义、官僚主义、享乐主义和奢靡之风，是典型的政治陋习，也是人民群众最为痛恨的风气问题。

形式主义的突出表现是官员把精力放在表面功夫上，多文山会海而少将党和国家政策落地生根、多弄虚作假而少真抓实干、多急功近利而少聚焦于事业的长远发展、多脱离实际而少开展扎实的调查研究，重虚名而不重实效，等等。

① 熊光清：《当前中国的腐败问题与反腐败策略》，《社会科学研究》，2011年第5期，第53页。

② 李学同，陈金龙：《新时代全面从严治党知识问答》，人民出版社2018年版，第214页。

官僚主义作风的主要表现“是脱离实际、脱离群众，高高在上、漠视现实，唯我独尊、自我膨胀”①。官僚主义的实质是没有认清人民群众与自身的关系，没有正确处理好人民利益和自身利益的关系。官员手中的权力是来自本职岗位的授予，而国家机关各职位上的权力都来自人民的授予，因此官员的权力真正来源是人民群众。官员的本职工作就是服务人民，对人民利益负责，所以官僚主义者完全混淆了官员与人民群众之间的关系。

享乐主义的表现主要是党员干部信仰缺失导致精神空虚；思想上不思进取导致慵懒松散、得过且过；态度上安于现状导致工作虚与委蛇、拈轻怕重；工作上迷恋特权导致争名逐利；生活上讲究排场导致贪污腐化、生活糜烂、挥金如土。

奢靡之风的主要表现是凡事铺张浪费比阔气、大兴土木搞建设，超标配置办公设施；不顾地方实际造节办节，各种赛事泛滥成灾，劳民伤财；巧立名目，挪用公款，挥霍无度。私设金库，滥发津贴，乱发福利，变相侵占国家财产等。

十八大以来，我党严厉整治“四风”问题，取得了令人骄傲的成绩，但以上情况仍然没有完全消除，清除“四风”流毒依然是党和国家政治工作的重要内容。为此，习近平强调必须要全面从严治党，继续开展有新的历史特点的国家政治风气建设工作，着力解决“四风”问题，因为这“‘四风’是违背我们党的性质和宗旨的，是当前群众深恶痛绝、反映最强烈的问题，也是损害党群干群关系的重要根源。‘四风’问题解决好了，党内其他一些问题解决起来也就有了更好条件”②。“四风”根除才能真正达到政风清朗的目的。

在2017年召开的党的十九大会议上，十八届中央纪律检查委员会向中国共产党第十九次全国代表大会做的工作报告中指出，十八大以来全党全面落实中央八项规定精神，驰而不息纠“四风”，大力治理公款吃喝、公款旅游、公款送礼等奢靡之风；开展党的群众路线教育实践活动中，严查奢靡享乐、超标使用办公用房、超配公务用车等；开展“三严三实”专题

① 孔繁顺:《力戒官僚主义之风》,《求是》,2013年第17期,第34页。

②《习近平谈治国理政》第2卷,外文出版社2014年版,第374页。

教育活动，深纠文山会海的形式主义和官僚主义作风；开展“两学一做”学习教育，增强党性修养，提高党性意识，转变党员工作作风。多年来，在以习近平同志为核心的党中央的领导下，反对“四风”工作取得了重要成绩，“各级纪检监察机关共查处违反中央八项规定精神问题18.9万起，处理党员干部25.6万人”[①]。但是由于四风问题自身的顽固性、复杂性和反复性，决定了治理“四风”问题是一项长期性、系统性、艰巨性的工作，绝对不是一蹴而就、短期突击就能彻底完成的。

2017年10月27日，习近平主持十九届中央政治局第一次会议并审议了《中共中央政治局贯彻落实中央八项规定的实施细则》，提出要一刻不停歇地推动作风建设向纵深发展。2017年12月习近平就新华社一篇名为《形式主义、官僚主义新表现值得警惕》的文章做出指示，再次强调“四风”问题具有顽固性反复性，要求全党全力纠正“四风”的步伐不能停止，务必要扎紧制度笼子，构建长效机制，持续深入纠正“四风”，锻造作风优良的马克思主义政党，并要求广大党员要树立良好的道德风尚和培育优良的家风，要以优良的党风带动民风好转、社风趋善，加快风气清朗的和谐社会的建设进程。习近平特别强调，“当前，有的地方和部门正气不彰、邪气不祛；‘明规矩’名存实亡，‘潜规则’大行其道；求真务实、埋头苦干的受到排挤，好大喜功、急功近利的如鱼得水。这种风气不纠正、不扭转，对干部队伍杀伤力很大。‘浇风易渐，淳化难归。’”[②]。因此，党政部门务必要清除不正之风，发展社会主义政治文明，促进政治生态山清水秀。

二、固本培基：强化党纪、完善党规，夯实优良党风的生长基础

党的纪律是全体党员执行党的路线的基础性保障，是维护全党利益和人民意志的有力武器，是全党必须遵守的行为规则。只有纪律严明的政党，才可能是作风优良的政党。

---

① 李学同，陈金龙：《新时代全面从严治党知识问答》，人民出版社2018年版，第213页。

②《习近平谈治国理政》第2卷，外文出版社2017年版，第167页。

(一)加强党员纪律意识教育,培养作风优良的合格党员

“我志愿加入中国共产党，拥护党的纲领，遵守党的章程，履行党员义务，执行党的决定，严守党的纪律，保守党的秘密，对党忠诚，积极工作，为共产主义奋斗终身，随时准备为党和人民牺牲一切，永不叛党”。这是中国共产党的入党誓词。从入党誓词中我们可以看出，遵守党的纪律，履行党员责任，是一个党员的基本义务。党的十九大明确提出把党的纪律建设作为党的建设伟大工程的重要内容，并要求全体党员时刻把党的纪律放在前面，自觉遵守和维护党的纪律，以个人的实际行动捍卫党的良好形象。因此，党员必须自觉遵守党的纪律，确立严明的纪律意识，形成党员优良作风，维护党和人民的根本利益。

首先，要实现党员纪律意识教育常态化。要在全党上下全面实现党员纪律意识教育常态化机制，党的各种组织既要按照党的纪律教育总体要求定期开展常规性的纪律教育活动，也要根据自身部门的特殊性和实际情况开展富有特色的专题纪律教育活动。例如，不少党的地方组织均已出台规定要求党的组织机构领导班子在每月至少开展一次专题纪律教育，有的甚至要求每周一次专题纪律教育。并要求将这项工作抓实落实，对那些敷衍了事的部门领导进行问责，以着重提升党员干部的党性意识和纪律意识。

其次，要实现全方位的纪律意识教育。全党上下都必须接受党的纪律教育。不管是各级党组织的领导人，还是普通的党员、群众，无一能例外。从党内风气形成与发展规律角度看，党的上层领导的风气状况对党的基层风气有着重要的示范性影响，党的各级组织领导的风气状况对党的各级组织中普通党员的示范影响较大。所以要优先强化党的各级领导的纪律意识教育。因为在党内权力地位越高的领导，对党的事业的发展越有影响力，对党员群众越有示范性作用。一旦党各级领导的纪律意识不强，其危害程度是远远大于普通党员缺乏纪律意识所产生的不良影响。当然，我们也决不能放松对每一个普通党员的纪律意识教育。要提高普通党员对纪律意识教育权威性、严肃性和重要性的思想认识，建立和完善党员意识教育

体系，让“党员干部要牢固树立纪律和规矩意识，严格遵守党的纪律和政治规矩，特别是‘八小时以外’要管好自己和家人，做到不踩‘红线’，不闯‘底线’，不越‘雷池’”[①]，形成全党上下守纪律、讲规矩的良好政治氛围”。

（二）完善党内法规体系，为治理党风提供党内法规依据

完善党内法规体系，一是要继续完善和坚持落实党内法规制定的法律依据，以制定出更为科学的党内法规。2013年5月27日，经中共中央批准，《中国共产党党内法规制定条例》《中国共产党党内法规和规范性文件备案规定》公开发布。这是党内的“首部立法法”，这对推进党内法规建设具有重大的历史意义，为党提升科学执政水平、民主执政水平和依法执政水平奠定了党内法制基础。二是要求继续完善党章、准则、条例、规则、规定、办法、细则，以适应新时期党内纪律建设的需要。目前，“党内法规制度建设中还存在一些不足，党内法规制度系统性、协调性还不够，主要是：基础主干性党内法规不够齐全，不少法规制度空白依然存在；配套法规制度跟不上，影响上下紧密衔接制度合力的形成；一些法规制度冲突重复、叠床架屋，还有一些法规制度老化，明显滞后于实践”[②]。党的十八大以来，以习近平同志为核心的党中央高度重视制度治党、依规治党，深入开展党内法律法规建设，“截至2017年初，一大批标志性、关键性、引领性的党内法规出台，共制定修订74部党内法规，超过现行有效的170多部党内法规的40%，党内法规制度体系的框架基本形成”[③]。2017年8月中国共产党印发《关于加强党内法规制度建设的意见》对加强新形势下党内法规制度建设提出明确要求并作出统筹部署。新时代，我们要继续通过健全党内法律法规体系，提高党员遵纪守法意识，健全党内政治生

①《北京：实现让每名党员干部接受严格的纪律教育》，http://fanfu.people.com.cn/n/2015/1010/c64371-27679938.html

②《加强党内法规制度建设的重要部署》，http://theory.people.com.cn/n1/2017/0828/c40531-29498511.html

③方涛：《加强党内法规制度建设的重要部署》，《学习时报》，2017年8月28日，第A5版：党史党建。

活，引导党员“自觉抵制商品交换原则对党内生活的侵蚀，营造风清气正的良好政治生态”[①]。

三、扶正祛邪：改革党内纪检监察制度，有效治理党内不良风气

严明的纪律是党风优良的前提，而纪律的执行状况则直接关系到党风优良的程度。为确保有效开展党风建设工作，还必须要对党纪执行状况进行充分有效的监督。

（一）十八大以前中国共产党监察制度的历史沿革

自1921年中国共产党正式建党以来，就明确提出了我党纪律检查的主张，体现在党的各项纪律、原则和规定中。中共五大以前并没有设立专门的纪律检查机构，党内监察职能主要由中央和地方执行委员会履行。“从1927年党的五大到1982年党的十二大期间，党参照列宁的建党学说全面建立纪检监察制度”[②]，并于1927年中共五大成立了专门的纪律检查机构——监察委员会，并确保了纪律检查机构的权威性和独立性。1927年6月通过的《中国共产党第三次修正章程决案》，将新成立的监察委员会单列一章，专门就监察委员会的产生、委员任职条件与权限做了明确的规定。当时建立的监察委员会是“接近于一个跟党委平行设置的机构”[③]。虽然1927年建立党的监察委员会，但是后来随着革命战争的需要，相继产生了许多新的检察机关，党的监察任务不断被调整，直到1945年党的七大“重新确认监察委员会作为‘党的监察机关’”[④]。但这次会议却对

① 习近平：《决胜全面建成小康社会　夺取新时代中国特色社会主义伟大胜利——在中国共产党第十九次全国代表大会上的报告》，人民出版社2017年版，第62页。

② 刘金程：《中国共产党纪检监察领导体制的演化：90年的回顾与展望》，《河南社会科学》，2011年第5期，第26页。

③ 刘金程：《中国共产党纪检监察领导体制的演化：90年的回顾与展望》，《河南社会科学》，2011年第5期，第26页。

④ 刘金程：《中国共产党纪检监察领导体制的演化：90年的回顾与展望》，《河南社会科学》，2011年第5期，第26页。

党的监察委员会的地位做了非常大的调整，监察委员会由原来的“接近于一个跟党委平行设置的机构”变成了党委领导下的工作部门。从1945年到1982年之间，虽然出现了几次短暂的关于监察委员会垂直领导体制的尝试，但是大体上都维持着“党委领导监委”的体制。这一时期的党内监督机制改革给纪检机关带来了一定的独立性，也正是这种不完全的借鉴，造成了纪检机关独立性依然不足的局面。纪检机关在人事任免、业务开展等方面都要受到同级党委的制约，更谈不上充分地行使对同级党委的监督权。虽然言为双重领导，但是在地方党委和上级纪检部门两者的博弈中，地方党委在这个充满弹性的空间里拥有更多优势（如财权、人事权）来占据主导地位。因此，这一时期党内纪检监察机构的独立性是相当微弱的。“经验证明，多数实际情况下纪检监察仍然是以同级党委领导为主，上级纪委的领导主要是业务方面的指导。所以，双重领导体制下的纪检工作依然难以保证纪律检查与党内监督的独立性，同体监督以及监督难、难监督等问题依然普遍。”①

2000年以来，为了改变纪检部门独立性严重不足的局面，中国共产党加强了纪检监察体制机制垂直化趋势的努力与探索，并取得了重大的进展。2004年，中国共产党出台《中央纪委、中央组织部、中央编办、监察部关于对中央纪委监察部派驻机构实行统一管理的实施意见》（以下简称《意见》），决定由中纪委、监察部统一直接领导管理派驻机构，打破派驻机构的双重领导体制，这次改革被社会各界视为对纪检监察体制的一次重大的改革和制度创新，被称为针对党委分权这一禁区进行的一次崭新的探索，随后的几年里，这一改革逐渐在省、市、县的各级派驻机构中全面展开。这些改革在一定程度上有力地改变了纪检监察工作监督不力的局面。关键的原因有两个：一是建立了垂直的监察工作机制。《意见》规定：“派驻机构实施监督和查办案件工作直接受中央纪委监察部领导，重要情况和问题直接向中央纪委监察部请示、报告。”同时还规定派驻干部的人事任免、年度考核和奖励、档案等均不归驻在部门，这就理清了监督者与被监

① 刘金程：《中国共产党纪检监察领导体制的演化:90年的回顾与展望》,《河南社会科学》,2011年第5期,第27页。

督者的关系，使得“派驻人员”摆脱了驻在部门的领导和干预，拥有充分的独立性和自主性；二是专业化、专职化的纪检监察队伍的建立，使纪检监察工作专业化、规范化、制度化水平得到有效提升；三是加强对驻在部门决策权的监督。《意见》规定：“为便于派驻机构履行职责，派驻纪检组组长继续担任驻在部门党组成员，并参加驻在部门有关行政领导会议，但不参与驻在部门的业务分工；派驻监察局局长列席驻在部门有关行政领导会议。”这就是要求强化党内监察机制独立性、实现监察队伍专职化和加强对党内领导干部监督，以有效的党内监督肃清党内不正之风气。

从总体上说，从“双重领导”到“统一领导”的转变，有利于增强派驻机构的相对独立性和权威性。但是这次监察体制改革也有其局限性，主要表现在三个方面：第一，派驻制度的全面改革虽然在一定程度上强化了纪检监察机关的独立性，但这一制度的全面推广也把监察队伍分散化，难以形成有效的合力。有的学者据此甚至认为“派驻制并没能把纪律监督工作真正统一管理起来”[①]。第二，派驻纪检组组长参加驻在部门有关行政领导会议，为纪检监察工作干预驻在部门正常工作提供了可能性。第三，也是最关键的一点，就是此次改革主要还是集中在监察体制内部。虽然这次改革被称为针对党委分权这一禁区进行的一次崭新的探索，但是从纪检监察机构与同级党委的关系来看，并没有太大的变动，纪检监察体制从总体上看，依然是“双重领导制”。这些问题需要在党内纪检监察制度进一步的改革中得到稳妥的解决。

（二）十八大以来党的纪检监察体制改革实践

中国共产党从建立党内监察机构至今，党内监察机构的地位和性质发生了深刻的变迁：从最初刚成立时期的“接近于一个跟党委平行设置的机构”[②]，到“党委领导下的一个工作机构”，再到双重领导体制下“有微弱

① 刘金程：《中国共产党纪检监察领导体制的演化:90年的回顾与展望》，《河南社会科学》，2011年第5期，第27页。

② 刘金程：《中国共产党纪检监察领导体制的演化:90年的回顾与展望》，《河南社会科学》，2011年第5期，第26页。

独立性的”监督机构，再到双重领导体制下“有较强独立性和灵活性的”监督机构。这一变化脉络表明，中华人民共和国成立以来党内监察机构不断完善，党内监督思想不断成熟，这一历史趋势是党内民主发展的必然方向。

列宁曾倡导建立一个不受同级党委管辖的党内监察委员会，监察委员会只对代表大会（代表会议）和上级监察委员会负责，监察委员会对同级党委会有监督权。这种监察机制的最大特点就是保证了监察机构的权威性和独立性。对于党委而言，这种监察体制就是“异体监督”或“外体监督”，这是确保拥有巨大权力的党委规范运权的根本途径。但是这种体制也是最难以实施的。十八大以来，我们党在增强党内监督机构独立性方面又前进了一大步。2015年8月我们党实行了《中国共产党巡视工作条例》，明确规定建立党内纪检巡视制度，即中央和省、自治区、直辖市党委通过建立专门巡视机构，按照有关规定对下级党组织领导班子及其成员进行监督的制度。这主要是针对党内组织的领导干部的监督与检查。十九大报告指出，我们将建立监督面覆盖全体党员的党内巡视制度。这是在党内巡视制度基础上的重大发展，将党内监督从高层推向基层，从监督领导干部扩展到监督全体党员，从而实现全面从严治党向基层延伸的目标，打通党内监督“最后一公里”，在全党范围内肃清不良风气，打造优良党风。2018年3月召开的十三届全国人大一次会议通过了宪法修正案和监察法，产生了中华人民共和国国家监察委员会及其领导人员，标志着中国特色国家监察体制已经形成。同年3月23日，中华人民共和国国家监察委员会正式揭牌成立，全面覆盖国家机关及其公务员的国家监察体系基本形成，我们正式迈开了中国特色国家监察工作的新步伐。至此，“国家、省、市、县四级监察委员会全部组建产生，在党和国家机构建设史和纪检监察史上具有里程碑意义，监察体制改革由试点迈入全面深化新阶段。”[①]这必将成为党和国家治理政治腐败，防止形式主义、官僚主义、享乐主义和奢靡之风的一把锋利宝剑，最终实现党内民主风气的质的飞跃，实现党风的优良化。

①《健全党和国家监督体系的创制之举——国家监察委员会产生纪实》，http://www.gov.cn/xinwen/2018-03/24/content_5277138.htm

第三节　完善社会风气惩戒机制之法治路径

当前社会风气不正趋势的蔓延，一个重要原因就是法治体系的不健全和法治信仰的不足。邓小平也曾指出，“纠正不正之风中属于法律范围、社会范围的问题，应当靠加强法制和社会教育来解决”[①]。因此，优良社会风气培育必须纳入法治轨道上来，培育优良社会风气也离不开法治这一重要的锋利武器。因此，要按照实现新时代社会主义法治总目标的根本要求，全面依法治理社会风气，促进社会风清气正。

一、全面贯彻落实法治理念，为培育优良社会风气营造法治环境

建设社会主义法治国家是中国特色社会主义民主政治发展的基本目标，也是建设中国特色社会主义伟大事业的必然要求和根本保障。优良社会风气培育是社会主义事业建设的重要组成部分，因此，优良社会风气培育离不开优良的法治环境，甚至可以说，优良的法治环境本身就是一种优良的社会风气。

要培育优良的法治环境，对社会主义中国来说，主要是必须深入推进两个方面的工作。

一是彻底摆脱和清除传统封建社会遗留下来的“人治”观念。传统的“人治”观念是旧社会中遗留的腐朽的文化价值观念。众所周知，文化价值观念是在一定的社会物质基础和物质生产关系上形成的，并反映着一定时代的社会交往关系。人治观念正是对封建社会的皇权专制制度的集中反映。近代以来，辛亥革命推翻了封建专制制度，新民主主义革命和社会主义革命消灭了封建统治阶级的统治根基——封建地主土地所有制，从制度

① 《邓小平文选》第3卷，人民出版社1993年版，第163页。

上根本消解了传统封建社会对中国人民的统治与压迫。但是由于文化观念变革的滞后性，传统封建社会的“人治”观念却并没有随之一起彻底消失，而是潜藏在部分人的内在精神领域中，并对社会产生了诸多不良影响。因此，我们必须要从精神领域和价值领域认识到彻底清除“人治”思想流毒的必要性和紧迫性。

二是要迅速全面落实法治理念。摆脱“人治”观念影响的最根本措施就是全面普及法治理念，使法治理念深入人心，使法治精神成为全体公民社会行为的基本准则和社会交往的价值基础。这里特别需要注意的是，作为国家法律的制定者和执行者的国家机关（立法机关、政府机关、审判机关、监察机关等）都必须坚持法治的基本理念，这就是社会主义法治国家的核心要求——依法运权。具体表现为要依法立法和依法行政。这就是一方面要求立法机关——各级人民代表大会及其常务委员会、有立法授权的各级政府及其职能部门等都必须坚持依法立法的基本原则，制定出符合国情需要的、符合时代需要的、符合人民根本利益需要的社会主义法律、法规和规章等。全国人民代表大会及其常务委员会要依法修订宪法，为法治建设和国家建设提供国家根本大法支撑。另一方面还要求政府及其职能部门必须完全按照法治精神和法治要求落实和实施法律法规，且政府自身绝对不能带头违背法律要求，绝对不能以身涉法。因而政府必须忠实地履行宪法和法律确定的基本职责，按照法定的程序去执行政府权力。1997 年党的十五大就提出“一切政府机关都必须依法行政”。随后，《国务院关于全面推进依法行政的决定》《全面推进依法行政实施纲要》《中共中央关于全面推进依法治国若干重大问题的决定》等一批重大的法治文件相继出台，推动了法治政府建设。通过国家依法立法和依法行政，有效地治理违法犯罪等社会丑恶行为，最大限度地保障了社会公平正义，有助于推进优良社会风气的培育工作。

二、健全社会主义法律体系，为培育优良社会风气提供法律依据

要深入落实全面依法治国的重要战略部署，健全社会主义法治体系，为培育优良社会风气提供法律依据和法制保障。党和国家早就提出“依法治国”的基本国策。党的十八大进一步强调要健全社会主义法律体系，深入推进“全面依法治国”，建设“法治中国”，并明确提出了“科学立法、严格执法、公正司法、全民守法”[①]的“新法治十六字方针”，为优良社会风气培育法治化指明了方向。

国家制定的法律必须反映人民的意志。马克思直言由“共同利益所决定的这种意志的表现，就是法律”[②]，“法律应该是社会共同的、由一定的物质生产方式所产生的利益和需要的表现”[③]。列宁也指出，“法律就是取得胜利并掌握国家政权的阶级的意志的表现”[④]，是给包括“大多数农民”在内的全体劳动者“提供方便的东西”[⑤]。法律从本质上看是必须能反映和维护全体人民的根本意志和根本利益的。中国特色社会主义法律的最大正义就在于其是代表和维护全体中国人民根本利益的。然而，由于人民根本利益是在不断发展变化的，而且社会环境和国际环境也在不断发生变化，这就决定了中国特色社会主义法律必然有着与时俱进的基本特质。中国特色社会主义法律必须要能体现对“真”“善”“美”等社会生活公共美德的追求，必须体现对“民主”“平等”“自由”“公平”“公正”等社会共同价值目标的追求，还必须能跟进因时代变化和社会进步所引起的社会价值和社会道德规范的内涵演变过程，以更好地实现人民群众的心之所向。

要达到这一目标，就必须推进完善社会主义立法机制，按照依法立法、民主立法和科学立法的原则，制定和完善覆盖社会发展和国家建设方方面

①《习近平谈治国理政》第2卷，外文出版社2017年版，第26页。

②《马克思恩格斯全集》第3卷，人民出版社1960年版，第378页。

③《马克思恩格斯全集》第6卷，人民出版社1961年版，第4页。

④《列宁全集》第16卷，人民出版社1988年版，第292页。

⑤《列宁全集》第30卷，人民出版社1985年版，第143页。

面的法律法规，健全中国特色社会主义法律体系。2014年，中共中央确立了全面依法治国的战略布局，进一步推动了社会主义法律体系建设的步伐。2017年召开的十九大进一步提出了习近平新时代中国特色社会主义思想，其内涵明确提出了“全面推进依法治国总目标是建设中国特色社会主义法治体系、建设社会主义法治国家”[①]，将社会主义法律体系建设上升到一个新的历史高度，有助于充分实现以法治方式维护最广大人民根本利益这一目标。

据全国人大常委会法制工作委员会前主任李适时同志介绍，“‘十二五’以来特别是党的十八大以来，全国人大及其常委会认真贯彻落实中央决策部署，围绕加快形成完备的法律规范体系，深入推进科学立法、民主立法，切实提高立法质量，立法工作取得显著成效。2011年以来，全国人大及其常委会共制定、修改法律61件，作出相关法律解释10件、有关法律问题的决定30件，共101件；与此同时，国务院制定、修改行政法规73件，有立法权的地方人大及其常委会制定、修改地方性法规、自治条例、单行条例3497件（2014年年底数字）。截至2015年9月底，除现行宪法外，我国现行有效的法律共244件，行政法规共746件，地方性法规共9540件（2014年年底数字）”[②]。这说明当前中国特色社会主义法律体系建设已经取得了重要成绩，为国家管理和社会治理提供了充分的法律依据。当然，健全社会主义法律体系这一任务并没有结束，因为同理想状态的法治体系和法治水平还有一定的差距。从现实来看，“当前的行政立法工作在立法主体方面、在立法授权范围方面、在行政立法程序、行政立法监督方面都存在着不同程度的问题，导致行政立法质量不高。有学者研究指出，当前行政立法过程中立法主体偏向于行政权，立法目的转向提高行政效率而并非是促进公共利益；立法范围宽泛，具体的立法事项没有界定；行政立法质量不高；立法程序不统一、不完善；行政立法的监督控制不力，导致行

① 习近平:《决胜全面建成小康社会　夺取新时代中国特色社会主义伟大胜利——在中国共产党第十九次全国代表大会上的报告》,人民出版社2017年版,第19页。

② 李适时:《不断完善以宪法为核心的中国特色社会主义法律体系》,《中国法律评论》,2016年第1期,第1页。

政立法随意性很强。因此，政府的行政立法必须严格按照宪法和法律的规定，依照法定的程序，科学立法，提高行政立法质量。党的十八届四中全会更是明确指出在现行的法律体系中‘有的法律法规未能全面反映客观规律和人民意愿，针对性、可操作性不强，立法工作中部门化倾向、争权诿责现象较为突出’。所以必须不断完善和健全旨在实现人民利益的符合人民意志的社会主义法律体系”[①]。随着中国特色社会法律体系的不断健全，必将为治理各领域、各层面的不良社会行为提供坚实的法律支撑，将有力规范违法乱纪的社会不良现象，维护好社会公共秩序和公共规范，有助于形成遵纪守法的优良社会风气。

三、严肃执行社会主义法律，为培育优良社会风气提供执法保障

要提升社会主义法律的执行力，使法律真正成为治理丑恶社会风气的锋利武器。法律是人民意志的集中体现，是人民意志和党的意志的有机统一。国家运行、社会运转和人民的社会行为都须以法律为准绳。邓小平曾指出，“对一些严重危害社会风气的腐败现象，要坚决制止和取缔”[②]。而这一任务的实现有赖于对社会主义法治体系的有效执行。党的十八届四中全会指出，在我们当前的法治建设过程中，“有法不依、执法不严、违法不究现象比较严重，执法司法不规范、不严格、不透明、不文明现象较为突出；一些公职人员滥用职权、失职、渎职、知法犯法、以言代法、以权压法、徇私枉法现象依然存在”[③]。为此，习近平强调，“各级领导干部要提高运用法治思维和法治方式深化改革、推动发展、化解矛盾、维护稳定能力，努力推动形成办事依法、遇事找法、解决问题用法、化解矛盾靠法的良好法治环境，在法治轨道上推动各项工作”[④]。要“加强反腐败国家立

① 赵文:《列宁政府公共性思想及其对我国服务型政府建设的启示》,红旗出版社2017年版,第169—170页。

②《邓小平文选》第3卷,人民出版社1993年版,第145页。

③《十八大以来重要文献选编》中,中央文献出版社2016年版,第238页。

④《习近平谈治国理政》,外文出版社2014年版,第142页。

法，加强反腐倡廉党内法规制度建设……形成不敢腐的惩戒机制、不能腐的防范机制、不易腐的保障机制”[①]，有效地治理贪污腐败现象，遏制官僚主义习气，改进公务人员工作作风，为培育优良社会风气提供执法保障。

（一）依法执政

作为国家的长期执政党，首先必须坚持依法执政的原则。从根本上讲，党的利益与国家和人民利益是一致的，党的路线、方针、政策与国家法律精神也是一致的。但是在党执政的具体过程中，我们依然要加强各级党委依法执政的能力。这就要求各级党委在制定重要决策的过程中必须坚持民主集中制原则，“防止和纠正超越法定权限、违反法定程序的决策行为”，保证各级党委依法执政，要“进一步加强和改善党对人大工作的领导，支持人大及其常委会依法履行监督权、重大事项决定权、选举任免权”[②]，督促人大和政协依法履行职责。

（二）依法行政

一要明确政府的法定职责权限，依法全面履行政府职能。不断完善政府机构、明确政府权限、理顺行政程序，实现政府机构、职能、权限和程序的法定化。要更加严格地执行法律，以保障人民意志的充分实现。二要深化行政执法体制改革，合理配置执法力量，推进综合执法，严格实行行政执法人员持证上岗和资格管理制度，健全行政执法和刑事司法衔接机制，提高执法和服务水平；要严格规范公正文明执法，坚持依法惩处各类违法行为，完善执法程序，建立执法全过程记录制度，严格执行重大执法决定法制审核制度。以规范的有效的行政行为促进个体利益和公共利益的实现，维护社会风气的健康运转。三是要建立严格的执法责任制，执法责任制的核心就是要求将法律所赋予的职责内化为政府及其工作人员的岗位责任，实现以岗位责任和岗位所承担的执法权力的统一，做到以责任驱动

①《习近平谈治国理政》，外文出版社2014年版，第388页。

② 张士高：《提高法律执行力的思考》，《中国城市经济》，2010年第12期，第214页。

执法行为[①]。为此十八届四中全会明确强调，要“全面落实行政执法责任制，严格确定不同部门及机构、岗位执法人员执法责任和责任追究机制，加强执法监督，坚决排除对执法活动的干预，防止和克服地方和部门保护主义，惩治执法腐败现象”[②]。

（三）依法监察

2018年新成立的国家监察机关，同传统的政府监察机关和党的纪检机关相比，其监察范围更大，监察力量更强，监察体系更加健全，监察制度更加科学。但是在推进国家监察工作的过程中，我们也必须时刻谨记，监察机关是国家机关，同样是受各级人民代表大会选举产生，需要对人民负责，对党忠诚。因此，监察机关必须在以保障人民根本利益为目的的宪法和国家法律体系的框架内开展工作，即依法监察。要在依法监察的过程中，揪出那些危害人民利益的害群之马，狠治贪污腐败之风，维护社会公平正义，促进社会风气好转。

（四）公正司法

如果说法律是社会公平正义的集中体现，那么司法则是彰显法律公平正义属性的必然要求，是维护社会公平正义的基础防线。为此，习近平多次在不同场合强调司法公正的极端重要性，他强调，“公平正义是政法工作的生命线”，“促进社会公平正义是政法工作的核心价值追求”，“努力让人民群众在每一个司法案件中都能感受到公平正义”，[③]“全面深化改革必须以促进社会公平正义、增进人民福祉为出发点和落脚点”[④]。具体而言，公正司法要求做到依法司法、科学司法和独立司法，以最大限度地保障社会程序正义和社会实体正义。只有严格的依法司法、科学司法和独立司

① 赵文：《列宁政府公共性思想及其对我国服务型政府建设的启示》，红旗出版社2017年版，第170—172页。

②《十八大以来重要文献选编》中，中央文献出版社2016年版，第166—167页。

③《习近平谈治国理政》，外文出版社2014年版，第141，148页。

④《十八大以来重要文献选编》上，中央文献出版社2014年版，第552页。

法，才能以适度的法律惩罚制裁罪犯、以科学之法律审判警示世人、以公正的法律判决弘扬法治精神，维护社会秩序，保障社会安定和谐发展。

四、全面普及社会法治观念，为培育优良社会风气提供思想支撑

要普及法治观念，提升民众法治意识，以人民的守法行为捍卫优良社会风气。中国传统社会是一个有着几千年“人治”思想的社会，“人情”意识较为浓重，因而法治意识的普遍确立不是一件容易的事情。邓小平曾指出，“旧中国留给我们的，封建专制传统比较多、民主法制传统很少。解放以后，我们也没有自觉地、系统地建立保障人民民主权利的各项制度，法制很不完备，也很不受重视”①。改革开放以来，我们不仅致力于市场经济建设，也积极推动社会主义政治文明发展，民主法制建设取得了重大成就，但是同实现社会主义政治文明发展目标的要求还有很大的距离，集中体现在社会主义法制不健全和公民法律意识不足、法律观念和法治意识普及的不够等方面。为此，习近平同志指出，“要提高全民法治意识和道德自觉。法律要发挥作用，首先全社会要信仰法律；道德要得到遵守，必须提高全体人民道德素质。要加强法治宣传教育，引导全社会树立法治意识，使人们发自内心信仰和崇敬宪法法律……要坚持把全民普法和全民守法作为依法治国的基础性工作，使全体人民成为社会主义法治的忠实崇尚者、自觉遵守者、坚定捍卫者”②。

在引导公民树立正确的法治观念过程中，关键要加强公民对法治信仰的教育。法治信仰包括以下两个层面。

一是公民对法律自身的信仰。对法律自身的信仰主要是社会主体对法律代表的社会公平、正义性质的服膺与皈依，对法律内容本身心悦诚服的信任与认同，对基于法律实施和管理社会行为产生结果的期待与认可。从内容上看，包括对宪法、法律、规章等不同层级法律的信仰，其中对宪法的信仰在公民法律信仰体系中占据主导地位。公民对法律信仰的状况直接

①《邓小平文选》第2卷，人民出版社1994年版，第332页。

②《习近平谈治国理政》第2卷，外文出版社2017年版，第135页。

影响着一个国家的法律治理水平，关系着一个国家的安定与和谐发展的水平，进而对一个国家的社会风气状况产生重要的影响。有学者指出，“在依法治国的道路上，如果不确立公民对法律的信仰，就没有法律的出路和法制的现代化，如果人们不是从内心真正感知法律、需要法律、敬重法律，法制的基础就必然单薄、脆弱，法制的目标就无法实现”①。所以，法律被公民信仰，是现代法治社会的一个基本要求，公民信仰法律成为现代生活的一部分，也是现代法治社会的一个重要标志。法律价值真正意义上的实现与发挥，不是在于法律因为制裁社会犯罪行为而被实施，而是在于因法律的存在预先阻止了违法犯罪行为的发生。要实现这一目标，就必须要使法律存在于人们的内心之中，被人们所信任与信仰。这就如伯尔曼所言的“法律只有在受到信任，并且因而并不是要求强制力制裁的时候才是有效的；依法统治者无须处处都仰赖警察……真正能阻止犯罪的乃是守法的传统，这种传统又植根于深切而热烈的信念之中，那就是，法律不仅是世俗政策的工具，而且还是生活终极目的和意义的一部分”②。当法律信仰成为人们生活目标和生活一部分的时候，法律所保护和遵循的社会价值观念和道德规范自然而然地必然为人们所遵循和信仰，社会生活的不法行为、不良行为也会因此而减少，直至消失，这一社会现象表征与优良社会风气建设的要求是根本一致的，故而能推动社会风气的改善。所以，习近平同志强调要深入开展法制宣传教育，弘扬社会主义法治精神，传播法律知识，培养人民法律意识，“使全体人民都成为社会主义法治的忠实崇尚者、自觉遵守者、坚定捍卫者，使尊法、信法、守法、用法、护法成为全体人民的共同追求”③。“信仰法律不是让我们成为法律的奴隶，而是让我们成为法律的主人。”④要教育群众树立对法律的信仰，“引导群众遇事找法、解决问题靠法，逐步改变社会上那种遇事不是找法而是找人的现象”⑤。

---

① 徐继超:《公民道德教育与公民法制教育》,中国社会出版社2003年版,第109页。

② 伯尔曼:《法律与宗教》,梁治平,译,读书·生活·新知三联书店1991年版,第43页。

③《习近平谈治国理政》第2卷,外文出版社,2017年版,第115页。

④ 徐继超:《公民道德教育与公民法制教育》,中国社会出版社2003年版,第112—113页。

⑤《十八大以来重要文献选编》上,中央文献出版社2014年版,第722页。

二是公民对法治手段的信仰。对良法的信仰是法治社会建成的前提性条件，对法治手段的信仰是现代法治社会建成的基础性条件，对法治手段的信仰是对法律信仰的延伸与深化。传统的专制社会也有法律条文，但是却没有保障法律实施的法治手段，专制社会统治者的主观意志直接决定了法律的实施状况及其结果的公正程度。法治作为一种法律实施的手段时，特别强调法律的平等性。这就解除了传统社会中法律面前人与人之间的不对等、不对称的困境，为公民在心理上认同法律、信仰法律提供了可能的空间，拉近了公民与法律在物质距离和精神距离。在这种平等性的法治空间内，不仅公民之间是平等的，而且拥有公共权力的官员和普通公民之间也是平等的，法治手段作用在普通公民身上时，也同样作用在领导干部身上，在全社会范围内营造平等的风气。因此，先后提出的十六字法治方针“有法可依、有法必依、执法必严、违法必究”，“科学立法、严格执法、公正司法、全民守法”，为我们实现社会主义法治现代化提供了有力的理论支撑。因为立法的科学程度、执法的严格性、守法的公正性都直接影响到人民群众对法律与法治手段的价值判断、心理认同，影响到公民对法律和法治的信心与信仰，进而影响到全民守法的实现程度。“当执法与司法的结果做到基本公正时，法律就能够得到大多数人的认可，反之将会降低法律在人们心中的威信”[①]。所以，我们要充分认识到执法和司法实践对公民法治信仰的影响，以科学的立法实践、严格的执法实践和公正的司法实践来维护法律的权威、法治的公平和社会的正义，并以此教育、引导公民，增强公民对法治的心理认同与信仰，引导公民树立法治意识，法律这一社会最低行为准线来规范约束和保护自己，做到“以法治己”“以法护己”，做到“全民守法”。这种转变在改变人们的法律认知和法律意识的同时，也必然会带来人们在价值选择与行为选择上的积极嬗变，在全社会形成“遵纪守法”的优良风气。反之，如果国家没有使法治规则内化成人民的自觉意识和自觉遵循的话，法治则对优良社会风气的培育缺乏建设性的价值。

① 胡神松，魏纪林，刘颖：《论我国公民社会主义法律素质提升的基本要素》，《学校党建与思想教育》，2011年第25期，第77页。

诚然，社会风气的治理属于社会治理的一部分，其治理对象一部分属于法治治理的对象，也有一部分属于道德治理的对象。属于道德治理范畴的问题仰仗人类道德进步和社会道德规范的完善，而对于那些属于法律治理对象的社会风气问题，也就是对于社会各种违法犯罪问题，必须严格按照新时代社会法治建设的总目标和总要求来依法治理，以法律的公正来净化社会风气。

结　语

社会风气有三大典型特征，即普遍性、变迁性和多样性。这三大典型特征既是我们认识和把握社会风气的着力点，也是我们推进优良社会风气培育的必要根据。首先，社会风气是普遍存在的。不论任何社会形态、任何历史时代，都存在一定形态的社会风气，不存在没有社会风气的社会和时代。其次，社会风气是发展变化的。社会风气是人们价值观念和道德观念的外化表现，也是对其所处时代的社会生产方式、生产关系的反映。随着社会生产方式的不断进步，生产关系的深入变革，价值观念和道德观念的逐步演变，社会风气也在不断演化变迁，体现出深刻的历史性与时代性。最后，社会风气是多元的。社会风气是社会意识的外化，是流行性的群体行为。所以社会意识的多元化与社会群体的多样性就决定了社会风气有着诸多不同的形态。受不同社会意识影响的社会主体在激烈变迁的现代化社会中集聚、组合、分化为不同的社会群体，并以群体行为的方式呈现出不同的社会风气，其中有美的社会行为，也有丑的社会行为；有善良的社会行为，也有邪恶的社会行为，有正义的社会行为，也有非正义的社会行为。

所以，对于普遍存在的社会风气的影响，我们是不能逃避，也无法逃避的，我们每一个人都处于一定的社会风气影响之下，都是一定时代社会风气渲染下的社会产物；对于变化中的社会风气，我们必须深刻把握社会风气演变的逻辑与规律，发挥社会风气对社会生产方式、生产关系的反作用，推动社会有序发展，促进社会道德与文明的进步；对于多样性的社会风气，我们则要立足自身实际，时刻反省和警惕社会中存在的不良社会风气，同不良社会风气进行坚决的斗争，消除社会不良风气带来的恶劣影响，营造健康、积极、向上、文明的社会风气。本书正是基于这样一种目的来展开的。本书回顾了马克思主义经典作家——马克思、恩格斯、列宁、毛泽东的关于优良社会风气的重要论述，为当前中国优良社会风气培育工作提供了理论指导和经验基础。本书也立足中国社会风气现状，提出了构建当代中国优良社会风气培育体系的命题，并从当代中国优良社会风气培育的主要价值、主要目的、思想方法、基本原则、主要策略、实现路径和主要机制等方面进行了详细阐述，尤其是对当代中国优良社会风气培育四大机制进行集中论述，以期能对当前社会风气改善工作有所裨益。当然，由于社会风气自身的复杂性和人类认识的曲折性，对社会风气演变逻辑与变迁规律的把握需要长期的不懈探索，对社会风气改善的努力也需要长期不懈的坚持。本书基于九江学院社会系统学研究中心社会风气研究团队研究成果提出的“当代中国优良社会风气培育体系”是一个初步的探索，其结构与观点皆有诸多不成熟之处，亟待进一步的丰富、完善与细化，这将是我们今后要进一步努力的主要方向。

参考文献

一、专著

[1]A.麦金泰尔.德性之后[M].龚群,戴扬毅,等译.北京:中国社会科学出版社,1995.

[2]阿诺德·盖伦.技术时代的人类心灵:工业社会的社会心理问题[M].何兆武,何冰,译.上海:上海科技教育出版社,2003.

[3]班道明,王葆阜,梁绿琦.市场经济与社会心态[M].北京:气象出版社,1996.

[4]布朗.群体过程[M].胡鑫,庆小飞,译.北京:中国轻工业出版社,2007.

[5]陈来生.风俗流变:传统与风俗[M].长春:长春出版社,2008.

[6]邓小平思想年编:一九七五——一九九七[M].北京:人民出版社,2011.

[7]邓小平思想年编:一九七五——一九九七[M].北京:人民出版社,2011.

[8]邓小平思想年谱:1975—1997[M].北京:中央文献出版社,1998.

[9]邓小平文选:第1—2卷[M].北京:人民出版社,1994.

[10]邓小平文选:第3卷[M].北京:人民出版社,1993.

[11]黑格尔.法哲学原理[M].范扬,张企泰,译.北京:商务印书馆,1961.

[12]胡锦涛文选:第1卷[M].北京:人民出版社,2016.

[13]胡锦涛文选:第3卷[M].北京:人民出版社,2016.

[14]黄建钢.群体心态论[M].杭州:浙江大学出版社,2004.

[15]霍杰茨,等.社会心理学与日常生活[M].张荣华,译.北京:中国轻工业出版社,2012.

[16]霍有光.社会交往心理学[M].西安:西安交通大学出版社,1996.

[17]江泽民论社会主义精神文明建设[M].北京:中央文献出版社,1999.

[18]江泽民论有中国特色社会主义:专题摘编[M].北京:中央文献出版社,2002.

[19]勒庞.乌合之众:大众心理研究[M].波洛,译.北京:中国华侨出版社,2013.

[20]李勇锋.变革中的文化心态:当代社会心理分析及传统文化的渗透作用[M].北京:国际文化出版公司,1988.

[21]列宁全集:第16、25、50、52卷[M].北京:人民出版社,1988.

[22]列宁全集:第30、33、34、36卷[M].北京:人民出版社,1985.

[23]列宁全集:第3卷[M].北京:人民出版社,1995.

[24]列宁全集:第6—8、35、37—41卷[M].北京:人民出版社,1986.

[25]列宁全集:第9—12、42、43、48卷[M].北京:人民出版社,1987.

[26]卢梭.社会契约论[M].何兆武,译.北京:商务印书馆,1980.

[27]陆志伟.群居动物:一本正经又有趣的社会心理学[M].北京:新世界出版社,2017.

[28]马克思.1844年经济学哲学手稿[M].北京:人民出版社,2005.

[29]马克思恩格斯全集:第19卷[M].北京:人民出版社,2006.

[30]马克思恩格斯全集:第1卷[M].北京:人民出版社,1995.

[31]马克思恩格斯全集:第22卷[M].北京:人民出版社,1965.

[32]马克思恩格斯全集:第23卷[M].北京:人民出版社,1972.

[33]马克思恩格斯全集:第2卷[M].北京:人民出版社,1957.

[34]马克思恩格斯全集:第30卷[M].北京:人民出版社,1995.

[35]马克思恩格斯全集:第43卷[M].北京:人民出版社,1994.

[36]马克思恩格斯全集:第44卷[M].北京:人民出版社,2001.

[37]马克思恩格斯全集:第6卷[M].北京:人民出版社,1961.

[38]马克思恩格斯文集:第5卷[M].北京:人民出版社,2009.

[39]马克思恩格斯选集:第1—4卷[M].北京:人民出版社,1995.

[40]毛泽东文集:第6—8卷[M].北京:人民出版社,1999.

[41]毛泽东新闻工作文选[M].北京:新华出版社,1983.

[42]毛泽东选集:第3、4卷[M].北京:人民出版社,1991.

[43]毛泽东选集:第5卷[M].北京:人民出版社,1977.

[44]倪滕达.盛世罗马帝国社会风气研究:以琉善之眼观帝国之魂[M].北京:中国社会科学出版社,2017.

[45]彭文英.大学生社会心态[M].重庆:重庆大学出版社,2016.

[46]十八大以来重要文献选编:上[M].北京:中央文献出版社,2014.

[47]特里·L.库珀.行政伦理学:实现行政责任的途径[M].4版.张秀琴,译.北京:中国人民大学出版社,2001.

[48]王俊秀.社会心态理论:一种宏观社会心理学范式[M].北京:社会科学文献出版社,2014.

[49]吴为,王杰秀,徐维凡,等.当代中国不良心态透视:社会心理调节初探[M].南昌:江西人民出版社,1993.

[50]习近平关于党风廉政建设和反腐败斗争论述摘编[M].北京:中国方正出版社,2015.

[51]习近平关于全面从严治党论述摘编[M].北京:中央文献出版社,2016.

[52]习近平关于全面建成小康社会论述摘编[M].北京:中央文献出版社,2016.

[53]习近平谈治国理政:第2卷[M].北京:外文出版社,2017.

[54]习近平谈治国理政[M].北京:外文出版社,2014.

[55]习近平总书记在文艺工作座谈会上的重要讲话学习读本[M].北京:学习出版社,2015.

[56]亚当·斯密.道德情操论[M].蒋自强,钦北愚,朱钟棣,等译.北京:商务印书馆,1997.

[57]严国红.马克思主义视域下社会心理研究[M].北京:知识产权出版社,2013.

[58]约翰·罗尔斯.正义论[M].何怀宏,何包钢,廖申白,译.北京:中国社会科学出版社,1988.

[59]张凤阳.现代性的谱系[M].南京:南京大学出版社,2004.

[60]郑仓元,陈立旭.社会风气论[M].杭州:浙江人民出版社,1996.

[61]仲富兰.风俗与信仰[M].上海:复旦大学出版社,2012.

[62]周晓虹.现代社会心理学:多维视野中的社会行为研究[M].上海:上海人民出版社,1997.

[63]周晓虹.中国体验:全球化、社会转型与中国人社会心态的嬗变[M].北京:社会科学文献出版社,2017.

二、论文

[1]白洁.人民群众·党员干部·社会风气:陈云关注思想道德建设的三个视角[J].党的文献,2015(2).

[2]蔡伟红.思想政治教育环境中的社会心态因素[J].湖北民族学院学报(哲学社会科学版),2015(5).

[3]曹根记.论中国梦视野下的党风廉政建设[J].思想政治教育研究,2015(4).

[4]曾盛聪.新闻舆论导向与社会价值取向[J].新闻与传播研究,1999,6(1).

[5]柴玉振.传统家风对引领社会风气建设的价值[J].管理观察,2018(35).

[6]陈昊,冷树青.传统社会风气与现代法治的碰撞与契合[J].人民论坛,2016(29).

[7]陈昊,李玉林.传统社会风气与现代法治[J].学理论,2017(2).

[8]陈相光.畸形社会心态的发生及其疏导逻辑[J].暨南学报(哲学社会科学版),2016(2).

[9]陈兆芬,都超.列宁优良作风的回顾与启示[J].武汉理工大学学报

（社会科学版），2016，29（6）.

[10]成伯清.化解社会心态问题的出路在于结构正义[J].学术界，2017（2）.

[11]邓伟志.社会风气的扶正祛邪之道[J].探索与争鸣，2012（1）.

[12]邓志强.改革开放以来中国青年社会心态的现代性嬗变[J].中国青年研究，2018（4）.

[13]董向慧，汤瑶."伦理视域"下的明代社会风习研究探析[J].九江学院学报（哲学社会科学版），2012（4）.

[14]段妍，杨晓慧.改革开放以来中国社会风气演变的历程[J].理论探讨，2012（4）.

[15]方鸿志，刘广远.新时代家风与社会主义核心价值观的培养[J].思想理论教育导刊，2018（11）.

[16]冯国芳.思想政治教育视阈下的社会心态培育[J].甘肃社会科学，2015（1）。

[17]冯宏良.社会心态变迁与马克思主义大众化问题研究[J].中共福建省委党校学报，2017（1）.

[18]高文珺.大数据视野下的社会心态研究：基于复杂性理论与计算模型的探讨[J].新视野，2017（6）.

[19]顾红亮.邓小平的社会风气观与核心价值观滋养[J].毛泽东邓小平理论研究，2014（9）.

[20]何彦通.习近平党风廉政建设思想的意蕴探析[J].学校党建与思想教育，2017（1）.

[21]何云峰.社会风气的改善需要示范性群体引领[J].探索与争鸣，2012（1）.

[22]何云峰.政府官员作为示范性群体对社会风气的引领作用[J].探索与争鸣，2013（12）.

[23]胡洁.当代中国青年社会心态的变迁、现状与分析[J].中国青年研究，2017（12）.

[24]霍修勇.全面从严治党视域中的领导干部家风探析[J].湖湘论坛，

2017,30(3).

[25]贾艳丽.党风与民风的互动逻辑[J].人民论坛,2017(27).

[26]蒋德海.转变社会风气关键在“讲理”[J].探索与争鸣,2012(1).

[27]孔繁顺.力戒官僚主义之风[J].求是,2013(17).

[28]匡长福.牢牢把握媒体舆论的正确导向[J].思想理论教育导刊,2014(2).

[29]李朝祥.“拒绝式”社会心态的形成、影响和调适[J].江海学刊,2014(6).

[30]李春茹.新媒体环境下高校青年教师社会心态调查及思考[J].思想理论教育导刊,2016(2).

[31]李东坡.感性世界·共识秩序·和谐建构:思想政治教育中的社会心态研究[J].湖北社会科学,2016(10).

[32]李宏.新媒介环境下“负面解读”的不良社会心态及对策[J].中国人民公安大学学报(社会科学版),2017,33(5).

[33]林伯海,师晓娟.家风的意蕴及其当代价值[J].思想政治教育研究,2017,33(5).

[34]林坚,冷树青.社会系统工程研究视角下的社会风习形成与演变分析[J].九江学院学报(哲学社会科学版),2012(4).

[35]林坚,詹建志,胡锺峻.社会风习研究溯源与述评[J].文化学刊,2013(2).

[36]林聚任,张月阳,向维.近十年来居民的社会分化和社会心态变化趋势与问题:基于CGSS有关数据的分析[J].当代世界社会主义问题,2015(3).

[37]刘丛.转型时期社会心态失衡的表现、原因和对策研究:《转型时期社会心态失衡及其调适》评介[J].山东社会科学,2013(9).

[38]刘奇.党风治理现代化的路径分析[J].马克思主义与现实,2018(2).

[39]刘天俐,徐晨,章书婷,等.近年来我国城乡居民社会心态的调查分析[J].人口与发展,2018(1).

[40]刘先春,柳宝军.家训家风:培育和涵养社会主义核心价值观的道德根基与有效载体[J].思想教育研究,2016(1).

[41]陆树程，郁蓓蓓．家风传承对培育和践行社会主义核心价值观的意义[J].苏州大学学报(哲学社会科学版)，2015，36(3).

[42]欧阳瑜华，刘海燕．社会心态基本理论问题研究综述[J].理论探索，2014(5).

[43]沈建波．社会心态视域中的主流意识形态认同[J].湖北大学学报(哲学社会科学版)，2014(1).

[44]施亚波．习近平家风建设思想及其实践路径研究[J].中共宁波市委党校学报，2016，38(6).

[45]史文静．近现代中国“舆论”语义内涵的演变[J].国际新闻界，2015，37(2).

[46]史亚丽，柳礼泉．近年来国内社会心态研究述评[J].西南民族大学学报(人文社科版)，2015，36(9).

[47]司明宇，金紫薇．如何增强对社会心态的前瞻性引导[J].领导科学，2018(7).

[48]司明宇．当代中国社会心态基本内容和方向的研究：评《中国社会心态研究报告(2016)》[J].中国教育学刊，2018(2).

[49]司明宇．微媒体时代如何培育积极社会心态[J].中国党政干部论坛，2018(2).

[50]司明宇．新时代如何更好塑造健康社会心态[J].人民论坛，2018(8).

[51]宋玉蓉．论榜样示范的思想政治教育功效[J].南京政治学院学报，2006(A1).

[52]苏保华．论审美文化生态的优化与社会风气调控[J].毛泽东邓小平理论研究，2013(8).

[53]孙来清．论执法不公的危害、成因及对策[J].克山师专学报，2003，22(4).

[54]孙兰英，卢婉婷．家风家教是培育和践行社会主义核心价值观的基础[J].思想教育研究，2014(12).

[55]孙伟平．论影响社会心态的诸因素[J].湖南吉首大学学报(社会科

学版),2013(1).

[56]孙元明.社会心态环境:培育与趋势[J].重庆社会科学,2014(3).

[57]镡鹤婧.家风建设与社会主义核心价值观的建构[J].辽宁大学学报(哲学社会科学版),2017,45(5).

[58]唐明燕."友善"社会风气的涵育路径论析:以《论语》所倡导的价值理念为借鉴[J].东岳论丛,2018(6).

[59]唐伟锋.改善社会风气:推进马克思主义大众化的重要条件[J].理论月刊,2014(1).

[60]王昌国.论思想政治教育的社会心态调适功能[J].南京政治学院学报,2013(6).

[61]王春城.公共政策引人向善的社会价值导向[J].行政论坛,2013,20(2).

[62]王会丽,蒲清平,朱丽萍.当代青年社会心态的嬗变:解读2010—2013年网络流行语[J].中国青年研究,2014(9).

[63]王建民.从"激情"到"调整":试论宏观社会心态的变迁[J].人文杂志,2017(12).

[64]王俊秀.不同主观社会阶层的社会心态[J].江苏社会科学,2018(1).

[65]王俊秀.社会情绪的结构和动力机制:社会心态的视角[J].云南师范大学学报(哲学社会科学版),2013(5).

[66]王磊,孙亚男.中华友善家风的传统文化意蕴及当代价值[J].长白学刊,2018(2).

[67]王娜,王前.技术伦理视角的我国宋代社会风气评析[J].科学技术哲学研究,2012(2).

[68]王汝洋.以制度约束从严治党:以优良党风促政风带民风[J].重庆社会科学,2016(12).

[69]王维.五四文学思潮的现代意义[J].理论学习与探索,2006(2).

[70]王小章.论焦虑:不确定性时代的一种基本社会心态[J].浙江学刊,2015(1).

[71]王学俭,李媛媛.社会主义核心价值观与社会心态优化的同向互动[J].

中共浙江省委党校学报,2015,31(3).

[72]王子成.明清小说之恶偷恶骗行径与社会风习[J].明清小说研究,2017(2).

[73]魏潾,张素姗.党员领导干部家风建设是党风建设的延伸[J].理论探讨,2016(4).

[74]吴潜涛,刘函池.中华优秀传统家风的主要表征及其当代转换与发展[J].中国高校社会科学,2018(1).

[75]吴献举.道德争议事件的舆论误导与媒体责任[J].湖北社会科学,2012(9).

[76]夏仕.论百年中国社会风习变化基本特征及一般规律[J].社科纵横,2014(9).

[77]谢金林.网络舆论社会管理新课题:培育良好的网络社会心态[J].中国青年研究,2012(3).

[78]熊光清.当前中国的腐败问题与反腐败策略[J].社会科学研究,2011(5).

[79]杨宽情,朱康有.以好家风支撑社会好风气[J].人民论坛,2017(21).

[80]杨蓉.网络舆情不良社会心态分析与治理[J].学术探索,2017(2).

[81]杨宜音.浮躁怎样成为一种社会心态[J].江苏行政学院学报,2014(6).

[82]杨云成.党的十八大以来党风廉政建设的特点与成就[J].新视野,2017(6).

[83]于智勇,于波,尚晓光.引领社会风气,媒体必须勇于担当[J].才智,2012(36).

[84]余玉花.论政风治理的伦理向度[J].毛泽东邓小平理论研究,2013(11).

[85]俞国良,谢天.社会转型:社会心理服务与社会心态培育[J].河北学刊,2018,38(2).

[86]詹建志,汤瑶.社会转型与良善社会风习建设[J].理论导报,2013(10).

[87]张介平.社会转型时期哪些不良社会心态亟待纾解[J].人民论坛,2017(19).

[88]张琳，陈延斌.传承优秀家风：涵育社会主义核心价值观的有效路径[J].探索，2016(1).

[89]张述存.领导干部要以好家风促党风带政风引社风[J].中国党政干部论坛，2016(7).

[90]张文杰、姜素兰.网络发展带来的伦理道德问题[J].北京联合大学学报，1998，12(3).

[91]张宇辰."道德治理与社会风气"学术研讨会综述[J].道德与文明，2013(1).

[92]张允熠.德育教化：社会风气转好的重要途径[J].探索与争鸣，2012(1).

[93]赵修义.惯例与社会风气[J].探索与争鸣，2012(1).

[94]赵永明，闫成俭.唯物史观视野下社会风气的引领[J].阜阳师范学院学报(社会科学版)，2015(3).

[95]赵玉平."善治"社会民风建设的基本逻辑[J].重庆社会科学，2016(12).

[96]郑吉伟.深度剖析社会风气好转的内在动力机制[J].人民论坛，2016(12).

[97]周大鸣，龚霓.文化转型视域下的社会风气：文化转型研究之三[J].思想战线，2017，43(3).

[98]周大鸣，龚霓.文化转型视域下的社会风气：文化转型研究之三[J].思想战线，2017，43(3).

[99]周晓虹.社会心态、情感治理与媒介变革[J].探索与争鸣，2016(11).

后 记

2015年6月我入职九江学院，在美丽的浔城开始了新的学习、工作和生活，并开始接触“社会风气研究”这一理论课题。说实话，在这之前，我对社会风气理论的了解仅仅停留在粗浅的表面认识，甚至觉得社会风气是人们习以为常的风俗习惯，应当是社会学界和民俗学界所关注的范畴，对于一名思想政治教育工作者而言，是没什么好研究的。

然而，庆幸的是，在九江学院马克思主义学院及其下属的九江学院社会系统学研究中心的领导和同事的关心和鼓励下，我加入了九江学院社会风气研究团队。此后让我改变了对社会风气问题及其理论研究的认识，也引起了我对当代中国社会风气现状的关注，激发了我对培育优良社会风气这一重要现实问题的研究兴趣。2016年，我便以“当代中国社会风气治理研究”为题申报了九江学院社会系统学研究中心的招标课题，并获得立项，这本书正是对这一问题的思考、探索形成的总结性成果。

我深知，即使我用了近3年的时间探索社会优良风气培育这一问题，但是由于我接触社会风气理论研究的时日尚浅，理论积累尚且不够，如此条件下仓促而成的书稿必定存在着诸多的问题，敬请前辈学者批评指正，我也将在今后的研究中不断地丰富、完善与拓展。书稿出版意味着将要完成此项课题研究的结项工作，但并不意味着我对培育社会优良风气的研究会停止不前，相反，这将为我今后在社会风气理论研究领域中所要开展进一步深化研究奠定了前期基础。书稿出版不意味着研究工作的终结，而是一个新的开始。

在本书即将出版之际，我需要表达我发自内心的诸多感谢：

感谢九江学院马克思主义学院汪力平院长、郑小东副院长和学院其他领导、同仁，谢谢你们为我创造了良好的科研氛围和工作环境，感谢你们激励我在学术道路上不断探索前行。

感谢九江学院社会系统学研究中心主任冷树青教授，感谢冷教授对我学术探索之旅的大力引导、对我学术困顿时的答疑解惑。特别是书稿出版前，我去请冷教授为本书作序，冷教授欣然应允。这对我来说，既是肯定和支持，亦是勉励和激励！

感谢九江学院马克思主义学院邹菊如教授，感谢您对书稿的认真审核和提出的宝贵意见！感谢夏仕教授、黄群副教授、陈营科长、文媛媛博士、郑星博士、谢伏华博士、汤瑶老师对我的支持与帮助！

感谢安徽师范大学出版社和编辑谢晓博、丁翔老师对书稿出版给予的大力支持和帮助！

最后，还要感谢我的家人。感谢妻子对我教学科研工作的全力支持和从不间断的精神鼓励，感谢岳母克服重重困难不远千里来为我操持家务，照顾小孩，让我没有任何后顾之忧、安心投入自己喜欢的教育和科研工作。感谢三岁的儿子，你的到来赋予了我前所未有的活力；感谢多年以来一直出门在外打工以支撑家庭的父母，你们永远是我最温暖的港湾，也是我努力奋斗的不竭动力。

特别要说明的是，在本书写作过程中，借鉴和引用了许多专家学者的科研成果，尽管已经尽量规范地标明出处，但亦难免有疏漏之处，在此一并表达谢意，也深表歉意。另外，由于本人科研素养不足，力有不及，书中定有失当和错漏之处，在此恳请学界各位专家、学者、同仁不吝赐教，批评指正。

赵 文

2018年11月3日于厚德楼